民法

Civil Law

第11版

我妻　榮=著
遠藤　浩=補訂
良永和隆=著

勁草書房

第一一版改訂にあたって

第一〇版の刊行から五年が経過したが、この間も民法や民法に関連する分野で重要な法改正が続いている。特に平成三〇年、令和三年、令和四年の改正が重要であり、民法の入門書・概説書である本書でも取り上げるべき内容のものが多い（なお、親子法制に関する令和四年改正は令和六年四月一日に施行される）。そこで、これらの改正を反映させ、三五項目もの改正点につき書き換えや追加での説明をした。

また、全国の多くの大学や教育機関等で本書を教科書として採用していただいているようであるが、私も毎年、民法入門や経済学部・商学部など法学部以外での民法の教科書として使用してきて、教科書として使いづらいと感じたり、省略せずに説明したほうがよいと思う事項などがあったので、今回の改訂の機会に、教科書としてより使いやすいものとなるように、大幅に手を入れた（具体的にいえば、二七項目を追加したほか、旧版で取り上げていなかったカフェー丸玉女給事件・鷹ノ湯温泉事件・雲州みかん事件など代表的な判例も追加指摘した）。

他方、こうした追加により全体のページ数が大幅に増加してしまうことになるため、ADR、医療水準論、農地法の小作料、家事事件手続法の概要、平成八年の民法改正要綱など一三項目の説明を削除するなどした。その結果、約二〇ページ増で押さえることができた。

今回の改訂においても、我妻榮先生の原著の工夫や執筆方針（そしてその精神）を維持することを心がけた。最新の内容となった本書が、民法の概要を学ぼうとする初学者にも、すでに一通りの学習をしてきた中級者や上級者にも、いずれの読者にも役立つものとなっていれば幸いである。

ところで、今年は、我妻榮先生の没後五〇年にあたり（命日は一〇月二一日）、先生の生家がある山形県米沢市では、記念式典や先生の銅像除幕式など我妻榮記念館を中心にさまざまな記念行事が催される旨、矢尾板操館長からご連絡いただいているが、この記念すべき命日にあたり本書を刊行できる運びとなったこともありがたく感じている。

私が本書の改訂をお引き受けしてからもう二十年近くにもなるが、当初から勁草書房編集部の竹田康夫氏にはたいへんお世話になっている。今回の改訂でも、多くの有益な助言や提案をいただいた。心から感謝申し上げたい。

令和五年　九月二六日　　緑寿を迎えて

良永和隆

第一〇版改訂にあたって

平成二五年の第九版の刊行から五年を経過し、ありがたくも増刷を重ねてきたが、今回、この間に出された重要判例や法改正に対応させる改訂を行い、第一〇版として刊行することになった。とりわけ重要なのは、平成二九年六月二日に公布された民法（債権関係）を中心とする改正である。一二〇年振りの大改正であり、単に分かりやすくするための表現の訂正や判例の明文化にとどまらず、従来の内容を大きく変更するところも少なくない。今回の改訂は、主に、この新しい改正法に対応させるものであるが、それ以外にも、この間の法改正や新判例も取り入れた。また、従来の記述を見直し、より分かりやすくするため具体例を付け加えたり、省略されていた説明を加えたところもある。

この平成二九年改正は、債権法分野のみならず、民法総則分野も含む多数の条文を改正するものであるので、今回は内容においてこれまでにない大きな改訂となった。前版同様、極力、我妻榮先生の従来の記述をいかすように心がけたが、従来の通説や判例を形成してきた我妻理論を大きく変更させる内容のもの（たとえば、担保責任と契約不適合責任、危険負担や解除）や新しい制度や考え方が導入されたところ（たとえば、保証・根保証、連帯債務の絶対効の扱い）などは、従来の記述を削除して、全面的に書き換えたところもある。

なお、形式についていえば、引用の条文は平成二九年で改正された条文であり、改正前の条文を示すときは条数の冒頭に旧と記すようにした。また、出版社のご提案により、今回から二色刷りとして、重要な用語や語句はゴシック（太字）で青字で表記したほか、重要部分や注意すべき部分について、より多くの傍点（、、、）を付した。

我妻榮先生の従来の方針・精神を維持しつつ、最新の内容を反映した本書が、この大改正後も、これまでと同様、有用な書籍として活用され読み継がれていくことを願っている。

平成三〇年　元旦

新宿区若葉（映画「君の名は。」の舞台）の居宅にて
聖イグナチオ教会の鐘の音を聞きながら

良永和隆

第九版改訂にあたって

我妻榮先生は日本民法学を理論的にも完成させたわが国で最も偉大な民法学者であり、先生が昭和四八年に亡くなられてからすでに四〇年近くが経った今でも、先生の唱えられた説の多くがなお通説（及び判例）の地位を保っている。これと異なる反対説が有力ないし通説になっているところであっても、そのほとんどは我妻説を基礎とし、これに対する反論として形成されたものである。いずれにせよ、今日の民法学は我妻理論を抜きにして語ることはできないことには異論がないであろう。本書は、そうした民法学の偉人と称される我妻先生による民法入門書である（後掲の旧版のはしがきを見ても分かるように、先生の自信作であったようである）。

最初の版（法学普及講座）は、日本国憲法が公布されたわずか二年後（昭和二四年五月）に出版されており、なんとすでに六四年を経過しているが、今日まで根強い人気に支えられて、九回の改訂を続けて読み継がれてきた（我妻先生ご自身が昭和四六年まで三回の改訂をされ、先生が亡くなられた後は先生の愛弟子であった遠藤浩先生が三回の補訂をされ、そして、第七版と第八版を私（良永）が補訂した）。これほど長く継続して市販され続けた法律書（法解釈の）はほかになく、奇跡的なことだと思えるほどである。

我妻先生が亡くなられた後のこれまでの改訂・補訂は先生の書かれた内容にはできるだけ手を加え

ず、立法や判例等の新しい動きに応じて加筆修正する形で最小限の改訂・補訂をしてきたのであるが、本書も最初の出版から還暦（六〇年）を過ぎたことでもあり、今回の改訂では、本の生まれ変わりを図り、今日の読者（民法学習者）のニーズに対応させることを優先して、これまでにない内容の大幅な改訂を行った。要は、民法を独学で学習する場合でも十分な基礎知識が得られるように、そして、実力がついた者にとっても最後まで役立つように、さらには、民法の講義等のテキストとしても使いやすいように、内容の充実を図りながら、一層読みやすくする工夫をした。旧版との変更点を具体的に述べよう。

まず、構成・内容に関する点では、次のとおりである。

(1)　旧版は「第一編　序論」の後、身分法（家族法）を先に、財産法を後にする独特の構成がとられていたが、今日の学習上の需要や必要性から、一般の通例どおり（また民法の体系どおり）、財産法を先に、身分法（家族法）を後にした。そして、学習上の重要度（各種の試験で財産法が重視されている）や叙述のバランスを考えて、財産法の部分に多くの加筆をし、その分、家族法の部分をより多く削除した。とはいえ、財産法も家族法もいずれも基礎知識・基礎理論は網羅するようにしている。

(2)　学説が対立する重要論点や重要判例は旧版では省略されていたものが少なくなかったが、初学者の理解が困難でないものについては、できるだけ取り入れて説明するか（巻末の判例索引を見れば分かるが、著名な事件もほぼ網羅している）、あるいは将来の学習のために指摘するようにした。そのため、本書の旧版が目指した「名所案内の地図」というより、もう少し詳しい説明が付された「旅行ガイドブック」になっているといえるかもしれない（体系は異なるが、現在、私の恩師の川井健先生による改訂が続けられている「ダットサン民法」全三冊の要約版ともいえよう）。

⑶　法科大学院のコアカリキュラムも意識して、あまり大事でないと思われる法律（特別法）や制度、そして、やや細かな例外等は、思い切って削除した。特に我妻先生は、法の変遷を正確に追うという問題意識から、また、第二次世界大戦後の新しい民主的社会の到来という時代背景の下で本書の読者を啓蒙しようという観点から、歴史的な叙述や戦前の法律（ことに民法周辺の特別法）の詳細にも触れ、現在からみればやや詳しすぎるかに思える説明をされていたが、この改訂ではそうした部分をすべて削除した。ともかく現在の民法の授業等で省略するようなところは、削除ないし大幅に短縮した。

⑷　必要に応じて、重要な用語や語句について定義を明示し、また、分かりやすくするための具体例を加えた。

⑸　入門書ということで要件と効果を明確には書かれていないところが多かったが、そのうち学習上大事なものについて、要件と効果も正確に書くようにした。

⑹　前回の改訂後に出された最新の立法（例えば、平成二五年一月一日施行の家事事件手続法）や最新の判例も必要と思われるものは取り入れたことはいうまでもない。

次に、形式に関する点では、次のとおりである。

(1) 文章を分かりやすくするため、できるだけ改行して、読みやすくした。

(2) 中項目の(1)(2)(3)などにもすべて見出し・表題を付け、そして、内容に応じて、できるだけ(ア)(イ)(ウ)と分説し、理解しやすくした。

(3) 要件や類型・場合分けがすぐに分かるように、①②③の番号を付した。

(4) 重要な用語や語句はゴシック(太字)で強調して表記した。各ページにあるこの太字での表記部分だけを見返し、それを拾い読みすることでも、基礎知識の復習ができるようにした(この点も、初学者のみならず、中級者や上級者にも役立つだろうと思われる)。さらに、理由や差異を理解するため、その重要部分については傍点を付した。一目でポイントが分かるようにするという配慮である。

(5) 旧版では、条文の引用はすべての説明を終えた最後にまとめてするやり方がとられていたが、一つ一つ条文を確認していくほうがよいとの学習の便宜や効果を考えて、本文の叙述にあわせて、できるだけ条文を分けて引用するようにした。さらに、本文に記載がなくても、一緒に読んでほしい関連条文もあわせて表記するようにした。

(6) 重要な判例については、その出典を示し、巻末に判例索引を付した(その事件の一般的な名称もできるだけ付した)。

このように従来の補訂や改訂という範疇にはおさまらない大幅な変更を施し、大幅な加筆をしたため、本書では、僭越ながら、私(良永)との共著ということになったが、①「民法の編別に従うのではなく、日常生活の実際に即して最も適用の多い事項について最も適切な箇所で説明する」という我妻先生が工夫された独自の構成や骨組みは基本的にそのまま活かし、また、②先生の筆致・表現には極力手を加えず、そして、③なにより「制度の本質・根幹をしっかりつかまえることのできるようにすること及び本書で得た知識は、入門レベルだけでなく、最後まで役立つようにすること」という先生が立てられた執筆方針を維持するよう、さらに、④我妻民法学の理論と精神を壊さずに引き継ぐように心がけた。

こうして本書は大きく生まれ変わったものの、「我妻・民法」の再生復活を図ったつもりである。

昨今、多くの民法入門書が出され、良書も多いが、民法学の偉人である我妻榮先生の味わいある文章に触れ、我妻民法の精神の息吹を感じることができる本書が、今回の改訂によって、今後とも、多くの人々に読み継がれていくことになることを願っている。

今回の改訂でも、勁草書房編集部部長の竹田康夫氏にはたいへんお世話になった。心から感謝申し上げたい。

平成二五年　元旦

こんにゃくゑんまの除夜の鐘を聞きながら

良 永 和 隆

第六版改訂にあたって

この名著が出版されたのは戦後そう年月がたっていない時であった。以後、民法が改正されたり、いくつかの特別法が制定されるたびに編集部で改訂してきたが、昭和五三年の仮登記担保法、平成三年の借地借家法の制定、譲渡担保の分野での重要な判例の出現などを機会に、かなりの部分で改訂した。先生の文体や骨格をこわすことのないように心がけた。それにしてもこの本は名著だと改めて感心し、偉大な学者であられたと思いを新たにした。

平成七年春

遠　藤　　浩

再改訂の序

昭和二十六年の改訂出版以来、幸いにも各方面の支持をえて版を重ねたので、紙型を新たにしなければならないことになった。これを機会に、その後の新法令を加え、誤字を訂正し、全般的に難解な箇所を改め、多少の説明を加えた。

この本の初版は、昭和二十四年の春、法学部長の他に多くの公務を兼ねて、私の一番忙しい時であった。改訂をした昭和二十六年の晩秋は、停年を前に、終生の研究課題をまとめたいと焦ったときであった。そういっては読者諸君に対して申し訳ないが、どちらの場合にも、この入門書のために時間をさくのは惜しかった。今は停年退職後四年を経た。どこの大学の講義も引き受けていない気楽な身は、一夏を軽井沢に過ごすことができた。それでも、公私の研究会や審議会はここまでおしかけてくる。民法講義七冊を完成しようとする終生の念願もそうたやすくは進行しない。そうした夏の軽井沢生活の一週間を割愛して、再改訂の稿を終った。もう夏も終りに近い。先日の浅間の噴火の降灰にいためつけられた朴の木の大きな葉にもう秋の訪れが聞こえる。

昭和三十六年晩夏

軽井沢の寓居にて

我　妻　　栄

はしがき（第一版）

民法は、われわれの日常生活に最も関係の深い法律なので、これについて一通りの知識を得ようとする希望が非常に多い。大層喜ばしいことと思う。民主国家の国民としては、憲法や地方自治法を心得ていなければならないと同じように、民法についても、一通りの理解をもつことが必要だからである。

ところが、民法典は、五編一千条に余る大法律である上に、借地法・借家法をはじめとして多くの特別法で修正・補充されているので、これを一通り読むだけでも、容易なことではない。しかも、その内容となると、戦後に全面的に改正された親族編と相続編でさえ、文章は口語体で、章節の見出しも比較的親しみ易いものだが、それでも、事柄自体は、決してわかり易いものではない。いわんや、総則・物権・債権の三編となると、編別や章節の排列は、主体のつぎに客体、それからその法律関係の変動という具合に、形式論理的にできている上に、そのまた内容は、二千年も前からローマで発達し、欧州各国に承継されて論理的に洗練されたものを踏襲しているので、順序を追って読んだだけでは、われわれの生活にぴったりとこない。

そこで、この民法の入門的な知識を与えるテキストとしては、民法典の順序によらずに、日常生活で重要な作用を営む事柄を中心として、関係のある事項を集めてくるようなやり方をしないと、どうもうまくゆかない。金銭の貸借を例にとろう。利息・保証・抵当・弁済・相殺などという制度は、この貸借と密接な関係をもっているものだが、民法典では、いずれも別な編か章に収められている。これらの制度は、何も金銭の貸借に限ることではなく、売買や借地・借家などにも関係することだからである。しかし、その結果、民法典の編別の順序に勉強する者は、利息は利息、保証は保証、抵当は抵当として、別々に理解し、金銭の貸借について問題を生ずるときは、自分の知識を自分で集めてきて、これを解決しなければならないことになる。入門的な知識では、それはとうてい不可能なことであろう。そこで、この本では、これらの制度は、売買や借地・借家にも関係があるには相違ないが、最も密接な関係があるのは、何といっても金銭の貸借なのだから、それらをここに集めて説明するというやり方をしているのである。このやり方は、むろん不正確なきらいはある。しかし、日常生活の実際に即した知識を与える長所をもつことになるであろう。

要するに、入門書は、五万分の一の地図の縮刷版ではなく、いわば名所案内の地図だと思う。そうした考えから、この

はしがき（第一版）

本では、抽象的な理窟はできるだけ省略し、重要な制度を、最も適用の多い事柄に即して、簡明に、しかし、その制度の本質をしっかりつかまえることのできるように、書いたつもりである。この本を一通り習得した人が、更に進んで、民法について論理的に詳細な研究をする場合にも、この本でえた知識は、最後まで、根幹として役立つものと考えている。

このたび勁草書房は、この本を勁草文庫の一冊とするために改版するというので、全面的に再検討して、説明の不充分な点や表現の不適当な部分を訂正し、初版以後の新法令を加えた。そして、このはしがきも書き改めたが、初版を作るために協力してくださった衆議院所属の速記者石井千穂子さん、引用条文の照合や校正を引き受け、またこの改版の索引を作ってくださった中山文枝さん、私の仕事を督励してくださった勁草書房勤務の当時の木村敦子さんの三人の婦人に対する感謝の辞は、この改版にも転載しておかなければならない。この本の初版が昭和二十四年の二月から四月までという、私にとって公務の一番忙しい時期にでき上ったのは、全くこのお三人の協力によるものであったからである。

昭和二十六年四月

東京大学法学部研究室にて

我妻　栄

はしがき（法学普及講座）

昭和二十二年の夏、勁草書房の逸見君がまだ早稲田大学の学生で加越能青年文化連盟の委員長だったときに、東京大学の法経両学部の教授それぞれ十人ばかりを招いて、夏期大学を催した。その時、私は民法を講義して、地方で実務に従事している青年諸君が、啓蒙的な講演よりも、むしろ大学の専門的な講義を一通り修得したい希望を強く持っておられることに驚いた。そして、私共のように大学で比較的少数の恵まれた学生に講義をしている者にとって、研究の余暇にそうした青年諸君の要求に少しでも応ずることは、社会的な義務であろうと考えた。

しかし、正直にいって、夏の暑い時に、たとい主要な点の概要だけとしても、数日の間に民法を一通り講義することは、できない相談である。これをやるには、青年諸君が、適当な教科書によって日常独習的に多少でも民法の勉強をしておき、夏期大学には、その教科書を使用して、主要な点を講義するという方法をとる他はないであろう。そんな事情を察知した逸見君は、法学普及講座とでもいうべきものを編纂して、この要求に応じようと決心したらしい。勁草書房をはじめるに当って、私に先の講義の速記を示して訂正加筆を求めた。逸見君のこの企てには私も大賛成だから、喜んで需めに応じようとしたが、その速記は、全く役に立たないものであった。そこで、私も、乗りかけた舟というわけで、全部書き改めることにした。

この本を書くにあたって、私は、二つの新しい試みをやった。一つは、速記者を頼んで、口授速記したことである。これは、私には生まれてはじめての試みであった。時間を節約するためではない。労を省くためでもない。口授速記を用いれば、細かな点に深入りして大綱が不明になることを防ぎ得るかと考えたからである。だから、書くべき項目の全部をおさめた正確なメモを作り、主要な点は文句まで考えておくようにした上で口授した。最初はなかなかうまくゆかなかったが、次第になれて、終りの方ではよほど調子がよくなった。もちろん、原稿になってから、相当に訂正し加筆もしたが、それでも、この本全体に口授速記のニュアンスが残っていることと思う。

もう一つの試みは、民法典の編別に従わないで、相当に思いきった体系を作ったことである。そのことは、第三編の財産法において特に著しい。目次を見られれば、ある程度わかることだが、通則的な説明は最少限度に止め、総則編や債権総則の規定は、ほとんどすべて、売買、金の貸借、物の貸借という三つの中心的な関係のうちの最も適当な箇所に説明した。例えば、物権変動の対抗要件、同時履行、危険負担、解除などは、売買で説明し、担保物権、保証、連帯、弁済の充当、相殺、更改などは、金の貸借で説明し、地上権、永小作権、借地、借家、賃貸借などは、物の貸借で説明するという具合である。この体系は、論理的には、もちろん不正確である。なぜなら、これらの制度は、いずれも、その説明された売買や金の貸借や物の貸借に特有なものではなく、他の契約にも、他の原因による債権にも、共通なものだからである。しかし、総則編や債権総則の規定などは、これを抽象的一般的に説くよりも、最も適用の多い事項について説く方が、単にわかり易くするだけでなく、その規定を日常生活の実際に即して理解させることになる。そして、このことは、入門書として非常に意義のあることだと、私は考える。要するに、入門書は、五万分の一の地図の縮刷版を作ることではなく、いわば名所案内の地図をかくことだと思う。そうした考から、この本では、技術的なものはすべて省略し、重要な制度を簡明に、しかし、その制度の本質をしっかりつかまえることのできるように、書いたつもりである。この本を一通り習得した人が、更に進んで、民法について論理的に詳細な研究をされる場合にも、この本で得た知識は、最後まで、その根幹として役立つものと考えている。

とにかく、私は、この本によって二つの新しい試みを企て、自分自身では、相当に成功したつもりである。もちろん、そうした試み自体の価値は、識者の批判にまたなければならないものではあるが。

なお、この本を作るために、三人の婦人の協力を受けた。第一は、なれない私に調子を合わせながら速記をとり、昼夜兼行ですばらしくきれいな原稿を作って下さった衆議院所属の速記者石井千穂子さん、第二は、引用条文の照合や校正を引き受けて下さったいつもながらの協力者中山文枝さん、第三は、私を督励して仕事を促進させて下さった勁草書房の木村敦子さん。この本が二月から四月までという、私にとって公務の一番忙しい時期に完成したのは、全くこのお三人の協力によるものである。心から感謝の辞を呈さなければならない。

昭和二十四年四月三日

東京大学法学部研究室にて

我妻　栄

目次

第一編　序　　論

第一章　民法とはどんな法律か

一　民法は何を定める法律か

民法は、われわれ市民の日常の生活関係を規律する法律である。すなわち、①財産関係と②身分関係（家族関係）とを定める法律である。

①財産関係とは、売買、土地や家屋の使用、金の貸借、人への依頼などの取引関係及び他人に損害を加えた場合の賠償義務の関係などである。かような財産的な関係が、法律的な問題として争われる場合の多いことは説明するまでもあるまい。これらの関係は、多くは民法によって規律される。

②身分関係（家族関係）とは、夫婦や親子や親族の相互の間の身分的な関係及び近親間の相続の関係などである。これらの者の間に同居の義務があるとか、監護教育する権利義務があるとか、相互に扶養する義務があるとか、遺産をどれだけの割合に相続するかというようないろいろの法律的な問題を生ずる。民法は、かような家族や親族間の法律関係を定める。

このように民法は、財産関係と身分関係とを規律するものであるが、逆に、財産関係と身分関係とを規律するものが、すべて民法というわけではない。たとえば、財産関係を規律するものには、民法のほかに、商法、労働法、知的財産法、経済法などがある。

（ア）商法とは、商人の間の取引行為と商業的な制度、例えば、会社、手形・小切手などの関係を規律する法律である。商人間の取引や商業的な制度は、普通の取引関係とは違った特殊の性質をもっているので、民法とは別に、商法という分野に属する特別の法律によってこれを定めているのである。民法は、これらの場合にも、その前提（後述する一般法）として、商法に特別の規定がない場合には、民法が適用されることになる。

（イ）労働法とは、主として使用者と従属的関係にある労働者との間の雇用関係を規律する法律である。雇用関係は、もともとは民法の一部分なのだけれども、主に労働者の権利を守るためには、民法の規定によってこれを規律することは不適当と考えられるようになり、これに関する特殊の法律が発達してきた。労働組合法、労働基準法、労働関係調整法など、きわめて多数の法律が制定されている（近時のものとして、労働審判法・労働契約法がある）。

（ウ）知的財産法は、人間の精神的な活動によって生み出された無形のもので、財産的価値があるものを対象とする。例えば、特許権・商標権・実用新案権・意匠権など工業所有権とよばれるものとそれ以外の著作権など、両者あわせて知的財産権をめぐる問題を扱う法分野である。

（エ）経済法は、市場秩序の維持を図ることを目的として企業の活動を規制する法律のことで、独占禁止法、不正競争防止法、不当景品類及び不当表示防止法などがある。いずれも、企業が市場の自由の競争原理にもとづき、フェアーな活動をするための基本的なルールを定めたものである。

これら（ア）〜（エ）のように、民法と密接な関連を有する法律は少なくない。これらは民法が身分と財産についての普通の関係を定める一般的な法律（一般法）であるのに対して、これらの法律は、民法の法理を前提としつつ、それぞれの場合に特有の規定をおくもので、民法の規定に優先して適用される（三三頁参照）。

二　民法はどこにどんな形で定められているか（民法の法源）

民法はどこにどんな形で定められているかという問いを出せば、「民法」という名前の法律があると答えられるかもしれない。しかし、民法の意味を「財産と家族についての生活関係を定める法律」というように実質的にいう場合には、これを規律するものは、「民法」と呼ばれる法律だけには限らない。例えば、借地や借家の関係は、「民法」と呼ばれる法律のほかに、「借地借家法」と呼ばれる法律によって規律されている。従って、民法はどこにどんな形で定められているかという問いに対しては、「民法」と呼ばれる法律と、それ以外の法律とを含むと答えなければならないことになる。この区別を明らかにするために、「民法」と呼ばれる法律（条文）を特に「民法典」という。

(1)　民法典　**民法典**には、総則、物権、債権、親族、相続の五つの編が含まれているが、前の三編は明治二九年四月に公布され、後の二編は明治三一年六月に公布され、ともに明治三一年七月一六日から施行された。明治初年におけるわが国の国際的地位を改善するためには、西欧諸国と同じような近代的な民法典を必要としたので、明治政府は、明治の初めから努力を重ねて、民法典の制定に努め、明治二三年に一たび成案（旧民法）を得たので、これを二六年から施行しようとした。ところが、これに対して、朝野の間に烈しい論争（民法典論争という）を生じ、結局その施行を無期延期する他ないことになり、あらためて案をつくり直し、右のように三一年七月から施行することとなったのである。一たびつくった旧民法が施行されるに至らなかったのは、この旧民法はパリ大学教授ボアソナードが起草したもので、主としてフランス民法にその範をとったために、わが国の国情に合わない、ことにわが国の家族制度に矛盾するといって反対する声（穂積八束「民法出デテ忠孝亡ブ」）が強かったからである。この旧民法に代わって、梅謙次郎・富井政章・穂積陳重の三人の起草者によりつくられた民法は、主としてドイツの民法にならったものである（とはいえ、なおフランス民法の影響を強く受けているとみられる規定も少なくない）。この民法が明治三一年七月に施行されてからも、この法律がわが国の国情に合うかどうかは、なお始終学者の間に議論されていたが、戦後、ついに後の二編を全面的に改正することになった（二〇〇頁参照）。その後の大きな改正としては、平成一六年には、民法が全面改正され、文語体漢文調で書かれていた前の三編（財産法）が現代語化され、平成一七年四月一日から施行された。さらに、平成二九年には、主に債権関係に関する規定が全面的に改正された。従来の考え方をも大きく変更する大改正として重要である。その後も、平成三〇年、令和三年、令和四年と近時連続して重要な改正が続いている。

民法典の五編のうち、物権編（第二編）と債権編（第三編）とは、財産関係を規定するものであり、親族編（第四編）と相続編（第五編）とは、身分関係（家族関係）を規定するものである。そして、総則（第一編）は、この四編に共通した根本的な規則を定めたものである（このように共通規定を総則として前に置くやり方をパンデクテン式編別という）。しかし、総則編は、実際は前の二編に関係することが多く、あとの二編については、それほど大きな意義をもたない（そのため、通常、第一編から第三編の部分を財産法といい、第四編と第五編を家族法（ないし身分法）と呼んでいる）。本書は、民法のかような編別順にはよらず、民法の規定を形式的に追ってゆかずに、われわれの生活関係に即してこれを説明しようと思う。

⑵　民法に関する特別法　民法に関して、民法典を補充し、又はこれを修正する特別の法律（**特別法**）がある。借地借家法、利息制限法、消費者契約法、製造物責任法などが主要な例である。本書においては、これらの法律も、民法に直接関係するものについては、これを説明しよう。

⑶　慣習法・判例法・条理　**慣習法**とは、社会に行われる習慣が、これに従う人をして法律に従うというほどの強い意識を持たせるものである場合に、この習慣によって示される法則である。法律が完備している場合には、慣習法の生ずる余地は少ない。けれども、社会は流動するのに反し、法律の内容は固定しているので、いかに完備した法律があっても、慣習法の発生することを否定することはできない。ことに社会の活発な取引関係についてはそうである。そこで、民法に関しても、慣習法が成立して民法典を補充し、ときにはこれを修正することになる。例えば、譲渡担保に関する慣習法などはその適例であろう（一二八頁参照）。

裁判所が、類似の事件について類似の判決をくり返してゆく結果、そこにおのずから一般的な法則ができ上がった場合に、これを**判例**といい、判例によって示される法準則を**判例法**という。判例法は、主として民法典の内容を明確にし、欠けている部分を補充する作用をもつものであるが、ときにはこれを修正することもないとはいえない。わが国の判例法としては、内縁関係に関するものなどがその適例であろう（二一五頁参照）。

裁判所は、民法典、民法に関する特別法、慣習法又は判例法に従って裁判をしようと努めるものであるが、それでも、まれには、これらのどれからも、適当な基準を見出すことのできない場合もないとはいえない。さような場合には、裁判所は最後の標準として**条理**（物事の道理）に訴えて裁判する他はない。この意味で、条理も裁判の最後の基準となることは否定することができない。

三　民法の規定の特色

(1)　個人の自由・平等　　封建制度においては、士農工商その他の差別があって、それぞれの間に**支配服従**の関係が存在し、人々の間に平等が認められなかった。また、自分の所有物でも自由にこれを使用、収益又は処分することができず、営業を営むにも多くの拘束があった。かような人々の間における不平等と、財産取引についての不自由を打破しようとしたのが、近代法における個人の自由・平等の理想である。近代法においては、個人は生まれながらにして**自由・平等**なものであり、その間に支配関係を認めることは許されないものとされた。そして、人間の共同生活のために必要な秩序を維持するための支配権は、ただ国家だけが、最小限度においてこれを行使することができるものと考えられた。その結果、近代法においては、人々の間の支配服従の関係は、ただ国家組織を維持するためにだけ認められ、個人の身分関係と財産取引関係においては、絶対に、自由・平等の原理が支配しなければならないとされた。かようにして、身分関係における個人の人格の尊重（個人の尊厳）と男女の本質的平等、財産取引関係における私有財産権の確保（①**所有権絶対の原則**）と取引の自由（②

契約自由の原則）とが、近代民法の特色とされたのである。

この後者二つの原則（①所有権絶対の原則と②契約自由の原則）に加えて、過失がなければ責任を負わせることはできないとする③**過失責任の原則**を加えて、近代私法の三大原則という。いずれも人々の自由（特に経済活動の自由）を最大限に尊重・重視して、その結果、資本主義を進展・発展させてきた法原則ということができる。

(2)　形式的な自由から実質的な自由へ　かように民法は個人の自由・平等を建前とするわけだが、すべての人が法律の前に平等であり、自由に取引ができるという原理をとる場合に、もし人々が経済的にほぼ同等の力をもっているならば、その取引は実質的にも自由なものとなり、当事者の間の平等も保たれるであろう。けれども、当事者の間の経済的な力の差異が大きくなると、富者（強者）と貧者（弱者）の間の取引は、必然的に富者の利益、貧者の不利益となり、結局富者が貧者を支配するという結果になることを否定することができない。例えば、巨万の資本をもっている使用者と、明日の食に困る労働者との労働契約は、誰の命令にもよらず自由に行われるとしても、それによって締結される契約の内容は、使用者に有利、労働者に不利となることは必然の結果であろう。近代法が個人の自由と平等の理想を主張した時代には、社会にはそれほど大きな貧富の差があることを想定せず、その自由・平等という理想を形式的に考えても、さほど不都合は生じなかった。しかし、一九世紀の過程において**資本主義経済**が発達し、その結果として人々の間に甚だしい富の懸絶（経済格差）を生ずるようになったので、一九世紀の末から二〇世紀の初めにかけて、近代法の考えた**形式的な自由と平等**では、社会のすべての人に人格の向上ないしは「幸福の追求」を可能にしてやることができなくなった。そこで二〇世紀に入ってから、民法は、単に形式的な自由と平等を理想とすることなく、進んで**実質的な自由と平等**とを実現しようとする方向をとるようになった。

ところで、形式的な自由と平等を理想とする場合と、実質的な自由と平等を理想とする場合とでは、個人の生活に対する国家の態度がはなはだしく異ってくる。形式的な自由と平等を理想とする場合には、国家は個人の生活にできるだけ干渉しないことを必要とする（消極国家→夜警国家）のに反し、実質的な自由と平等とを理想とする場合には、国家は進んで弱い者（社会経済的弱者）を保護し、強い者を押えつけなければならないことになる（積極国家→福祉国家）。前にあげた労働基準法、借地借家法などの法律は、国家的権力をもって使用者と労働者、賃貸人と賃借人との間の関係に干渉し、両者の間に実質的な自由と平等とを確立しようとするものである。

要するに、民法の規定の特色が個人の自由と平等であるというのは、大体からいって個人の形式的な自由と平等を意味している。そしてこの形式的な自由と平等とを国家の権力によって調整して、実質的な自由と平等とを実現しようとすることは、民法以外の法律（特別法）で民法の規定を制限するという形をとって現われてくる。従って、われわれは、民法を勉強する場合には、つねにその規定が他の法律によって制限調整されることがあるということを念頭におかなければならない。

第二章　民法上の権利義務

一　民法上の法律関係

(1)　日常の生活関係と権利義務　　民法は、市民の日常生活（私人の生活関係）を規律する法律である。市民の日常生活は（ア）財産的な関係（財産関係）と（イ）身分的な関係（家族関係）に分けることができる。

（ア）財産的な関係とは、売買、賃貸借その他われわれが財産を所有し、かつ、これについていろいろの取引（契約）をする関係をいう（この意味で、「所有」と「契約」は財産法の二大支柱であるといわれる）のであるが、さらに厳密に法的にいえば、これらの関係は財産的な権利義務の関係ということになる。例えば、売買という取引によって買主は目的物の引渡しを請求する権利を取得し、売主は売買代金を請求する権利を取得する。また、賃貸借という取引によって貸主は賃料を請求する権利を取得し、借主は目的物を使用収益する権利を取得する。

（イ）他方、身分的な関係は、①夫婦、②親子、③親族などの間の関係で、具体的にいえば、①夫婦の関係とは、夫婦が互いに協力扶助する義務があるとか、その収入、資産等に応じて共同生活の費用を分担する義務があるというように、いろいろな義務があることを意味している。また、②親子の間の関係とは、親が子を監護教育する権利義務を有するというように、親が子に対し、また子が親に対し、いろいろの権利を有し、義務を負うということである。さらに、③親族の間の関係も、親族は互いに扶養する義務があるとか、一定の場合には遺産を相続する権利があるということである。もっとも、こういったら、権利の関係ではなく、義務の関係だと思われるかもしれない。しかし、民法では、一方が義務を負う場合には、他方は必ずこれに対して権利を有することになる。

(2)　権利の発生・変更・消滅　以上述べたように、民法では、財産上の関係も、身分上の関係も、権利義務の関係として規定されるから、民法の適用を受ける生活関係は、民法上の権利の発生、変更、消滅として考えられることになる。例えば、夫婦関係についていえば、婚姻はまず、夫婦としての権利義務の発生原因と考えられ、ついで、夫婦相互の間の権利義務の内容として考えられる。また、離婚は夫婦としての権利義務の消滅原因として考えられる。

そして、日常生活上のトラブル（法的紛争）が生じたときには、その権利義務関係に即して紛争が解決されることになる。従って、民法の規定は、私人間のトラブルの解決基準としての意味があるわけである（裁判の基準となるということから、**裁判規範**という）。こうした権利義務の関係を**法律関係**という。

二　民法上の権利の内容

(1)　私権の社会性　権利者は、他人の妨害を排斥してみずからその権利の内容を実現し、これによって利益を受ける力をもっている。けれども、私人が権利をもつということ、いいかえれば、国家が個人に対して一定の権利を与えておくということは、決してその個人だけの利益のためではなく、国家社会の共通の利益のためである。例えば、国家が私人に対して農耕地の所有権を与えているのは、所有者がその農耕地を所有することによってその土地に愛着を感じ、創意を発揮してその土地を最も効果的に利用することになり、そのことが単にその所有者の利益であるだけではなく、農耕地の生産力を高めるという国家社会全体の利益になるからである。この意味において、私権は公共の福祉のために存在するものといわねばならない。戦後の民法改正によって、その冒頭に加えられた一条には「私権は、公共の福祉に適合しなければならない。権利の行使及び義務の履行は、信義に従い誠実に行わなければならない。権利の濫用は、これを許さない。」と定めている。まさに右の趣旨を宣言したものである。

(2) 信義誠実の原則（信義則）　権利の行使が、信義に従い誠実に行わなければならないというのは、例えば、土地の所有者はその土地を自由に使用、収益、処分する権利があるけれども、その所有地内において建築をする場合などには、できるだけ隣地の所有者に迷惑を及ぼさないような注意を必要とすることである。また、義務の履行が信義に従い誠実に行わなければならないというのは、例えば、債務者が期限内に債務を弁済する場合にも、その期限の末日の夜になって債権者を叩き起してこれを渡すようなやり方は許されないということである。

(3) 権利濫用の禁止　そして権利の濫用はこれを許さない（権利濫用の禁止）といっているのは、形式的外形的には一応権利の行使のようにみえるときでも、具体的実質的にみるとその行使が権利の社会性に反し、権利の行使として是認しえないということである。例えば、隣家の住民に嫌がらせをするために、日光があたらないように高い塀を作るように、他人に害悪を与えるためだけに権利を行使するような場合（シカーネという）には、そのような所有権の行使は認められない。また、不当な利益の獲得を目的として権利の行使をするような場合も同様である（不毛の原野を高い値段で買い取らせる目的で、土地上にある妨害物の撤去請求をした大判昭和一〇年一〇月五日民集一四巻一九六五頁―宇奈月温泉事件）。さらに、その後の判例では、権利を行使する者の利益とそれによって相手方や社会が被る不利益とを**比較衡量**するという客観的な基準によって、権利濫用にあたるかどうかが判断されている（最判昭和四〇年三月九日民集一九巻二号二三三頁―板付基地事件）。

権利濫用にあたれば、権利の行使が認められないのは当然だが、それが不法行為として損害賠償の義務を負わされたり（大判大正八年三月三日民録二五輯三五六頁―信玄公旗掛松事件）、権利そのものが剥奪されることもある（親権喪失の審判につき、八三四条参照）。

三　権利の主体

(1)　権利能力　**権利能力**とは、権利の主体となりうる能力のことをいう。所有権とか相続権とか、権利を持つことができるのは誰か。民法上の法律関係は権利義務の関係であるから、誰がその権利の主体であるかということが最初に大切な問題となる。もっとも、例えば、父が死んで誰が相続人であるか、すなわち当該の場合の相続権の主体は誰であるかというように、個々の問題について誰が権利を取得するかという問題は、それぞれの場合に考えるべきことであって、ここで問題にしていることではない。ここで問題にしようとするのは、一般的に権利の主体となりうるものは何かということである。

(2)　自然人　権利の主体となりうるものは、個人に限らず、個人以外のもの（団体）もあるわけだが、特に権利の主体としての個人を**自然人**という。自然人とはわれわれ肉体をもった人間のことであるが、人間である以上は、すべての人が権利能力をもっている（**権利能力平等の原則**という）。

自然人についても、権利能力があるかどうかが問題となる場合がある。それは初めと終りとについてである。初めというのは、生れる者がいつから権利の主体になるかという問題であり、終りというのは、いつ死亡したかはっきりしない者について、いつから権利能力を失うかという問題である。

（ア）第一に、自然人の権利能力は「**出生**」によって始まる（三条一項）。厳密にいえば、出生がいつかも問題となるが、民法では、胎児の全身が母親から出てきた時とみられている（**全部露出説**）。従って、**胎児**は権利能力をもたない。例えば、嫡出でない子は父に対して認知を請求する権利をもっている。子供がまだ乳児である場合には、もちろん自分で裁判所に認知請求の訴えを起こすことはできないわけだが、その場合には、親権者である母親が子を代理してその子の認知請求権を行使することになる（七八七条）。ところが、この子がまだ母の胎内にある間は、胎児は認知請求権の主体となることができないから、従って、母親もまたその胎児の代理人として訴えることができないのである。かような理論を貫いてゆくと、例えば、父が死亡した際に二人の子供と胎児がある場合には、二人の子供だけが相続権を取得し、胎児は相続にあずかることができないことになる。しかし、それでは胎児のために気の毒であり、不公平なので、民法は、例外として、相続については胎児はすでに生れたものとみなし、後に胎児が生きて生れた場合には、相続の開始（父の死亡）の時に胎児であった者もまた相続権があるものとしている（八八六条。その他の例外として、損害賠償請求権について七二一条、遺贈について九六五条参照）。ただ正確にいえば、胎児の間に権利能力を取得するわけではなく、生きて生まれると、遡って権利能力があったという扱いをするのが判例の立場である（停止条件説という。大判昭和七年一〇月六日民集一一巻二〇二三頁―阪神電鉄事件）。

（イ）第二に、自然人の権利能力がその死亡によって終ることについては、民法に規定はないけれども、疑いのないところである。民法では、一般には、心臓機能が永久に停止した時が死亡と考えられているが、実務上（臨床医の慣行）では、心停止・呼吸停止・瞳孔拡散の三点で判断されている（三徴候説）。また、平成九年に制定された臓器移植法では、一定の要件の下に脳死を人の死亡との扱いをしている（同法六条）。

問題になるのは、行方不明になって、生きているか、死んだか分からない者についてである。行方不明になった者も、死亡したことが確実になるまでは、もちろん生きているものとして取り扱わなければならないから、家族といえども、その者の財産を自由に処分することはできないし、残された配偶者も再婚することはできない。しかし、かような状態を継続することは、多くの人に迷惑を及ぼし、権利関係が不安定なままとなり望ましくないので、民法はこれを救済するために、失踪宣告という制度を設けた。

生死不明の状態が、①普通の場合には七年以上（普通失踪）、②遭難など特別な危難に遭遇して行方不明となった場合には一年以上（特別失踪）、継続したときは、家庭裁判所に請求して失踪の宣告を受けることができる（三〇条）。失踪の宣告がされれば、その人は普通失踪では失踪期間の満了の時に、特別失踪では「その危難が去った時」に死亡したものとみなされる（三一条）。失踪の宣告を受けた者が、生きていてあとで帰って来たときには、家庭裁判所に請求して**失踪宣告の取消し**を受けなければならない（三二条一項前段）。失踪の宣告が取り消されると、その人はずっと生きていたものとしてその法律関係を定めなければならないはずだが、一度死んだものとしてなされた相続や再婚の効力を全部覆えすのは、関係者に甚だしい迷惑を及ぼすことであるから、民法はこの失踪宣告の取消しの効力について一定の制限を加えた。すなわち失踪の宣告後、その取消し前に、善意でした行為はその効力はそのまま維持するものとし（同条一項後段）、また、失踪の宣告で財産を得た者（例として相続人）は、取得した財産が現存している限り（**現存利益**）で、返還すればよいものとした（同条二項）。民法で「善意」とは、道徳的に善良という意味ではなく、客観的に知らないこと（不知）をいうのが通例であり、ここでも善意でした行為の善意とは、失踪宣告が事実に反することを知らないことをいう。

(3)　法人　　自然人以外のもので、権利の主体となりうるものを**法人**という。例えば、株式会社は株主という資本を出し合った人々の団体であるが、その会社の財産取引関係は、株主たる個人が変更しても何らの影響を受けず継続してゆく。また、ある寺が土地を所有するという場合には、その寺という施設の住職がかわったり、檀家が増減しても、何らの影響を受けずに継続してゆく。かような場合には、その財産取引関係なり、土地の所有関係は、個人を主体とするのではなく、会社又は寺という個人以外のものを主体とすると考えなければならない。かように法人を権利能力の主体と認める根本の理由は、個人以外のものでも財産関係の主体となっているものがあるという社会の生活関係の実体に基づいたものであるけれども、いかなるものを権利の主体、すなわち法人と認めるかということは、社会の取引に重大な関係のあることだから、国家はこれについて一定の基準を定め、この基準に合したものだけを法人とするという態度をとるのが常である。それで結局、法人は、民法その他の法律によって認められた場合にだけ成立することになる（**法人法定主義**という。三三条）。前に挙げた例でいえば、村と寺とは法人である（地方自治法二条一項、宗教法人法四条参照）。

第三章　民法の適用

一　民法を適用する仕事

(1)　民法の適用の意義　民法の適用とは、一定の事実を民法の規定にあてはめて、その事実についての権利義務の発生、変更、消滅を定めることである。例えば、ある妻が「自分の夫は若い女の友達としばしばダンスに行く、肉体的な関係があるかどうかははっきりしないが、自分としては堪えられないから離婚したい」と主張したとしよう。民法は、離婚の原因として、「配偶者に不貞な行為があったとき」と規定している（七七〇条一項一号）。

そこで、右の事実を民法のこの規定にあてはめて、妻が離婚する権利を取得するかどうかを定めることが民法の適用である。そしてそのためには、まず第一に、民法に「不貞な行為」といっているのは、肉体的関係を生ずる場合だけを指すのかどうかを決めなければならない。これは「法律の解釈」の問題である。第二に、その婦人の主張している事実がどこまで真実であるかを確定しなければならない。すなわち、その夫が若い女の友達としばしばダンスに行くという事実があるかどうか、また肉体的関係があるかどうかを決定しなければならない。これは「事実の確定」である（裁判では証拠により事実認定される）。そして第三に、もし法律の解釈において、不貞の行為とは肉体的関係を生じた場合に限ると解釈され、事実の確定においてその夫は女の友達と肉体的関係を生じていないと決定されたとすると、その結果として、その妻は離婚を請求する権利がないという結論が導き出されることになる。もっとも、民法はさらに、「婚姻を継続し難い重大な事由があるとき」にも、離婚を請求できる旨を規定しているから（七七〇条一項五号）、右の妻の主張する事件について、夫の不貞の行為を理由とする離婚請求権は発生しないとしても、婚姻を継続し難い重大な事由を理由とする離婚請求権が発生しないかどうかを、さらに検討しなければならないことになる。しかし、いずれにしても、ある人が離婚を請求するという事実があった場合には、離婚の請求を許す民法のすべての規定を解釈し、主張された事実の真偽を確定し、後者を前者にあてはめて結論を導き出すという仕事をしなければならない。①この大前提となる法律の規定の解釈と、②これにあてはめるための小前提となる具体的事実の確定と、そして③両者の総合から結論を導くこと（**法的三段論法**という）が、**民法の適用**といわれるものである。

(2)　任意規定・強行規定　　民法の規定を適用する際に最も注意しなければならないことは、民法に規定のあることでも、当事者がこの規定と違った特約（合意）をした場合には、民法の規定を適用せずにその特約（合意）に従う場合があるということである。例えば、ある人が洋服屋に生地を渡して洋服の製作を注文する際に、一か月以内に完成することにして、もし一か月以内に完成しなかった場合には契約は当然に破棄されて、洋服屋は一〇万円の損害賠償を払わねばならないという特約をしたとしよう。民法の規定によれば、相手方が契約を守らなかったことを理由として、その契約を破棄（解除）するためには、期限が来たあとでさらに一定の猶予期間を定めて督促（催告）しなければならないことになっている（五四一条参照）。従って、右の特約は、この民法の規定と違うことを定めたわけである。その場合に、その特約に従って契約は当然解除されたものとみるか、それとも、特約があってもなお民法の規定に従わなければ解除ができないと解釈すべきかが問題となるであろう。結論をいえば、解除に関する民法の規定は、これと異なる特約を許すものであって、右の場合には、特約に従って、契約は当然に解除されたことになる。かように特約によって改めることのできる規定を任意規定という（条文上は「公の秩序に関しない規定」といっている。九一条参照）。そして、特約によっても改めることのできない規定を強行規定という（「公の秩序に関する規定」という）。任意規定は、当事者が明瞭な特約をしておれば、その特約に任せてさしつかえないが、明瞭な特約がない場合に、争いになっては困るという立場から設けられた規定（補充規定という）である。それに対し、強行規定は、たとい当事者がこれに反する特約をしても、社会の秩序又は善良な風俗の上からこれを許すことはできないという立場から設けられた規定である。

民法のある規定が、任意規定であるか、強行規定であるかを決定することは、それぞれの規定について、その規定が特約がないために争いを生ずることをおそれて設けられたものにすぎないか、あるいは社会の秩序又は善良な風俗を維持するために設けられたものであるかを考えて、これを決定しなければならない。しかし、一般的にいえば、財産取引（契約）に関する規定は任意規定であり、財産秩序（物権）や身分関係に関する規定は強行規定である。例えば、建物の賃貸借において、賃料を支払う時期について、民法は、月末に「支払わなければならない」と規定しているが（六一四条）、このように「～しなければならない」といった表現がされていても、二〇日や二五日あるいは前月末というように、当事者が決めた支払期限（特約）のほうが優先する。他方、婚姻をする際に、「われわれ夫婦は一方が嫌になったら、他方は承諾しなくともいつでも任意に離婚することができる」という特約をしたとしても、この特約は効力を生じない。なぜなら、離婚は、離婚をする際に夫婦の双方が同意するか、又は法律の定める一定の原因のある場合でなければこれをすることができないという民法の規定は、強行規定だからである。この他、相続の順位、親子の間の権利義務の内容に関する規定なども、すべて強行規定である。いや、民法の親族・相続両編の規定は、民法が特に当事者の意思で別に定めてもよい、と明言していないときは、すべて強行規定だと考えても、さしつかえないほどである。

財産取引に関する規定が一般的に任意規定だというのは、前に述べたように、財産取引関係はできるだけ当事者の自由にまかせるというのが民法の根本的な立場（**私的自治の原則**。六三頁参照）だからである。しかし、前にしばしば述べたように、財産取引関係を当事者の自由にまかせると、経済的な力の著しく異なっている者の間の契約は不合理・不公平となるので、民法の中にも次第にこれを制限する傾向が現われてきた。財産取引に関する規定でも、かような目的をもっているものは、強行規定であることはいうまでもない。例えば、家主と借家人との間で、「借家人は家主の請求次第何時でも立ち退くこと」という特約をしても、その特約は認められない（借地借家法二六条・三〇条）。なぜなら、家主と借家人との経済的な力が非常に違っているために、家主が不当に借家人を圧迫して不合理な契約をさせるおそれがあるから、借家人の地位を保護しようとするのが借地借家法の趣旨だからである。

なお、行政上の観点から、ある行為を取り締まるなど、私法上の行為を制限するの規定があるが、これを取締規定という。行政上の取締りが目的であるから、その規定に違反したからといって、直ちに私法上無効ということにはならないが、私法上もその効力を認めることができない場合には、無効とされることもある（食品衛生法によって禁止されている有毒物質を含むアラレの販売を無効とした最判昭和三九年一月二三日民集一八巻一号三七頁―有毒アラレ事件）。

二　民法の解釈

(1)　民法の解釈の意義　民法を適用するためには、民法の規定を解釈する必要があることは右に述べた。民法の規定の解釈とは、要するに民法の規定の意味をはっきりさせることである。法律の規定は、専門家が充分に検討してつくったものであるから、その意味は明瞭であるように思われるかもしれないけれども、実際には決してそうではない。ことにその規定が制定されたあとで、社会にいろいろ予想しなかった事実が生ずると、民法の規定がはたしてこの場合を含むものであるかどうかが争いとなることが非常に多い。法律の解釈が争われた有名な例として、電気窃盗事件がある。

電気窃盗事件というのは、電気を盗んだ者は窃盗罪を犯した者として処罰されるかというきわめて簡単な事件で、常識的にいえば、処罰されることが当然だといわれそうなことである。しかし、刑法の規定によれば、窃盗とは他人の「財物」を窃取することである（刑法二三五条）。ところが、電気は、物理学者の説によればエネルギーであって、物（液体・気体・固体のどれか）ではない。そこで刑法に規定する「財物」とは、エネルギーたる電気を含むかどうかが解釈上の争いとなったわけである。この事件については、大審院において、電気を盗むこともまた刑法でいう財物を盗んだことになり、電気窃盗は窃盗罪であるという判決をした（大判明治三六年五月二一日刑録九輯八七四頁）。けれども、当時学者の間にはむしろ反対説が多かった。その後刑法が改正され、窃盗罪の規定の最後に、「電気は、財物とみなす。」と規定して、盗電が窃盗となることを明らかにした（刑法二四五条）。

このように、法律の規定は一見きわめて明瞭なような場合でも、複雑な世の中の事実をこれにあてはめようとすると、意外に不明瞭な点を生ずるものである。

(2)　民法解釈の方法　民法を解釈する場合に、いかなる標準をとるべきであろうか。第一には、何といっても、その規定の文字の普通の意味を尊重しなければならない（**文理解釈**という）。第二には、その事実に関係ある条文だけを切り離して考えずに、それが民法の規定ならば、民法の他の規定との関係（原則と例外の関係にあるかどうか等）や内容（ほかの規定で同じ用語が使われているとすれば、統一的解釈の必要性等）など民法全体との関連において論理的で調和のとれた解釈をすることに努めなければならない（**論理解釈**又は体系解釈という）。そして第三に、最も大切なことは、その規定のつくられている趣旨（立法の趣旨・立法理由）をよく考えて、この趣旨に従って判断しなければならないことである（**立法者意思解釈**という）。例えば、「馬をつなぐべからず」という制札（立て札）がある場合に、牛ならよいかどうかはなかなか問題である。文理（文字）からすれば「馬はいけないが牛ならよい」とも解釈されるであろうが、「馬は悪いから牛も悪い」と解釈されることもある。前者は**反対解釈**、後者は**類推解釈**といわれる。類推解釈をすべきか、反対解釈をすべきかは、ただ論理的にだけ考えたのでは水かけ論となる。これを解決するためには、その制札の立てられた趣旨を考えなければならない。もし、馬は蹴るくせがあるからつなぐことを禁じたのだとすれば、蹴るくせのない牛をつなぐことはさしつかえない。すなわち、反対解釈をすべきだということになる。これに反し、そこは始終馬をつなぐ者が多くて出入りの邪魔になるので、とりあえず馬つなぐべからずと定めたのが制札の趣旨だとすれば、牛もいけない。すなわち、類推解釈をすべしということになる。

そして、以上のいずれの標準に従って解釈するにしても、大切なことは、良識ある者の判断、いいかえれば、健全な社会常識に合う判断をするように努めることである。「下駄草履《ぞうり》の他入るべからず」という制札があったとしても、それは下駄か草履をはいた人だけが入ってもよいという意味であることは、常識的にすぐわかることなのだが、法律の解釈といえば、常識を無視して杓子定規な議論をすることだと考えて、下駄と草履は入ってもよいが人は入ってはならない、と解釈したがる人が案外多いのではあるまいか。しかし、それは法律の意味を誤解するも甚だしいものである。

類推解釈・反対解釈は、概念の異なる事実についての解釈であるが、概念が異なるというより、同一概念の枠内と評価しうる事実が問題となることがある。たとえば、ある橋のたもとに「馬は通るべからず（あるいは車馬通行止め）」という制札があった場合、ロバや子馬はどうかという問題である。ロバもウマ科の動物であるから、「馬」の概念に含ませることができると考えれば、ロバの通行もできないことになる。一般的な馬の概念をロバにも拡張していることから、拡張解釈という。他方、子馬は通常の馬に比べて重量が軽いので橋を通行させてもよいと考えるならば、ここでの「馬」には子馬は含まないという解釈がされることになる。こうして適用の範囲を狭める解釈を縮小解釈という。

民法の学習を続けるならば、自然とこうした自在の解釈ができるようになり、法的な考え方や思考力が身につくことが期待される。

三　民法の規定の実現

(1)　民法の規定の意味　　民法の規定は、すべて直接又は間接に、ある事実についてある人が一定の権利義務を取得するとか、ある人の**権利義務の内容**がどうであるかということを規定しているものである（民法は権利義務の体系である）。従って、民法の規定の実現というのは、結局、民法に定められた権利を行使するということに帰着する。これに関連して注意しておきたいことは、民法が「できる」とか「できない」と規定し、又は「無効」とか「取り消すことができる」と規定していることの意味である。例えば、民法七三二条には、「婚姻は、一八歳にならなければ、することができない。」と規定している。その意味は、一八歳以上でなければ、たとい事実上婚姻をして同棲しても、民法はこれを婚姻とは認めない。すなわち、二人の間には民法の規定する夫又は妻としての権利義務は生じないという意味である。また、麻雀やゴルフをするときに、負けた者が一定の金を払うという約束をしても、そうした賭博の約束は公序良俗に反するので、民法九〇条によって「無効」である。その意味は、負けた者が約束に違反して金を払わない場合に、勝った者から負けた者に対して約束の金を請求しても、その契約は無効であって、勝った者がその契約に基づいて金を請求する権利を取得することもないから、その請求は認められないということである。賭博をした者が処罰されるかどうかは、刑法の問題であって、民法の問題ではない。

(2)　自力救済の禁止　　権利を有する者はその権利の内容を実行し、それを妨げる者があればその妨害を排除し、さらに損害賠償を請求することができる。権利者がこれらの行為をする場合にも、相手方がこれに従わない場合には、自分の力でこれをすることはできない。例えば、債権者は債務者に請求する権利をもっているけれども、債務者が任意に金を払わないからといって、債務者の住居に出かけていって金を強奪してくることは許されない。また家主が借家人を立ち退かせる権利を有する場合でも、暴力団を連れていって借家人を強制して立ち退かせる権利はない。かような行為を認めては、社会の秩序が保たれない。権利者が自分で、ある権利をもっていると考えても、はたしてそうであるかどうかがすでに問題であり、義務者にいわせれば、自分のほうにもまた相当の理由がある場合が多いであろう。のみならず、権利者のいうことがすべて正当である場合でも、私人相互の間に暴力を用いることを認めては、社会の秩序が保たれない。かように、権利者といえども自分の力をもって他人を抑圧してその権利を実現することができない。このことを「自力救済は許されない」(**自力救済禁止の原則**)という。もっとも、自力救済は許されないというのは、普通一般の原則をいったままのことであって、もし権利者が自力救済をしなければ、後になって法律の定める手続による国家の保護を受けることが不能となるか、又は甚だしく困難となるような場合には、おのずから例外が認められることになる。例えば、自転車泥棒が盗んで逃げようとするのを発見した場合に、それを追跡して奪還することは、一種の自力救済だけれども、これを禁ずることは、もちろんできない。要するに、自力救済は許されないという原則に対しては、公序良俗に反したり、違法とならない限りにおいては、その例外が認められる。

(3)　裁判と調停など　権利者がその権利の内容を実現しようとする場合に、義務者がこれに従わないときには、自力救済は許されないから、結局は国家の援助を受けなければならないことになる。

この権利者が国家の援助を受けてその権利を実現することが、すなわち裁判である。いいかえると、**裁判**は、権利者の請求（訴え）に基づいて、権利者がはたしてその主張するような権利をもっているかどうかを確めた上で、その権利の実現について、その請求者に援助をするものである。従って、裁判には、権利者の請求を理由がないといってはねつける場合（**請求棄却**判決）と、理由があるといって認める場合（**請求認容**判決）とがあるが、後の場合には、義務者に対して一定のことを命じ、又は一定のことを宣言する形式をとる。例えば、借主たる被告乙は、貸主たる原告甲に対しその建物を明け渡せといい、又は原告たる妻乙と被告たる夫甲を離婚すると宣言するようなものである。

民法上の権利の実現を図る国家の制度には、裁判のほかに調停がある。**調停**とは裁判所の調停委員会が斡旋し、争いの両当事者が互いに譲り合う精神をもって争いを解決する制度である。現在わが国の調停制度は、民事調停法による**民事調停**、家事事件手続法による**家事調停**及び労働審判法による労働調停などがある。

調停制度は、おおむね裁判官を主任とし一般市民、そして弁護士や大学教授など専門的知識経験を有する者など調停委員を加えた調停委員会によって話し合いでの調停をさせるものである。すなわち法律の玄人と素人との組合せによって、法律と人情道義（条理）の両方から当事者を説得・納得させて、実情に即した妥当な結果を得るに努めることをその趣旨とするものである。

争いを解決する国家的な施設として昔から認められていた裁判のほかに、新たに調停という制度を認めたのは何故であろうか。裁判では、原告が勝ちとか、被告が勝ちとか、一刀両断的に争いが解決されるために、ともするとその解決が人情に反したり、当事者の間に恨みを残したりするおそれがあるので、両当事者の互譲的精神に訴えて、四分六分とか、七分三分とかの妥協によって、人情に適し、恨みも残らないような円満な解決を図ろうとするためである。しかし、調停は、裁判とは違ってあくまで話しあいであるから、結局両当事者が納得しなければ解決には到達しない。

裁判や調停のほか、第三者が関与して紛争を解決するものとして、仲裁法に基づく仲裁や裁判外紛争解決手続の利用の促進に関する法律（ＡＤＲ法）に基づく、各種の裁判外の紛争解決制度（ＡＤＲ）などがあるが、本書ではその説明は省略する。

第二編 財 産 法

第一章 財産法とは何か

一 財産法の意義

財産法とは、われわれの財産関係を規律する法律である。ここに「財産」というのは、あの人は財産家だというような場合の財産、すなわち、資産という意味ではない。身分関係に対する財産関係の意味であって、衣食住その他の生活物資の生産、分配、消費のすべての面にわたる所有及び取引に関する関係のことである。いいかえれば、われわれが生存するためには、働いて金を稼ぎ、その金で物を買ったり、借りたりし、その物を利用するというように、財産的な取引をなし、かつ、その財産を所有することが絶対に必要であるが、この財産の**所有**と**取引**（**契約**）とに関するすべての法律関係が財産関係であり、これを規律する法律が財産法である。従って、財産法には、財産を所有する関係と財産についての取引関係とが含まれている。

右の意味における財産とは、結局われわれが所持し、利用する外界の物資であるが、これを法律的に見ると、物権と債権という二つの大きな権利に分けられる。簡単にいえば、物権はその字のとおり物に対して持っている権利であり、債権とは人に対してなんらか請求できる権利である。これを法的に表現すれば、物権とは、外界の物資を直接排他的に支配する権利（支配権）であって、所有権がその典型的なものである。他方、債権とは、特定の人（債務者）に対して一定の行為（給付という）を請求することができる権利（請求権）であって、貸金債権や売買代金債権などのように、一定額の金銭を請求する債権（金銭債権）が典型で最も重要なものである。そのほかにも、債権には、労働者に対して働くことを請求する使用者の権利や家主に対して借家を使用させよと請求する借主の権利（賃借権）などがある。

財産取引は、法律的にいえば、種々の種類の契約によってなされる。民法は、後に述べるように、売買、贈与、その他一三種類の契約の型を示しているけれども、それは主要な典型的な契約を示したまでであって、このほかにも無数の種類の契約がありうる（契約の種類につき七七頁参照）。

なお、過って他人にけがをさせ、又は故意に他人の家屋を焼いたような場合に、損害賠償をしなければならないという関係も、民法の財産関係である。これらの不法行為は、もちろん財産取引関係ではないが、他人に与えた損害を、金銭その他財産的価値のあるもので補償する関係だから、なおこれを民法の財産関係とするものである。けがをさせたり、家屋を焼いたりした者が、犯罪を犯した者として処罰される関係は、刑法の問題であって民法の問題ではない。だから、ある人が過って他人を死亡させた場合には、その人は、一方においては、その行為について過失致死罪としての刑事上の責任（刑事責任）を問われると同時に、他方においては、不法行為としてその人の遺族に対して慰謝料その他の損害賠償をしなければならないという民法上の責任（民事責任）を問われることになる。前者は刑法の関係であり、後者は民法の関係であるが、刑法はこれによって社会の秩序を維持しようとするものであり、民法はこれによって被害者に生じた**損害の塡補**をはかろうとするものである。この例によって見ても、刑法は個人と国家との関係、すなわち、**公法**であり、民法は個人相互の関係、すなわち、**私法**であることがわかるであろう。

二　物権と債権の規定と本書での説明

財産法に関する最も主要な法律は、民法第二編及び第三編（一七五条―七二四条の二）であるが、そのほかにも、きわめて多数の特別法があり、それにより、財産関係に関する民法の規定を修正又は補充している。

(1)　物権と債権の区別　民法が財産法を第二編物権と第三編債権とに分けたのは、前に一言したように、民法における財産は物に対する権利と人に対する権利とに大別されるからである。そして民法が特に財産取引について特別の編を設けなかったのは、財産取引関係は常に債権を生ずるので、これを債権発生の原因とみて、債権編の中に入れたからである。なお、不法行為も、それによって損害賠償請求権という債権が発生するのだから、民法はこれをも債権発生の一つの原因として、債権編の中に規定しているのである。

財産法を物権と債権とに大別することは、理論的には整然たる体系を示すものである。けれども、実際には、物権と債権とは錯綜して存在するものであって、生活関係そのものが民法の編別のとおりに区別されるものではない。例えば、他人の宅地を使用する関係には、借主が地上権を取得する場合と賃借権を取得する場合があるので、民法は、前者を物権編に、後者を債権編に分けて規定している。また、金を借りてその担保を付ける場合にも、抵当権を設定する場合と保証人を立てる場合とがあるが、抵当権は物権であり、保証は――債権者と保証人との間の――債権関係なので、民法はここでも両者をわけて、前者を物権編の中に、後者を債権編の中に規定している。従って、民法を詳細、正確に理解するためには、民法の編別（**パンデクテン体系**）に従って研究することが必要であるけれども、民法の初学者がわれわれの生活関係に即して民法の大要を理解しようとする場合には、この編別に従ってゆくことは必ずしも適当ではない。そこで、本書においては、民法の編別に従わずに、まず所有権と債権とをもっぱら財産の二大別という立場から説き、次に取引行為の通則を説明し、その後に各種の主要な取引行為について、物権と債権とを総合しながら説明してゆこうと思う。なお、民法総則編の規定は、前に述べたように、民法の他の四編、ことに前の二編に共通の規定であるけれども、本書においては、これを別に説くことをせずに、総則のそれぞれの規定が最も多く適用される事項についてこれを説明しようと思う。

(2)　財産関係に関する**特別法**　第二編（物権）に関する特別法として、不動産登記法、立木法、建物の区分所有等に関する法律、動産債権譲渡特例法（動産譲渡登記に関する）、農地法、仮登記担保法、工場抵当法などがある。

第三編（債権）に関する特別法として、利息制限法、動産債権譲渡特例法（債権譲渡登記に関する）、消費者契約法、割賦販売法、特定商取引法、借地借家法、国家賠償法、自動車損害賠償保障法、製造物責任法などがある。

また、団体に関するものとしては、一般法人法が重要である。

前にも述べたが、民法は「私法の一般法」であり、これら特別法は民法典の規定を修正・補充するものであって、民法典の規定に優先して適用される（「特別法は一般法を破る」という）。本書においても、これらの特別法が関連するそれぞれの箇所でその概要・要点を説明する。

第二章 所有権

一 所有権の内容

(1) 所有権の意義

所有権は物を全面的に支配する権利であり、その効力として、外界の物資を自由に使用、収益、処分する権利であるとされている(二〇六条)。使用とは物を用いることであり、収益とは物から果実(経済的利益)を取得することであるが、自分で使用・収益してもよく、また他人に貸して使用・収益させてもよい。また、処分するとは、その物を廃棄したり(事実的処分)、他人に売ったり、ただであげたり、担保に入れたりすること(法律的処分)である。

所有権は私有財産権の王座を占めるものといってよい。私有財産制度とは、土地や家屋や企業の施設について私人の自由な所有権を認める法律制度であるが、前に述べたように、封建時代には、これらのものに対する私人の所有権はいろいろの制限を受けて、その所有者の自由にはならなかった。そこで、近代法が個人の自由と平等の理想を宣言した際には、何よりも強くこの私的所有権の神聖・不可侵を宣言した。例えば、一七八九年のフランスの人権宣言は、その一七条に、所有権は神聖にして不可侵な権利であることを宣言している。かように私人の所有権を保障することは、個人の生活の基礎を与えるものであって、個人は、これによって、自由に経済的及び精神的な向上発達を遂げることができる。一九世紀において、資本主義文明が人類の幸福を増進する上に多大の貢献をしたのは、私人の所有権が確保されたためだといって過言ではない。しかし前にも述べたように、私人の所有権をあまりに強く保障することは、やがて人々の間に貧富の甚だしい差を生ずることになり、ひいては個人の間の実質的な自由と平等を確保することができなくなるので、二〇世紀に入ってからは、所有権の神聖不可侵という理想に対して、大きな制限が加えられることになった。わが憲法二九条も、財産権の不可侵を定めているけれども、同時に、財産権の内容は、公共の福祉に適合するように法律をもって定められるものとしている。従って、わが憲法のもとにおいては、所有権も、もはや神聖不可侵の権利ではなく、公共の福祉の制約を受ける権利であるといわなければならない。

(2)　土地所有権の制限　民法は、土地の所有権について特別の規定をしている。これによれば、土地の所有権は、その土地の境界線一ぱいの範囲で、上は天空に達し、下は地心に及ぶという前提をとっているけれども、同時に、社会の共同生活に必要な範囲では、横の広がりにおいても、上下の広がりにおいても、これにしかるべき制限が加えられることを認めている（二〇七条）。すなわち、その上下においては、特別の法律によって所有権の効力が制限される場合が少なくない。例えば、地下の鉱物には鉱業法により所有権の効力は及ばないし、また、東京都など政令で定める地域の大深度地下の利用については、大深度地下の公共的使用に関する特別措置法（平成一二年法律八七号）により、一定の事業者に優先的な使用権が認められる。また、公共用飛行場に近接する土地の所有権は、航空法により建物や樹木の高さについて種々の制限を受ける。さらに、隣地の所有者との間の関係については、境界線の近くで、建物の築造、塀や壁の修繕などをする場合や、高い土地から低い土地に排水する場合などについて、相隣者が互いに譲り合って協調すべきことを、民法に「相隣関係」として規定している（二〇九条以下）。相隣関係においては、他の土地に囲まれて公道に通じない土地（**袋地**という）の所有者は、公道にいたるためその土地を囲んでいる土地（**囲繞地**という）を通行することができるという権利（**囲繞地通行権**）が認められているほか、さまざまな権利（反面として義務）が認められている。特に近時注目されるのは、令和三年の民法改正で、電気・ガス・水道水などライフラインを確保するためそうした継続的給付を受けるための設備を隣接する土地に設置する権利やその使用権が認められたことである（二一三条の二）。さらに、**建築基準法**には一層厳格な建築物の制限がある（特に、都市計画法が定める一二種の用途地域に応じて、建築物の制限がされている）。

(3)　区分所有権　特殊の所有権として、**区分所有権**がある。これは、マンションのような集合住宅（区分所有建物という）について独立して利用できる各部屋（**専有部分**という）に認められる所有権である。こうしたマンションの法律関係については、「建物の区分所有等に関する法律」（区分所有法）が適用される。この法律は、建物の管理は区分所有者全員で構成する**管理組合**によって行うものとされ、規約の設定・変更や集会の決議などの手続を定めている。特に注目されるのは、区分所有者は相互に他の区分所有者の迷惑になる行為（「**共同の利益に反する行為**」）をしない義務を負い、この義務に違反する者に対しては、違反行為の停止や専有部分の使用禁止、さらには区分所有権の競売の請求もできるとされていることである（同法六条・五七条～六〇条参照）。こうしたマンションのような区分所有建物の区分所有者には民法とは異なる団体的な規制がされているのである。

(4)　地役権　民法の規定する相隣関係で認められる範囲を越えて近隣の土地を利用しようとするとき、例えば、隣地から湧く泉を引こうとするときや近道をするために隣地を通行しようとするときなどには、隣地の所有者の承諾をえて、地役権という物権を設定するやり方がある。後者の通行地役権が世の中にも多く代表的なものである。**地役権**は、他人の土地を自己の土地の便益のために利用する物権である（二八〇条）。地役権は、土地所有権に附随する権利だから、これを設定して登記をしておくと、自分の土地（**要役地という**）を売るときには、その地役権も一緒に買主に移転することになる（反対に、地役権のみを要役地と分離して譲渡することはできない。二八一条二項）。また、相手の土地（**承役地という**）の所有者が変わっても、地役権は影響を受けず、そのまま存続する。地役権に関しても、民法は相当な規定を設けている（二八一条―二九三条）。

二　所有権の効力

所有権者は、その目的物を使用、収益、処分することができるだけでなく、その使用、収益、処分を妨害するものがあれば、その妨害を排斥することができる。すなわち、①自分の所有物を理由なく占有する者に対しては、その返還を請求することができる（**返還請求権**）。また、②隣の土地の松の木が、風で自分の庭に倒れてきたような場合には、隣地の所有者に対して、その妨害を取り除くことを請求することができる（**妨害排除請求権**）。のみならず、③まだ妨害が生じない場合にも、妨害を生ずるおそれが顕著であるとき、例えば、隣の松の木が倒れそうな場合などには、倒れないように予防することを請求することもできる（**妨害予防請求権**）。以上は、所有権が侵害された場合に、その侵害状態を取り除いて、侵害のない完全な所有権状態を回復するための請求であって、規定はないが、排他性のある物権には当然に認められる効力（**物権的請求権**）である。この物権的請求権の行使には、相手方の故意や過失の有無は問わず、しかも、かかる費用は相手方に負担させることができるとされている（大判昭和五年一〇月三一日民集九巻一〇〇九頁）。

しかし、前に述べたように、所有権の行使も、濫用と認められる場合には、所有権としての効力をもたないから、右に述べた妨害の排除の請求も、所有権の濫用となる場合には認められないことはいうまでもない。

三　所有権の取得原因

われわれが所有権を取得する最も主要な原因は、売買か相続であろう。売買も相続もいずれも前の所有者（前主）の権利に基づいて所有権を取得する場合（**承継取得**という）である。相続は後に後編（第三編第八章以下）で説明する。また、売買についても後に取引の章（本編第五章）で説明する。ここには、前の所有者（前主）の権利と無関係に所有権を取得する場合（**原始取得**）について述べる。

(1)　取得時効　所有権の原始取得の最も重要なものは、**取得時効**である。時効で所有権を取得するとは、例えば、隣り合っている甲乙二人の所有地の境界線に設けられた垣根が、実際の境界線よりも一メートルだけ乙の方に食い込んでいるにもかかわらず、甲も乙も、垣根をもって正当な境界線だと長い間信じておった場合には、この部分の土地について、甲が所有権を取得し、その反射として乙は所有権を失うというように、真実の所有者でない者が、公然と所有者らしくふるまっている状態（こうした所有の意思をもってする占有を「**自主占有**」という）が長く続いたときに、この永続した状態に基づいて所有権を取得する制度である。その期間（時効期間）は、その真実に反する状態を生じた際（占有開始時）に、占有者甲が自己の所有であることを信じ、信じることに過失がなかった場合（すなわち善意・無過失の場合）には一〇年であり、これを知っていたり、過失があった場合（すなわち悪意又は有過失の場合）には二〇年である（一六二条）。

　時効という制度を設けたのは、たとい真実に反する状態であっても、その状態が長く続き、世の中一般の人がこれを真実の状態と認めるようになった場合には、その永続した事実状態を尊重して、これを正しいものと認めることが社会一般の秩序を維持することになるからである。右に挙げたような例では、このことは充分に理解されないかもしれないが、例えば、つぎのような例を考えてみよう。乙が甲からある土地を買い受け、これを丙に譲り渡し、丙がさらに丁に譲り渡して、最初の譲渡からすでに数十年を経過し、丙も丁もこの一連の取引が正当なものと考えていた場合に、あとになって、甲乙間の売買が、公序良俗違反で無効であったり、あるいは乙が甲を強迫したという理由で甲によって取り消されたとしよう（九〇条・九六条参照）。甲乙間の売買は結局効力を生じないことになるから、乙は所有権を取得することができない。従って、丙も丁も所有権を取得することができず、結局丁は数十年の後に至って甲からこれを取り戻されることになる。そのとき時効という制度が働き、乙が甲から買った後二〇年（乙は悪意又は有過失として）、丙が買ってから一〇年（丙は善意・無過失として）を経過すれば、甲乙間の売買が無効であるにもかかわらず、丁は時効によって所有権を取得することになる。かような例を考えれば、時効という制度の有する意義がわかるであろう（なお、一〇年、二〇年の計算には、乙丙丁の占有期間を通算することができる（一八七条参照））。

　時効は、一〇年又は二〇年の時効期間が経過することで自動的に効果が生じるわけではなく、占有者がその時効を主張（**援用という**）することによって、占有が開始した時（起算日）に遡って効果が生じる（**時効の遡及効**という。一四四条・一四五条）。

時効によって権利を取得するのは、所有権だけに限るのではなく、所有権以外の財産権についても認められる（一六三条）。特に、土地賃借権について、判例は、それが賃貸借の関係であることが分かる形で長年占有が続いていれば、賃借権の時効取得を認めている。すなわち、判例の厳密な表現では、「土地の継続的な用益という外形的事実が存在し、かつ、それが賃借の意思に基づくことが客観的に表現されているとき」は、**土地賃借権の時効取得**ができるとしている（最判昭和四三年一〇月八日民集二二巻一〇号二一四五頁。無断転貸借に基づく転借人につき、最判昭和四四年七月八日民集二三巻八号一三七四頁）。賃借意思が客観的に表現されているとは、賃料を支払ってきたことなどで示されているということができる。

(2)　取得時効以外の原始取得　　時効以外の所有権の原始取得の原因として、民法は、（ア）無主物先占、（イ）埋蔵物発見、（ウ）遺失物拾得、（エ）添付（付合・混和・加工）について規定している。

（ア）**無主物先占**とは、所有者のない動産を所有の意思をもって占有することであって、所有者はこれによって所有権を取得する。山で鳥をつかまえ、川で魚をとらえるような例である（二三九条）。

（イ）**埋蔵物発見**とは、地中に埋まっている小判を発見するように、埋蔵（包蔵）された物を発見することであるが、この場合には、発見者がこれを届け出て、遺失物法の規定によって公告をして、六か月間所有者が現れなかったときに、発見者がそのものの所有権を取得する（二四一条本文）。もっとも、他人の物（土地）に埋まっていた場合には、その他人（土地の所有者）と発見者が等しい持分で所有権を取得する（二四一条ただし書）。

（ウ）**遺失物拾得**とは、落とし物（遺失物）を拾うことであって、この場合にも、拾得者がこれを届け出て、遺失物法の規定によって公告し、三か月間落し主が現れなかったときに、拾得者がその所有権を取得する（二四〇条）。

（エ）**添付**とは、所有者の違う二つの物が結合したり（付合）、混ざったり（混和）した場合及び他人の動産に工作を加えて新たな物を作った場合（加工）のことであり、誰がその物の所有者となるかが問題となる。付合・混和・加工それぞれ場合を分けて説明しよう。その前にここで不動産と動産の区別を確認しておこう。不動産は、土地及びその定着物（たとえば建物）のことであり、それ以外が動産である（八六条）。

①まず、動産が不動産に結合（従として付合）した場合（**不動産の付合**）、不動産の所有者が、その動産の所有権を取得するのが原則であるが、結合させた者に賃借権などの権原があり、その動産が独立性を失ってないときは、その結合させた者はその動産の所有権を保持することができる（二四二条）。権原がない者が他人の土地に種子をまいたり、苗を植えたりした場合や建物が増改築されたような場合に問題となる。②また、所有者の異なる二つの動産が結合して、容易に分離することができない一つの物となった場合（**動産の付合**）に、その二つの物に主従の別があれば、主たる物の所有者が全部の物の所有権を取得し、また、その二つの物に主従の別がなければ、二人がその物の共有者となることである（二四三条・二四四条）。例えば、ある人が過って他人の糸で着物の修繕をした場合に

は、着物の所有者はその糸の所有権を取得する。もっともこの場合には、糸の所有権を取得した人は、その糸の代金だけはこれを償還しなければならない（二四八条）。③所有者の異なる動産どうし（米とか酒とか）が混ざった場合（混和）も、②の動産の付合と同様である（二四五条）。④最後に、加工は、他人が手を加えてできた物（加工物）の所有権は、材料の提供者に帰属するのが原則ではあるが、手が加わったことでそのできた物が材料の価格よりも著しく高い価格のものとなった場合には、手を加えた加工者のものとなる（二四六条）。例えば、著名な画家が過って他人の絹地に絵を描いたような場合には、画家はその絹地の所有権を取得して、絹地の所有者に対してその代金を償還することになる（二四六条―二四八条）。

四　共同所有

⑴　共有　多数の人が共同して一つの物を所有する場合については、二つの区別がある。一つは、その多数の人が法人を組織する場合であり、他の一つは、そうでない場合である。多数の市民が災害支援とか国際協力など、ある特定のボランティア活動をする目的でＮＰＯ法人（特定非営利活動法人）を組織して土地を所有する場合などが前の例で、数人の兄弟が協議して、相続した土地を分割しないで共同の所有としておく場合などが後の例である。そして、ここに共同所有といっているのは、多数の者が、結合して一つの法人を構成する場合ではなく、多数の者のそれぞれが所有権の主体と認められる場合である。民法はかような場合を共有と呼んでいる。

共有においては、一個の所有権が多くの者に分属することになるが、その分属した所有権を共有持分権といい、分属する割合を持分という（もっとも民法では両方ともに持分といっている）。共有者は、それぞれの持分に応じた使用をすることができる（二四九条）。共有物を管理する方法は、共有者の持分の価格に従って過半数で決めるが、雨漏りの修繕など保存行為は単独ですることができる（二五二条）。共有物の処分を含む共有物に変更を加えるには、形状や効用の著しい変更とはいえない軽微な変更を除いて、全員の同意を必要とする（二五一条）。令和三年の民法改正で、他の共有者が誰だか分からないとか、その所在がわからないなどという場合にも、裁判で、共有物の変更や管理ができる制度が創設された（二五一条二項・二五二条二項参照）。

共有者はいつでもその分割を請求することができ、一人が分割を請求した場合には、すべての者はこれに異議をとなえることができない（二五六条）。また、当然のことなので規定はないが、共有者の一人は、その持分権を自由に第三者に譲渡することができる。他の共有者の同意を必要としない。このように民法の共有においては、各自は自由にその持分権を譲渡することができ、また、いつでも分割を請求することができるという点において、きわめて個人主義的に構成されている。

⑵　合有　右に述べたように、民法の共有が個人主義的に構成されていることから、場合によっては、すこぶる不都合な結果を生ずる。例えば、数人が協力して商売をする場合などには、民法上の組合契約が成立し（六六七条）、その出資された組合財産は組合員の「共有」となる（六六八条）。しかし、この場合に、各組合員は自由にその持分権を譲り渡すことができ、またその分割を請求することができるとすれば、共同経営が不可能になることは明らかであろう。そこで民法は、組合員の組合財産に関する共有（六六八条）については、各組合員はその持分を処分する自由を持たず、また、組合

が終了するまでは、その分割を請求することができないものと定めている（六七六条）。学者は、かように持分処分の自由と分割請求権とを欠く共有関係を、とくに**合有**と呼んでいる。

(3) 総有　右の共有と合有のほかに、さらに違った共同所有関係がある。それは法人格（権利能力）をもたない村落の住民が、共同して山林原野などを所有する、いわゆる**入会《いりあい》権**である。この場合には、入会集団である村落民が共同してみんなでその山を所有するのだけれども、個々の村落民は、そもそもその入会地の分割を請求する権利をもたないし、それだけでなく、村落の外に移住する場合にも、その持分を他人に譲り渡すこともできず、また金銭の償還を受ける権利もない。いいかえれば、入会においては、個々の村落民はその山（入会地）について、直接には何らの持分権を持たず、ただ村落の一員という資格で、山からたきぎをとったり、草を刈ったりする権利（**使用収益権**）を有するに過ぎない。つまり前述の合有においては、各構成員は、なお持分権を有し、ただその持分権が合有関係の継続する間だけ滞在的なものとなっているのに反し、入会においては、入会権の主体たる村落の構成員である個々の村落民は、何ら持分権というべきものをもたないのである（持分権をもたないがゆえに、当然ながら分割請求をすることも、その処分をすることもできない）。

入会は明治以前からわが国の農村、ことに山村に多く存在した慣行上のものであって、その権利関係はきわめて複雑である上に、地方によって異なり、しかもその経済的に有する意義は非常に重要である。それにもかかわらず、民法はこれについてわずかに二か条の規定を設けたに過ぎない（二六三条・二九四条）。のみならず、その規定の内容は、ほとんど各地の慣行に従うというだけのことなので、入会に関してはしばしば困難な争いを生じている。

なお、入会には、右に述べたように、その入会地である山を村落民が所属する村落が所有する場合だけでなく、他の村落又は個人の所有する土地においてたきぎをとったり、草を刈ったりする場合もある。この場合には、村落民は他人の土地から収益する権利をもつことになる。そこで民法は、前の場合を「共有の性質を有する入会権」と呼び（二六三条）、後の場合を「共有の性質を有しない入会権」という（二九四条）。しかし、学者は前の場合は共有ではないという点を力説するために、これを総有と呼んでいる。

つまり、共同所有関係には、共有と合有と総有の三種類があることになる。

五　所有者不明又は管理不全の土地建物の管理

令和三年の民法改正の中心テーマは、全国に多数ある所有者が不明の土地や建物、そして、管理されないままに放置された土地や建物をどうするか、どのような対応をしたらよいかであった。そして、個々の不動産に着目した新たな財産管理制度が新設された。本書で詳しく扱うべき内容ではないが、社会的にも注目されてきた問題なので、簡単に触れておくことにする。

(1)　所有者不明の土地建物の管理　　所有者を知ることができず、又はその所在を知ることができない土地ないし建物について、所有不明土地・建物管理命令の発令により、所有不明土地管理人・所有者不明建物管理人が選任され、この管理人が善管注意義務をもってその管理をするものとされた（二六四条の二―二六四条の八参照）。管理人は保存行為、利用・改良行為だけでなく、裁判所の許可を得れば売却もできる（二六三条の三第二項、二六四条の八第五項）。また、所有者不明土地・建物の管理処分権が管理人に専属することになる点は注目される（二六四条の三第一項、二六四条の八第五項）。この結果、所有者であってもその管理処分権はない（その管理処分権が剥奪されている）ことになろう。

(2)　管理不全の土地建物の管理　所有者による管理が不適当であることによって、他人の権利又は法律上保護される利益が侵害され又は侵害されるおそれがある場合に、対象となっている土地や建物について、管理不全土地・建物管理命令の発令により、管理不全土地管理人・管理不全建物管理人が選任され、善良な管理者の注意をもってその管理をするものとされた（二六四条の九―二六四条の一四）。管理人は、保存行為、利用・改良行為だけでなく、裁判所の許可を得れば売却もできるが、その場合には、前述の所有者不明の場合と異なり、所有者の同意を得る必要がある（二六九条の一〇）。このように管理人には管理処分権はあるが、専属するわけではないから、所有者と意見が対立して紛争になることは予想される。

六　所有権以外の物権

(1)　物権法定主義　物権には、債権と異なり、それと矛盾する他人の権利を排除する性質（排他性）があるがゆえに、一つの物の上には、同じ内容の物権は一つしか成立しないのが原則である（一物一権主義という）。そして、物権の種類や内容は、民法その他の法律で定められるものに限る（一七五条）。これを物権法定主義という。当事者の契約で自由に新しい種類の物権を作ることはできない。のみならず、法律で定める物権について、法律の規定と違った内容を与えることもできない。これに対して、債権の内容は、後に述べるように、契約で自由に定めることができる（契約自由の原則）。物権と債権との間にかような差異のあるのは、債権は全く当事者間の関係で第三者に影響のないものであるのに反して、物権は第三者に対しても効力をもつものだからである。例えば、甲が乙の土地の上にその土地を利用する物権をもっているときには、その権利は、乙からその土地を買い受ける丙に対しても、その土地の上の抵当権を取得する丁に対しても、効力をもつ、すなわち対抗（主張）することができる。従って、甲乙間の契約で甲の取得する物権の内容を自由に定めることができるものとすると、丙丁等の第三者は不測の損害を蒙るおそれがある。そこで、物権の種類と内容とを限定し、ある人がどんな内容の物権を有するかは、第三者からも容易にわかるようにする必要がある。これが物権法定主義の採用された理由である。

もっとも、物権の存在を第三者からわかるようにするためには、物権法定主義だけでは足りない。さらに、物権の存在を公示する必要がある（公示の原則）。これがすなわち、不動産物権について登記制度が行われている理由である。右の例で、甲が乙の土地を利用する物権をもっているときには、甲はその物権をもって丙にも丁にも対抗することができるといったが、甲がかような対抗をするためには、その権利を登記しておかなければならない。登記をしておいてはじめて、第三者である丙や丁に対抗することができるのである（一七七条）。他方、動産については、民法上は引渡しをすれば第三者にも対抗することができるとされている（一七八条）。かように民法において、不動産では登記、動産では引渡しがその物権を第三者に対抗するための要件（対抗要件）とされているわけである。この登記と引渡しが対抗要件であることについては、売買の章（第五章）で繰り返して説明する。

(2)　物権の種類　民法の定めている物権には、所有権の他に、占有権、地上権、永小作権、地役権、入会権、留置権、先取特権、質権、抵当権の計十種類がある。このうち、地役権と入会権についてはすでに述べた（三六頁と四三頁）。留置権と先取特権についてはつぎの債権の章（第三章二(3)(4)）で、地上権と永小作権については、物の貸借の章（第七章）で、質権と抵当権については、金銭の貸借の章（第六章四(2)(3)）で述べることにする。

民法以外の法律で認める物権としては、鉱業法による鉱業権、漁業法による漁業権などがある。また、慣習法上の物権として、湯口権（温泉を引湯使用する権利）がある（大判昭和一五年九月一八日民集一九巻一六一一頁―鷹ノ湯温泉事件）。

(3)　占有権　民法の認める物権のうちで占有権という物権は特別のものである。地上権、永小作権、地役権及び入会権は、用益物権と呼ばれ、不動産を用益（使用収益）することを目的とし、また、留置権、先取特権、質権及び抵当権は、担保物権と呼ばれ、債権の弁済を担保することを目的とする。いずれも、財貨の有する価値を利用することを目的とするものである。これに対し、占有権は、財貨に対する社会の秩序を維持することを目的とする。

占有とは、ある人が、ある土地を耕し、ある家屋に居住し、ある時計を腕につけ、ある書物を書斎に並べておくというように、物をその支配下においている事実状態のことであり、「自己のためにする意思」（占有意思という）をもって「物を所持」することで、その人に占有権が認められる（一八〇条参照）。かような事実状態があるとしても、それが正しい、本来あるべき状態であるとは限らない。所有者又は賃借人として所持しているのなら、もちろん正しい状態であるが、盗んだもの、拾ってそのまま所持しているもの、賃貸借の期限の切れた後に理由なく所持しているもの、などであれば正しい状態ではない。この場合は、所有者その他正当の権利のある者から返還を請求されれば返さなければならない。しかし、さればといって、正当の権利者が、自分の力で実力行使してこのあるべからざる所持をする者からその物を奪還すること（すなわち**自力救済**）を認めては、**社会の秩序**が保てない。そこで、民法は、すべての占有につき、これがあるべき状態に適した占有か、あるべからざる状態たる占有かを問わずに、一律にこれを権利（**占有権**）と認め、他人が濫りにこれを侵害することを禁じた。すなわち、①占有者が、他人からその占有を奪われた（占有侵奪）ときは、その物の返還を請求することができる（**占有回収の訴え**。二〇〇条）だけでなく、②その占有を妨害されたとき（例えば、借家人として居住する家の庭に隣家の松の木が倒れたとき）には、その妨害の排除を請求し（**占有保持の訴え**。一九八条）、③占有を妨害されるおそれがあるとき（右の例では松の木が倒れそうなとき）には、その妨害の予防を請求することができる（**占有保全の訴え**。一九九条）。そのことは、あたかも、前に述べた所有権が侵害された場合の物権的請求権と同様である。ただし、所有権に基づいて返還請求をした者は、確実にその物を回収することができるが、占有回収の訴えに基づいて返還請求をした者は、真実の権利者から再び取り戻されることがある。例えば、小舟の賃借人が期限が過ぎても返還しないので、賃貸人が憤慨して、暴力をもって奪ったとしよう。賃借人は、占有権に基づいてその小舟の返還を請求することができる。賃貸人はこの訴えを受けたときは、「この小舟は俺の所有物で、しかも賃貸借の期限が過ぎたから当然返還すべきものだ」と、所有権が自分にあるといって争ってもだめである（二〇二条二項）。しかし、賃貸人は、改めて、所有権に基づいて、また、賃貸借の終了したことを理由として、賃借人に対して返還を請求すれば、賃借人は一度占有回収の訴えで取り戻したものをさらに返さなければならないことになる。つまり、占有権に基づく訴え（占有訴権）と所有権に基づく訴えとは別ということである。

以上は、民法が占有権の効力として規定するもののうちの占有訴権（占有の訴え）について述べたのである。民法はこの他に、占有すべき正当な権利のない占有者が所有者から返還請求を受けた場合の、占有物から生み出された収益である果実（八八条・八九条参照）の扱い、占有物が損傷・滅失した場合の損害賠償、占有物の修理などで占有者が支出した費用の償還請求などについても規定している（一八九条―一九一条・一九六条）。また、民法の規定するもう一つの占有の効力たる即時取得については、後に売買の章（第五章三(1)（イ））に説く。

(4)　他物権　所有権以外の物権は、前述した特殊な物権である占有権を除いて、いずれも、原則として、他人の所有物の上に成立するものであり、総称して他物権（又は制限物権）と呼ばれる。これらの物権が他人の所有物の上に成立するということは、社会の物権的秩序は、所有権を中心として成立していること、すなわち、社会に存在する物的な財貨は、ことごとく誰かの所有に属し、所有者以外の者がこれを利用する関係は、その所有権を一時的に制限する権利として成立することを意味するものである。

六　物権の消滅

所有権とその上の「他物権」とが同一人に帰属する（混同）と、その「他物権」は消滅する。例えば、地上権者がその土地の所有権を買い受けると、地上権は消滅する。所有権は目的物を全面的に支配する権利であって、一つの土地の上に同一人が所有権と地上権とを有するということは、全く無意味だからである。しかし、この他物権が他の権利の目的となっている場合、例えば、右の地上権の上に抵当権が設定されているような場合などには、地上権を消滅させると抵当権者に不利益を与えるから、例外として、地上権は消滅しないことになっている（一七九条一項・二項）。

また、占有権は、前に述べたように、所有権や他物権とは全く異なる独自の作用をもっているものだから、自分の所有物の上にも成立し、従ってまた、混同によって消滅するものでもない（一七九条三項）。

第三章　債　　権

一　債権の内容

債権とは、ある人（債務者）に対して一定の行為（給付という）を請求する権利である。請求することの内容は、金銭その他の物の引渡し、ある仕事をすること（建物の建築、不動産の仲介など）又はあることをしないこと（高い建物を建てない、競業をしない、など）が主要なものであるが、物権と違ってその種類には制限がないから、当事者の契約で自由にいかなる行為でも債権の内容とすることができる（**契約自由の原則**）。もっとも、その行為が、公の秩序又は善良の風俗（**公序良俗**）に反するものであってはならない（九〇条）。例えば、契約によって愛人になれとか、賭博で負けた金を払えというような債権は、認められない（公序良俗違反については後で説明する。六三頁参照）。

二　債権の効力

(1)　履行の強制　債権は、他人（債務者）の行為を請求する権利であり、債権であるからには、債権者は債務者にその行為（給付）を請求することができ（債権の**請求力**という）、そして、債務者からの給付を受け取ることができる（債権の**給付保持力**という）。しかし、債務者が任意にその行為をしない場合に、債権者がその債権を実現しようとすれば、常に国家の援助を必要とする（**自力救済**

の**禁止**)。すなわち、債務者が履行をなすべきときに履行しない場合には、債権者は、裁判所に訴えて、債務者に対して債務の内容たる行為をなすべきことを命ずる判決をしてもらわなければならない(債権の**訴求力**という)。のみならず、裁判所が、債権者の請求を正当と認めて、債務者に対して債務を履行すべき旨を命ずる判決をしても、債務者がなおその判決に従わない場合には、債権者は、さらに進んで、その債権の強制履行を求めねばならない(債権の**執行力**という)。かように債権の効力には、①請求力・②給付保持力・③訴求力・④執行力がある(少なくとも①と②は債権である以上最低限必要である)。なお、債権の請求力と給付保持力はあるが、訴求力と執行力がない債権、すなわち、裁判で訴えることができないようなものを**自然債務**という(自然債務を認めたと解されている判決として、大判昭和一〇年四月二五日新聞三八八五号五頁—カフェー丸玉女給事件)。

さて、**強制履行**とは、国家の権力を用いて、債務の内容を強制的に実現することであるが、それにはおよそ三つの方法がある(四一四条)。第一は、**直接強制**であって、金銭その他の物の引渡しを目的とする債権について、国家が、執行官その他の機関を用いて、直接に債務の内容を実現するものである。第二は、**代替執行**であって、例えば、新聞に謝罪広告を出す債務などについて、債権者が代わってこれをして、その費用を債務者から取り立てるものである。第三は、**間接強制**であって、債務者が一定期間内に債務を履行しないときには、一定の金銭を支払うべき旨を命ずることによって、債務者に心理的圧迫を加えて履行を間接に強制して、債権の内容を実現しようとするものである(民事執行法一七二条)。例えば、ビルの一室を暴力団組事務所として使用した場合(具体的には組員を立ち入らせた場合)には、一日につき一〇〇万円を支払うことを命じて、組事務所として使用させない方法などである。

しかし、これらの三つの強制履行のいずれによっても、目的を達し得ない場合もないではない。例えば、夫婦の間の同居請求権（七五二条参照。二一〇頁参照）などは、間接強制もすることができないものとされている（大判昭和五年九月三〇日民集九巻一一号九二六頁）。

(2)　債権者平等の原則　一人の債務者に対して、多くの債権者があって、その債権の総額が債務者の全財産を超過する場合がある。かような場合にも、すべての債権は、――その債権が売買代金、貸金、その他いかなる種類のものであっても、またその債権の発生した時期が前後していても――原則として、すべて平等の力をもつものとされる（債権者平等の原則）。従って、債権の総額が債務者の全財産を超過する場合には、その債権額に按分して、債務者の財産を分配しなければならない。その結果、ある人が債務者に金を貸した時には、債務者の財産はこれを弁済するに充分な状態であっても、その後に債権者（というより債権額）が増えることによって、結果充分な弁済を受けられなくなるおそれがある。もし債権者がこの危険を防ごうとするなら、債務者の特定の財産について、優先権を確保する途を講じなければならない。それが後に述べる担保の制度である。

(3)　先取特権　債権者平等の原則を例外なしに認めるときには、ある種の債権者にとって非常に気の毒なことになる。例えば、食料、灯油などを供給した小売商人の小額の債権と、債務者に企業上の資金を融通した者の巨額の債権とを、平等なものとして按分比例で分けることにすると、小売商人はほとんど分け前にあずからないことになって、はなはだ気の毒であるだけでなく、これら生活に必要な飲食料品や燃料などの債権は債務者の生活を支えたものであることを考えると、貧困者であっても日常生活の必需品は入手できるようにするという社会政策的配慮にも欠けることになる。民法は、かような不都合を防ぐために、右の小売商人、その他一定の優遇すべき債権者について、他の債権者に優先して弁済を受ける権利を認めた。これが先取特権の制度である（三〇三条以下）。民法は、公平の原則、当事者の意思の推測、社会政策的配慮、公益上の要請などさまざまな理由から、一定の債権に、優先権を認めている。どの範囲で優先権が認められるかについて、民法は、①債務者の総財産を目的とするもの（一般の先取特権。三〇六条）、②特定の動産を目的とするもの（動産の先取特権。三一一条）、③特定の不動産を目的とするもの（不動産の先取特権。三二五条）の三種について、その内容と優先の順位を詳細に定めている。

このうち実務上特に重要であるのは、動産の先取特権のうち「不動産の賃貸借」の先取特権であろう。これは家主が家賃については、借家人がその家屋の中に持ち込んだ家具その他の動産について、先取特権を有するというものである（三一二条一号、三一三条二項）。また、動産の先取特権は、その目的物が第三者に引き渡されたことによって消滅することになる点（三三三条）も注意する必要がある。

(4)　留置権　先取特権のほかにも、債権者が優先的な地位を認められるものに、留置権がある（二九五条以下）。これは、他人の物を占有する人が、その物を修理又は保管するなど、その物に関して債権を有する場合に、その債権の弁済を受けるまでその物を留置する（すなわち返還を拒絶する）権利をもつとされる制度である。例えば、時計の修理業者は、その修理代金の弁済を受けるまで時計を留置することができ、借家を修繕した借家人は、修繕に要した費用（必要費）の償還を受けるまでは、借家契約が終了した後も、なおその家屋を留置することができるというのがその例である。こうして「物に関して」生じた債権が確実に履行されるようにされているわけである。

留置権が認められるためには、その債権が「物に関して」生じたものであることが必要である（物と債権との**牽連性**という）。何がこれにあたるかはやや分かりにくいが、①債権が「物自体から生じた場合」（前例の修理・修繕代）及び②債権が物の返還請求権と「同一の法律関係」や「同一の事実関係」から生じた場合（「同一の法律関係」の例として、売買契約が取り消されたり無効である場合に支払われた代金の返還と引き渡された目的物の返還、「同一の事実関係」の例として、お互いに取り違えて持って帰った傘の相互の返還請求）とがあるとされている。

もっとも、占有の取得が占有侵奪や詐欺・強迫に基づくなど不法行為によって始まった場合には、占有中に費用を支出したとしても、留置権は認められない（二九五条二項）。

(5)　責任財産の保全　前述したように、債務者の財産がその債権の総額を弁済するに不足である場合には、債権者は、その**責任財産**（強制執行の目的となる全財産）を換価して、**按分比例**で分配するよりほかに方法はないのであるから、債務者の責任財産は、債権者の最後の守りだといわねばならない。そこで民法は、債務者のこの責任財産が不当に減少することを防止するために、債権者につぎの二つの権利を与えた。（ア）債権者代位権と（イ）詐害行為取消権がこれである。

（ア）**債権者代位権**は、債務者が第三者（第三債務者という）に対して債権をもっているにもかかわらず――これを取り立てても債権者にとられてしまうというので――その取立てを怠っているような場合に、債権者が債務者に代わってその取立てをすることのできる権利である（四二三条）。例えば、乙に対して一〇〇万円の債権をもつ甲は、乙が丙に対してもつ一〇〇万円の債権を乙に代わって行使し、取り立てることができる。債務者の責任財産が十分にある場合にはこのような権利を認める必要はないから、債権者代位権が認められるには、債務者の無資力が必要と解されている。また、つぎの詐害行為取消権と異なり、裁判外でも権利行使することができる。

（イ）詐害行為取消権は、債務者が――どうせ債権者にとられるからというので――その財産を他人にただでやったり、不当に安く売ったりした場合に、債権者がこの債務者の行為（詐害行為）を取り消して、財産を債務者のもとに戻すことのできる権利である（四二四条）。詐害行為取消権が認められるためには、①それが債権者を害する行為（**詐害行為**）であることと、②債務者とその相手（**受益者**という）がその行為によって債権者が害されることを知っていること（**詐害の意思**）が必要とされる（四二四条一項）。前述の債権者代位権と異なり、詐害行為取消権は必ず裁判上行使されることが必要とされている。

詐害行為取消権は、利用される場合の非常に多い権利であるが、これに関する民法の規定はあまりに簡単だったので、しばしば争いを生じ、これに関する判例は非常に多い。平成二九年の改正では、趣旨が同じである破産法の否認権の規律との統一をはかって、詳細な規定が新設された（四二四条の二以下）。

これに対し、債権者代位権は、その本来の目的たる債務者の一般財産を保全するためには、あまり利用されない。かえって、これを逸脱した目的に利用される。具体例をあげれば、不動産が甲から乙、乙から丙と、転々譲渡され、丙が乙に対して登記名義の移転を請求しようとするが、その名義がまだ甲のものになっているのでそれができないという場合に、丙がまず乙に代位して甲に対して登記請求し、甲の登記名義を乙に移転するために使われる。債権者代位権は、本来は、債務者の責任財産を保全するためのものだから、右の登記請求の例などでは、乙の責任財産が不足（無資力）で、丙が乙の甲に対する登記請求権を代位して行使しないと、乙から十分に損害賠償もとれないという場合でなければ許されないはずだが、判例は、便宜に従って乙が無資力でなくてもこれを許しており（大判明治四三年七月六日民集一六輯五三七頁）、多くの学者もこれを支持していた。これを債権者代位権の転用という。転用とは本来の制度の趣旨とは異なる目的で用いているということである。そして、平成二九年の民法改正で、この登記請求権の代位行使については、明文化された（四二三条の七）。このほか、不動産の不法占有者に対して、その不動産の賃借人が妨害排除請求する場合や抵当権者が明渡請求する場合（一一八頁参照）などで、債権者代位権の転用が認められている。

(6)　第三者の債権侵害　債権者が、債務の履行を受けようとする場合に、第三者がこの債務の履行を妨げたときは、債権者は債権侵害としてこの第三者に対して損害賠償を請求することができる。例えば、ある興行主（演劇等の事業者）が、音楽家と自分の劇場で演奏する契約をした場合に、他の興行主がこれを妨害するために、音楽家を監禁して演奏を妨げたようなときには、興行主は、この妨害者に対して損害の賠償を請求することができる。もっとも、一人の興行主が音楽家と演奏契約をした後においても、他の興行主は、その音楽家と演奏契約をすることはさしつかえないのだから、右の例で、妨害した者が、音楽家を監禁したのではなく、これと高い報酬を払って契約を結び、その契約に基づいて自分の劇場で演奏させたことで前の興行主と契約した演奏ができなくなったのなら、違法とはいえないから不法行為とはならない。前の興行主は、音楽家に対して、契約違反（債務不履行）

に基づく損害賠償を請求することができるだけである。所有権など物権侵害と違って、債権侵害ではその侵害行為が違法であるかどうかが問題となるわけである。

三 債権の取得と消滅

(1) 債権の取得　債権を取得するには、すでに成立した債権を、相続、売買、贈与などによって承継的に取得することもあり、また、契約、不法行為その他の原因によって原始的に取得することもある（物権の場合と異なり、ここでは契約によって債権が原始的に発生するという意味である）。

(2) 債権の消滅　所有権は、その目的物が存在する限りは存続するものだが、債権は、弁済されて消滅することを目的として存在するものである。債権消滅の原因のうちで最も重要なものは、弁済その他債務者の行為であるが、それについては後に述べる。ここには、債権がその目的を達せずに消滅する場合について述べる。それは（ア）消滅時効と（イ）混同とである。

（ア）消滅時効とは、権利者が長くその権利を行使しないことによって、その権利が消滅することである。所有権以外のすべての財産権は消滅時効にかかるものだが、その適用が最も多いのは債権である。債権者が全くその債権を行使しない状態が一定の期間継続すると、その債権は時効により消滅する。その一定の期間（消滅時効期間）というのは、これまで普通の債権については一〇年で（一六七条一項）、債権の種類によって短期のもの（短期消滅時効）も多数あったが、平成二九年の改正で変更された。すなわち、債権は、債権者が権利を行使することができることを知った時（主観的起算点）から五年間行使しないとき、又は権利を行使することができる時（客観的起算点）から一〇年間行使しないときは、時効で消滅するものとされ（一六六条。なお、人の生命又は身体の侵害による損害賠償請求権については、長期化され、客観的起算点から二〇年とされている。一六七条）、これまでの短期消滅時効は廃止された。

債権者としては、債権を時効により消滅させないためには、権利を行使し、そして、その権利があることを確定させることが必要となる。すなわち、時効が完成しない間に、時効の完成をさせない手続をとって（これまでは時効の停止といったが、改正法では**時効の完成猶予**という。一四七条一項）、そして、その権利の存在を明確に確定させることで、進行していた時効期間を確定的に無（ゼロ）にする（振出しに戻す）ことが必要となる（これまでは時効の中断といったが、改正法では**時効の更新**という）。たとえば、裁判で債務者を訴えてその債権の請求をすることで、その裁判が確定するまでは時効は完成せず、そして、勝訴判決が確定した時から、新たな時効が進行することになるわけである（同条二項）。

ここで述べた裁判所に訴えること（裁判上の請求）のほか、時効の完成猶予事由及び更新事由にはさまざまなものがあって（一四七条以下参照）、裁判所での手続によるものが多い。しかし、単に債務者がその債務の存在を承認することでも、それまでの期間の経過はなかったことにされて、そこから改めて時効期間が進行することになる（一五二条）。また、債権者から裁判外での催告（履行の請求）でも、その催告の時から六か月を経過するまでは時効が完成しない（一五〇条）。さらに、平成二九年の民法改正で注目されるのは、債権者と債務者が協議をしている間は、時効が完成しないという制度が導入されたことである。すなわち、「**協議を行う旨の合意**」が書面でされたときは、その合意があった時から一年を経過するまでは時効が完成しないとされた（一五一条一項）。協議している間は、債権者が権利行使を怠っているとみるのは妥当でないからである。

　しかし、それにしても、売掛代金や借りた金を五年や一〇年払わないでおくと、債権は消滅して、債務者は払わなくともよくなるということは、いかにも不当に聞こえるであろう。けれども、かような場合には、多くは、債権者の方で債権があると主張するのに対し、債務者の方では支払ったと主張し、争いになっていて、お互いに証拠もなくなってしまって真相がよく分からない場合である。そこで法律は、債権については、すでに五年又は一〇年、平穏に経過した場合には、たとい真実には支払っていなかったとしても、時効によって消滅したものとして、問題を解決する方が適当だとしたのである（なお、平成二九年の改正では、証拠のみならず、取引関係では、権利があるならそれをほっておかずにきちんと権利を行使すべきことにして、早期に債権の処理をするようにしたほうが望ましいとも考えられているようである）。従って、もし債務者が、時効の利益を受けることをいさぎよしとしないで、これを支払おうとするときには、裁判所は、時効を理由として債権が消滅したという判決をすることはできない。いいかえれば、裁判所が時効によって債権が消滅したという判決をするためには、必ず当事者がこれを援用することを必要とする（一四五条）。ここで時効の援用ができる当事者（援用権者）とは、時効による権利の消滅について正当な利益を有する者をいい、債務者のほか、保証人、連帯保証人、物上保証人、抵当不動産の第三取得者などである（平成二九年の改正で一四五条の括弧内に明示された）。

　なお、将来、時効を援用しないとあらかじめ約束しても、そうした時効の利益の放棄は認められない（一四六条）が、時効完成後であれば時効の利益を放棄することができる。また、時効完成後に債務者が債務があることを認めるようなことをすると（例えば、債権者に支払猶予を求めたり、あるいは一部弁済など）、信義則上、その後に時効を援用することができなくなる（最大判昭和四一年四月二〇日民集二〇巻四号七〇二頁）。前述した時効完成前の債務の承認は時効の更新となるが、時効完成後の債務の承認も、時効援用権が失われて、その時点から同様に新たな時効が進行することになるわけである。

（イ）混同とは、債権者と債務者とが同一人となることである。例えば、債権者たる甲会社と債務者たる乙会社が合併して一つの会社となったような場合や、債権者が債務者を相続したり、債務者が債権者を相続したりした場合である。かような場合には、債権を存続させることはまったく無意味だから、これを消滅させるのであるが、もしこの債権が、第三者の権利（たとえば質権）の目的になっているような場合には、消滅させては第三者の不利益となるから、混同の例外として債権を存続させる（五二〇条）。

第四章　財産取引の通則

一　私的自治とその限界

(1)　私的自治の原則　われわれの財産取引関係は、われわれの自由意思によって処理されるべきである、という原則を私的自治の原則という。近代法が民法について私的自治の原則を認めたのは、われわれの複雑な経済取引関係が、各自の意思にもとづき、創意を発揮して処理されることは、単にその人個人にとって利益であるだけでなく、社会全体の繁栄のためにも望ましいことだからであって、その趣旨は、あたかも、前に述べた私的所有権の制度（すなわち私人の所有権の保障）と同一である。しかし、私的自治を認める理由が、かように社会全体の繁栄のためであるとすれば、その私的自治も、社会全体の秩序と道徳とによって制限を受けることは、当然のことといわねばならない。

(2)　公序良俗　私的自治に対する第一の限界は、公の秩序又は善良の風俗（公序良俗）という理想である。私人の契約も、公の秩序又は善良の風俗に反する内容をもっている場合には、その効力は認められない（九〇条）。前に、愛人になれとか、賭博で負けた金を支払えという債権は、公の秩序又は善良の風俗に反する行為を内容とするから、認められないといったが、それは結局、愛人になるという契約、また賭博をするという契約が、公の秩序又は善良の風俗に反するために無効だということである。民法九〇条は、民法のうちで最も重要な規定の一つであって、その適用される場合が非常に多い。ことに、他人の無思慮、窮迫に乗じて不当な利益を貪ろうとする暴利行為や親が子供を芸娼妓に売る契約（芸娼妓契約）などが、この規定によって無効とされている。また、賭博をする前に、賭博の資金として金を借りた場合だけでなく、事後に賭博で負けた分の弁済をする目的で金を借りた場合でも、そうした不法な動機を相手である貸主に表示しているときは、この金を借りた契約は公序良俗違反で無効となるので、貸主は貸金の返還を請求することができない（大判昭和一三年三月三〇日民集一七巻五七八頁）。

(3)　強行規定　私的自治に対する第二の限界は強行規定である（九一条の裏から分かる）。強行規定が契約の効力を制限することはすでに述べたが、財産取引関係においても、経済的に弱い者を保護し、強い者を押さえ、当事者の間に実質的な自由と平等を確立しようとする思想が強くなるに従って、財産取引の自由を制限する強行規定が、次第に増加していることに注意しなければならない。借地借家法、消費者契約法、労働基準法などは、その顕著な例である。

(4)　信義誠実の原則（信義則）　最後に信義誠実の原則（一条二項）も、私的自治の限界となる。すなわち、契約の内容が不明であるときには、信義誠実の原則（信義則）に合うように解釈しなければならない。また契約から生ずる権利と義務の範囲は、信義誠実の原則に適するように定めなければならない。これに関連して、注意すべきことが二つある。

一は、契約の内容を決定するには、その契約の結ばれた場所（地方）やその当事者の属する職業などに行われている慣習・慣行を尊重しなければならないことである。もしそこに一定の慣習が行われていることが明瞭である場合には、当事者が特にその慣習に従わない旨を明らかにしない限りは、その慣習に従ったものと解釈してさしつかえない。かように契約の内容を決定する慣習・慣行を「**事実たる慣習**」という。九二条の文句は、右に述べたところと多少異なるけれども、判例と通説は、この条文を右に述べたような意味をもっているものと解釈している（大判大正一〇年六月二日民録二七輯一〇三八頁―塩釜レール入事件）。

二は、契約が結ばれた後に社会の経済事情に、当事者の予想しなかったような急激な変動を生じた場合には、契約の内容をこれに適応するように改訂又は解除することを認めなければならないことである。これを**事情変更の原則**という。例えば、地代（借賃）を一坪一〇〇〇円として一〇年間の借地契約をした後に、経済の急変を生じて一般物価が急騰したようなときには、地主は、他の物価騰貴率に応じて地代を改訂する権利を取得すると認められることがある。実際に大正の初めの住宅難の際に、判例によって認められたことだが、その後、大正一〇年の旧借地法と旧借家法は、明文をもってこれを規定し（旧借地法一二条、旧借家法七条）、現在の借地借家法に受け継がれている（同法一一条・三二条）。

二　取引能力（行為能力）

(1)　意思能力と制限行為能力　私的自治は、各人は自由意思に基づいて自分の経済取引関係を自由に処理しうるということであるから、そのためには、その人が正常に取引ができる判断能力（**意思能力**）をもっていることを必要とする。意思能力のまだ発達しない幼年者や、病気で意思能力を喪失した者などの取引行為は無効である（三条の二）。しかし、実際には、一人一人の年少者や病弱者について、意思能力の有無を判定することはすこぶる困難である。そこで民法は、一定の者は意思能力が不十分なものと、画一的に定めることにした。これが制限行為能力者の制度である。単独で完全な取引行為をする能力を行為能力というが、制限行為能力者は、この行為能力が不十分で単独での取引が制限されている者である。

(2)　制限行為能力者制度の概要　制限行為能力者は、①未成年者、②成年被後見人、③被保佐人及び④被補助人である。①未成年者は、年齢一八歳に達しない者である（四条）。自分に何ら不利益にならない行為（例えば他人から贈与を受けること）や親からもらった小遣いを使うこととか、親が許可した営業などは、単独ですることができるけれども、それら以外の行為は、法定代理人（親権者たる父母又は後見人）の同意を得なければならない。同意を得ないでした行為は、取り消すことができる（五条・六条）。

成年被後見人、被保佐人、被補助人は、いずれも精神上の障害により事理を弁識する能力（事理弁識能力）、すなわち取引の利害得失を判断する能力がなんらか劣っている者である。より詳しくいえば、②成年被後見人とは、精神上の障害により事理弁識能力を欠く常況にあるために、家庭裁判所によって後見開始の審判を受けた者であり（七条）、保護者として成年後見人がつけられる（八条）。③被保佐人は、事理弁識能力が著しく不十分であるため、家庭裁判所によって保佐開始の審判を受けた者であり（一一条）、保護者として保佐人がつけられる（一二条）。④被補助人は、事理弁識能力が不十分なために（例えば軽度の認知症）、家庭裁判所によって補助開始の審判を受けた者であり（一五条）、保護者として補助人がつけられる（一六条）。

そして、それぞれ精神障害の程度に応じて、自分一人でできることとできないことが定められている。②成年被後見人は、日用品その他日常生活に関する行為（例えばコンビニでの食料品等の購入）は単独ですることができる（九条ただし書）が、それ以外は、たとえ成年後見人の同意を得ても、単独で行為をすることはできない。単独でした行為は、すべて取り消すことができる（九条本文）。これに対して、③被保佐人は、一定の財産上重要な行為の場合だけ、保佐人の同意（又はその同意に代わる家庭裁判所の許可）を必要とするものであり（一三条）、④被補助人は、ある程度の判断能力はあることから、特に不動産の売却など高度な判断を要する特定の行為について、補助人の同意（又はその同意に代わる家庭裁判所の許可）を必要とするものである（一七条）。

なお、家庭裁判所は、被保佐人又は被補助人のために、特定の法律行為について保佐人又は補助人に代理権を与える審判をすることもできる（八七六条の四、八七六条の九）。本人以外の請求でこの代理権を与える審判をする場合には、本人の同意が必要である（同条各二項）。つまり、被補助人については、補助開始の審判とは別に、補助人に同意権を与える同意権付与の審判か、代理権を与える代理権付与の審判のいずれか一方あるいは両方の審判がされることになる。

このように、民法は、制限行為能力者が単独ですることができない行為をしたときは、これを取り消すことができるものとして、制限行為能力者の保護を図っているわけである。取り消すことができるとは、法律によってその行為を取り消す権利を与えられた者（取消権者）が、その行為を取り消すという主張（意思表示）をすれば、その行為は初めから無効であったことになる（取消しの遡及効。一二一条）という意味である。取引（契約）が取り消されて無効になれば、お互いに相手から受け取ったものを返還しなければいけないが（一二一条の二第一項）、制限行為能力者は、現に利益が残っている限度（現存利益という）でのみ、返還すればよいとされている（同条三項）。あくまで制限行為能力者を保護しようという趣旨である。

取消権者がこれを取り消さず放置するときは、その行為はそのまま効力をもつだけでなく、五年以上放置すると、取消権は消滅時効にかかるために、取り消すことができなくなる（一二六条）。

もっとも、例えば、未成年者が戸籍や身分証明書を偽造して成年者であると偽ったり、被保佐人や被補助人が各保護者の同意書を偽造したりするなど、制限行為能力者が相手方に行為能力者であることを信じさせるために、詐術を用いたときは、その行為を取り消すことができなくなる（二一条）。相手をだますような悪質なことをすれば、取消権が剥奪されるのである。

なお、後見、保佐及び補助を公示する方法として、従来の戸籍簿への記載に代えて、登記制度（成年後見登記制度）が作られた（後見登記等に関する法律、平成一一年法律一五二号）。後見開始・保佐開始・補助開始の審判がされると、裁判所書記官の嘱託に基づいて法務局で成年後見等の登記がされることになる。そして、こうした登記がされていなければ、法務局から「登記されていないことの証明書」の交付を受けることができるので、取引しようとする場合、相手方にその提出を求めることで制限行為能力者でないことを確認することができる。

(3)　任意後見制度　平成一一年に任意後見制度が作られた（これに対比して、前述の民法の制限行為能力者制度は法定後見制度という）。これは、本人に判断能力があるうちに、自分で将来の判断能力の衰えた場合に備えて、あらかじめ自ら信頼できる人に自己の財産の管理や療養看護を依頼する契約（任意後見契約）をしておくというものであり、「任意後見契約に関する法律」（平成一一年法律一五〇号）に詳しく定められている。

三　意思の不存在・錯誤・詐欺・強迫

(1)　意思の不存在

意思の不存在（以前は、意思の欠缺《けんけつ》といった）とは、ある人の意思が言語や文字によって表示された場合に、その表示を外から判断したところと、その表意者の内心の意思とが食い違っている場合であって、意思がないため原則としては無効となる場合である。（ア）心裡留保、（イ）虚偽表示、（ウ）錯誤の三つの場合があるとされてきたが、錯誤は、平成二九年の改正により、意思の不存在としての無効事由ではなく、詐欺や強迫と同様、瑕疵ある意思表示として、意思表示をした者（表意者という）に取消権が認められるものとなった。

（ア）**心裡留保**とは、例えば冗談のように、表意者が真意でないことを知りながら意思表示をすることである。表示と内心との食い違っていることを表意者みずからが知っている場合であって、その行為は原則として――相手方に冗談であることが分かり得ないときには――表示のとおりの効力を生ずる（九三条一項本文）。しかし、相手方がその意思表示が表意者の真意ではないことを知り、又は知ることができたときは、その意思表示は無効とされる（同条一項ただし書）。もっとも、この無効は、善意の第三者には対抗することができない（同条二項）。甲（表意者）の冗談を知りつつ（すなわち悪意）、甲から物を譲り受けた乙（相手方）に対しては、甲は無効を主張できるが、乙からさらにその物を買った丙（第三者）がいる場合に、丙が甲の冗談で乙が取得したことを知らない（すなわち善意）ときは、甲はこの善意の丙には無効を主張することが許されないわけである。

（イ）虚偽表示とは、表意者と相手方とが通謀して、真意のない外形をつくることであって、例えば、債務者甲が、債権者からの強制執行を免れるために、友人乙と通謀してその所有の家屋をこの友人乙に売ったような外形を作ることである（仮装売買に基づいて登記も移転されたケースが典型的である）。この場合には、当事者の間では効力を生じない（無効。九四条一項）が、この外形を信頼した善意の第三者にとっては、表示のとおりの効力を生ずる（同条二項）。例えば、右の友人乙がその家屋を第三者丙に売り、丙がこれを乙の所有と誤信して買った場合には、丙は所有権を取得する。今日では、この民法九四条二項は、通謀がない場合でも、真の所有者に帰責性がある場合に類推適用され、登記という外形を信頼した第三者を保護する法理として重要な役割を果たしている（八三頁参照）。

⑵　錯誤　錯誤とは、表示と真意との食い違っていることを、表意者自身が気がつかない場合であって、この場合には、その行為は無効とされていたが、平成二九年の改正で、無効ではなく、表意者は、その意思表示を取り消すことができるものとされた（九五条一項）。しかし、ささいな点についての錯誤がある場合にもその行為の取消しを認めるとすると、表意者にとっては利益であろうけれども、相手方にとってははなはだ迷惑であるから、その錯誤が、法律行為の目的及び取引上の社会通念に照らして重要なものでなければならない（同条一項柱書）とされている。もっとも、表意者に重大な過失があったときは、錯誤による取消しをすることができない（同条三項）。とはいえ、これには二つの例外があって、表意者に重大な過失があっても、相手方が表意者の錯誤を知っていたか、重大な過失があった場合や相手方も同一の錯誤をしていた場合（共通錯誤という）には、錯誤による取消し

ができる（同条三項一号・二号）。

錯誤で最も問題とされてきたのは動機の錯誤である。例えば、近くに地下鉄の駅ができるとの情報から土地が値上がりするだろうとか通勤に便利になると思って、土地や建物を購入したところ、地下鉄の駅ができるという情報が誤りであったような場合である。この場合、土地や建物を買うという意思と表示に食い違いはなく、また、単純に錯誤取消しを認めることは取引をした相手を害することになる。そこで、判例は、動機が相手方に表示されたかどうかを問題とし、原則として動機の錯誤では無効（現在は取消し）とはならないが、相手方に表示されれば意思表示の内容になって要素の錯誤となるとしてきた（大判大正三年一二月一五日民録二〇輯一一〇一頁、最判平成元年九月一四日判時一三三六号九三頁）。平成二九年の改正で、動機の錯誤も錯誤の一つとされ（九五条一項二号）、この判例と同様に、法律行為（契約）の基礎とした事情が表示されているときに限り、錯誤による取消しができるものとされた（同条二項）。

なお、錯誤にも第三者を保護する規定があり、錯誤による意思表示の取消しは、善意・無過失の第三者には対抗することができないとされた（九五条四項）。心裡留保や虚偽表示と異なり、第三者には善意だけでなく、無過失も必要とされている。

(3) 詐欺・強迫　他人にだまされ（詐欺）、又はおどされて（強迫）した行為は、これを取り消すことができる（九六条一項）。しかし、詐欺又は強迫をした者が、これによって取得した家屋をさらに第三者に売ったような場合には、詐欺又は強迫を受けた者がその行為を取り消しても、強迫の場合なら、善意無過失の第三者に対しても、その取り消したことを主張して目的物を取り戻すことができるが、詐欺の場合にはできないことになっている（同条三項）。詐欺の場合には、だまされた表意者よりも善意無過失の第三者を保護する趣旨である。なお、詐欺を働いたのが表意者自身ではなく、第三者の場合には、行為の相手方がその事実を知っているか、知ることができたときに限り、取り消すことができる（同条二項）。このように、民法は、だまされた者よりもおどされた者をより強く保護する姿勢を明らかにしている。

四　消費者契約法による無効と取消し

平成一二年に制定された消費者契約法（平成一二年法律六一号）は、事業者と消費者との間の情報の質、量及び交渉力の格差から、消費者を保護するために、一定の場合に、消費者が事業者とした契約を取り消したり、その条項を無効とする旨を定めた。

まず、消費者が詐欺・強迫を受けたといえない場合でも、消費者に誤認や困惑があったときは、意思表示を取り消すことができるものとした（消費者契約法四条）。すなわち、事業者が消費者に対して重要な事項を告げなかったり、安易に確実に儲かると断定したり、都合の悪い情報を隠したりするなど、消費者を誤認させた場合（同条一項・二項）や、セールスマンに退去を求めたのに帰ってくれないとか、消費者に契約を迫って営業所や店舗から帰してくれないというように、消費者を困惑させた場合（同条三項）に、その契約を取り消すことができるものとした。なお、誤認や困惑ではないが、高齢者の判断力の低下等につけこんで、不必要な商品を大量に次々と購入させるような場合（加量契約とか次々契約といわれる）についても、平成二八年の消費者契約法の改正で、取り消すことができるとされた（同条四項）。また、平成三〇年改正によって、成年年齢が二〇歳から一八歳に下げられたことに伴い（施行は令和四年四月一日）、社会生活上の経験が乏しい若年成人や加齢等による判断力が低下した高齢消費者の被害防止・救済を図るための改正がされた（不安をあおる告知や勧誘、デート商法、霊感商法等への対応など六つの場合が追加された）。

次に、事業者が一切責任を負わないとする条項や法外なキャンセル料・遅延賠償金をとることを定めた条項、また、消費者の利益を一方的に害する条項は、無効とされる（消費者契約法八条－一〇条）。平成三〇年改正で不当な契約条項を無効とする場合が追加されたが、ここでは省略する。

五　代　理

(1)　代理の種類と代理権の範囲　　代理とは、他人に代わって取引行為をすることであるが、①法定代理と②任意代理（委任代理）の二つの種類がある。①**法定代理**とは、親権者や後見人が、未成年者又は成年被後見人の代理人となる場合であって、代理人となることが代理される者の意思に基づかないものである。②**任意代理**とは、代理される者から代理権を授与されて（普通には、委任状の交付を受けて）代理人となる場合である。法定代理においては、その代理権限の範囲は法律によって定められ、一般にその範囲が広いのに対し、任意代理においては、その権限の範囲は本人の**授権行為**（代**理権授与行為**）によって定まる。一般に一定の事項に限定されるのを常とするが、与えられた代理権の範囲が明確でない場合では、①「**保存行為**」（建物の修繕など財産の現状を維持する行為）及び②物や権利の性質を変えない範囲での、「**利用行為**」（現金を銀行預金にするなど収益を図る行為）と③

「**改良行為**」（家屋を改造したり、電気・ガス・水道などの新しい設備を設置したりなど、財産の経済的な価値を増加させる行為）をする権限のみがあるとされている（一〇三条）。利用行為と改良行為をあわせて「**管理行為**」という（保存行為を含めていうこともある）。これは**処分行為**に対する概念として理解しておく必要がある。

(2)　代理の効果　代理人が、その有する権限の範囲内で、本人のためにすることを示して（「甲の代理人乙」と表示して。**顕名主義**）取引行為をすれば、その取引行為の法律的な効果は、すべて直接本人に帰属する（九九条）。通常は本人から交付を受けた委任状を相手方に呈示することで、顕名が行われる。

代理という制度は、私的自治を補充又は拡張するものである。すなわち、意思能力のない者が、その有する財産を管理処分するためには、もっぱら法定代理の制度によらなければならない（**私的自治の補充**）。また、一人の人が多くの企業に関与して、その手腕をふるうことができるのは、有能な代理人を選んで、これにまかせることができるからである（**私的自治の拡張**）。

(3)　無権代理と表見代理　代理権をもたない者が代理人として取引行為をしたり、あるいは、代理人がその権限外の取引行為をしたような場合を**無権代理**という。この場合には、本人があとでこれを追認しない限り、本人について効力を生じない（一一三条）。この場合、無権代理人と取引行為をした相手方は、無権代理人に対して、履行責任又は損害賠償責任を負わせることができる（一一七条。なお、無権代理人が責任を負わない場合として同条二項参照）。

しかし、すべての無権代理行為を本人について効力を生じないものとすると、相手方が不測の損害を蒙るおそれがある。そこで民法は、本人と無権代理人との間に一定の緊密な関係があり、あたかも代理権があるような外観を呈する場合には、例外として、無権代理行為は、本人について代理権があるのと同様の効力を生ずるものとした。これを表見代理という。表見代理には三つの場合がある。①第一は、本人が相手方に対して、ある人に代理権を与えたかのような表示をした場合である（一〇九条一項）。②第二は、代理人が権限外の行為をした場合である（一一〇条）。③第三は、代理権が消滅した後に、代理人であった者が、なお代理権が存続するものとして行為をした場合である（一一二条一項）。いずれの場合にも、相手方が、無権代理人をもって、真正な代理人と誤信した場合（相手方の善意・無過失）に限ることはいうまでもない。とりわけ、権限外の行為の表見代理（一一〇条）には解釈上の問題が多い。もともと本人から与えられていた基本権限（ないし基本代理権）はどんなものであればよいか、法律行為（契約）ではなく、事実行為の委任でもよいか、役所への届出や申請など公法上の行為の代理権でもよいか、親権など法定代理権でもよいかなどが議論されている。

六　契約の成立と一般的効力

(1)　契約の成立　契約が成立するには、申込みと承諾とが合致することを要する（五二二条一項）。チラシや広告、商品の陳列などは相手に申込みをさせようという申込みの誘引であって、申込みではないことは注意する必要がある。民法は、申込みの撤回の可否、承諾をなすべき期間、申込者の死亡や能力喪失等の場合などについて、詳細な規定（五二三条―五二八条）を設けているが、実際には、あまり問題とならないようである（平成二九年の改正で、対話者間の規定も新設された。五二五条二項三項）。ただ、契約の成立時期について、意思表示は相手に到達した時に効力が生じるというのが民法の原則である（**到達主義**。九七条一項）。以前は、契約については承諾の意思表示を発信した時に契約が成立し効力が生じるものとされていた（**発信主義**。旧五二六条一項）が、平成二九年の改正で改められ、ここでも原則どおり到達主義が採用されることになった。

(2)　契約の一般的効力　　契約は当事者の間に権利義務を生じさせるだけであって、第三者に義務を負わせることはもちろん、権利を取得させることも原則としてできない。もっとも、第三者に権利を取得させることは、その第三者が後にこの利益を受ける意思を表示すること（受益の意思表示）を条件としてなら、これをすることができる。これを**第三者のためにする契約**という（五三七条）。例えば、甲が乙に製品を売る契約で、代金債権を第三者丙に取得させるという合意をし、丙が後に**受益の意思表示**をすれば、丙は買主乙に対して代金債権を取得する。売主甲が丙から借金をしている場合などには実益があろう。第三者のためにする契約というのは、売買・貸借というような独立の型なのではなく、それらの契約の中に含まれる合意である。

民法は、契約の一般的効力として、さらに、双務契約の特別な効力（五三三条―五三六条）と解除（五四〇条―五四八条）とについて規定しているが、これについては、その適用の最も多い売買の章（第五章六(2)）で説明することにしよう。

(3)　契約締結上の過失　　従来伝統的には、契約上の権利義務は、契約が締結されその効力が生じたときに発生するわけであるから、契約が成立しなければ、契約の各当事者間は、契約に拘束されることはなく、その間にはなんらの権利義務は発生しないと考えられてきた（なお、平成二九年改正による四一二条の二第二項参照）。しかし、近時では、契約交渉が始まり、契約締結に向けた準備が段階的に進むにつれ、その契約準備段階においても、相手方に損害を与えないようにする信義則上の義務があると考えられるようになった。そして、契約交渉中の当事者が誠実に交渉をせず、交渉中にもかかわらず一方的に契約交渉を打ち切って不当に破棄したような場合に、この相手方に対して、契約が有効に成立すると信じたことによる損害（**信頼利益**という）の賠償請求することができるとされている（契約交渉破棄についての最判昭和五九年九月一八日判時一一三七号五一頁―歯科医事件など）。こうした考え方や理論を**契約締結上の過失**という。

七　契約の種類

契約は、その特徴に応じて区別されている。主なものをあげておこう。

民法が規定する一三種類の契約を**典型契約**ないし有名契約といい、民法に規定のない契約を非典型契約とか**無名契約**という（第一一章**三**参照）。

売買のように、契約当事者双方がお互いに対価となる債務を負担しあう契約を**双務契約**といい、贈与のように、片方（贈与者）だけが債務を負う契約を**片務契約**という。

売買のように、当事者双方が互いに対価となる出捐（経済的負担）をする契約を**有償契約**といい、贈与のように、支出しない契約を**無償契約**という。

売買や賃貸借のように、当事者双方の意思表示だけで成立する契約を**諾成契約**といい、金の貸し借り（消費貸借―五八七条）のように、物（金銭）の引渡しが必要な契約を**要物契約**という（なお、後述するように、従来、要物契約とされていた使用貸借や寄託は、平成二九年の改正で諾成契約とされた)。

契約の成立に書面の作成などなんらかの方式を備えることが必要な契約を要式契約という(要式契約の例として、保証に関する四四六条二項三項、諾成的消費貸借に関する五八七条の二など)が、民法の典型契約は諾成的消費貸借を除きすべて不要式契約である(五二二条二項参照。なお、諾成契約としつつ、書面によらない契約は、一定の場合には解除することができるとされているものがある(使用貸借に関する五九三条の二ただし書、寄託に関する六五七条の二第二項ただし書など))。

八　現代における契約の特徴

本章の冒頭でも触れたように、財産取引は私的自治の原則の下に行われるので、契約においても、①契約を締結するか否か、②誰を相手に契約するか、③どんな内容の契約をするか、④どんな方式・形式をとるかなど、すべて自由であるのが原則である(**契約自由の原則**。①を契約締結の自由、②を相手方選択の自由、③を内容決定の自由、④を方式の自由という。①と③につき、五二一条)。

ただ、契約自由の原則を形式的に貫くことは社会経済的な立場の弱い者が不利益を受けることになるため、そうした弱者を保護するため、立法・司法・行政のいずれの立場からも契約自由に対する制限が加えられるにいたっている。

また、内容決定の自由といっても、実際には、契約書は事業者側が予め用意したものがそのまま用いられる形態のものが多く、そこでは内容について交渉する余地はほとんどない。こうした契約当事者が一方的定型的に決定する条項について、相手方が包括的に認めて締結するほかない契約のことを付合契約ないし約款という。平成二九年の改正で、約款のうち、事業者が不特定多数の顧客を相手に契約するときに用いる「定型約款」についての規定が創設された。定型約款の意義やそこに記載された内容（条項）が契約当事者の合意内容とされるための要件などが定められている（五四八条の二以下）。特に、信義則に反して顧客である相手方の利益を一方的に害すると認められるような内容の不当な条項は、合意しなかったものとみなされたり（同条二項）、また、事業者には定型約款の内容について顧客に対して開示義務が課されていること（五四八条の三）などが、顧客保護の観点から注目される。他方、事業者は、個別に相手方である顧客の同意を得ることなく、定型約款の条項（契約内容）を変更することもできるとされて（五四八条の四）、必ずしも消費者保護に役立つ改正ともいえない。

第五章　贈与と売買

一　贈与

贈与は、贈与者が受贈者に対して無償で財産を与える契約である（五四九条）。贈与契約は、無償・片務・諾成・不要式契約である。目的物は、物でも債権でも、その他財産的価値のあるものであれば何でもよい。他人の所有するものでも、これを取得して与えるという契約なら、贈与（他人物贈与）として有効に成立する。自分が死んだら与えるという行為をすることも可能であり、死亡を停止条件とする贈与（**死因贈与**という。五五四条参照）ということになる。

贈与は、今日の経済生活においては、あまり重要な作用をもたないので、争いとなることも少ない。民法の規定もきわめて簡単であるが、注意すべきことは、つぎの二点である。

第一に、**書面によらない贈与**、すなわち、贈与するという口頭の約束は、履行するまではいつでもこれを**解除**することができる（五五〇条）。その趣旨は、贈与者が軽率に贈与することを予防し、かつ、贈与の意思を明確にすることを期するためである。何がここでいう書面にあたるかが争われることがあるが、この軽率予防＋意思の明確化の趣旨から贈与の意思が確実に読み取れるかどうかで判断されることになる。

第二に、贈与者は、目的物を特定した時の状態のままで贈与する意思であることが推定されるので

（五五一条一項）、贈与された目的物に瑕疵（欠陥）があっても、その瑕疵のあるままの状態で引き渡せばよいわけだが、受贈者のほうでその契約では一定の品質の物を引き渡す義務があったことを証明すれば、贈与者は責任（後述の契約不適合責任）を追及することができる。他方、受贈者が一定の負担を負う**負担付贈与**については、贈与者は負担の限度において売主と同様の担保の責任を負うものとされている（同条二項）。

二　売買の成立

(1)　売買の意義　**売買**は、売主が目的たる財産権を買主に移転する義務を負うことを約束し、買主がこれに対して代金を支払う債務を負うことを約束することによって成立するものである（五五五条）。売買契約は、双務・諾成・不要式の契約であり、有償契約の典型であって、売買の規定は他の有償契約にも準用される（五五九条）。

(2)　売買の一方の予約　売買について予約が行われることがある。予約は、売主又は買主に、将来、本契約を成立させる権利（**予約完結権**）を与えるものであって、この権利を与えられた者（予約権利者）が、相手方（予約義務者）に対して、本契約を締結するという意思を表示すれば（予約完結権の行使）、相手方が承諾しなくとも、両者の間に売買契約が成立する（五五六条）。

(3)　解約手付　売買にしばしば**手付**が交付される。当事者が手付を交付する意味は、場合によって同一ではないであろうが、いかなる場合にも、少なくともこれによって売買が確実に成立したことを示すだけの意味をもつもの（証約手付）である。しかし、民法は、さらに進んで、手付が交付された場合には、相手方が契約の履行に着手するまでは、手付を交付した者はこれを放棄して、手付の交付を受けた者はその倍額を現実に提供して、売買契約を解除することができるものと規定した（五五七条）。これを解約手付という。これは、わが国の商人の間に従来行われた慣習を認めたものである。ここでいう「履行の着手」とは給付（債務者がするべき行為）の実行に着手したということであり、一般には、売主であれば、売買の目的物を買主に提供して、代金の支払を求めること、買主であれば、代金を売主に提供して、物の引渡しを求めることであるが、具体的に履行の着手があったかどうかで紛争になることが少なくない。通常は、履行の着手は履行期にされるが、判例は、履行期前でも履行の着手がありうるとしている（最判昭和四一年一月二一日民集二〇巻一号六五頁、最判平成五年三月一六日民集四七巻四号三〇〇五頁―総合勘案して決すべきであるとする）。また、相手方が履行に着手していなければ、履行に着手した者からの解除は許される（最大判昭和四〇年一一月二四日民集一九巻八号二〇一九頁。平成二九年の改正で明文化された）。予約や手付の規定は、賃貸借など他の有償契約に準用されることが多い。

三　売主の権利移転義務と第三者対抗要件

売主は、売買の目的たる財産権を買主に移転する義務を負う。また、登記・登録など権利移転の対抗要件を買主に備えさせる義務を負う（五六〇条）。

これに関連して多くの問題が生ずる。

(1)　他人の物を譲渡した場合　もし、売主が、売買の目的たる財産権を買主に移転するために必要な権利をもたない場合（例えば、他人の物を売る契約をした場合＝他人物売買）も、契約は有効で、売主は、その財産権を取得して、買主に移転しなければならない（五六一条）。売主がこのことをしなかった場合には、売買の目的なる財産権の種類によって、つぎのような結果を生ずる。

（ア）　不動産の売買　　乙が甲から買った不動産を丙に売り渡した場合に、甲乙間の売買が、無効であるか、又は甲から取り消されたために、乙がその不動産の所有権を取得しなかったときには、買主丙もまた、その不動産の所有権を取得することはできない。乙は無権利者ということになって、無権利者から権利を取得することはできないからである。たとい不動産の登記簿上の名義が乙になっているために、丙が乙の所有だと誤信した場合でも、登記には信頼した者を保護する効力（公信力という）は認められていないので、丙は、所有権を取得することができない。

もっとも、以上は一般の原則であって、民法は個別に取引をした善意の第三者を保護する規定をおいている。例えば、心裡留保や虚偽表示で無効となる場合、そして、錯誤や詐欺で取消しとなる場合は、前に述べたように（六六頁―六八頁）、その無効又は取消しは善意（加えて、錯誤や詐欺では無過失）の第三者には対抗しえないものとされるから（九三条二項・九四条二項・九五条四項・九六条三項）、丙が善意（無過失）であれば、その不動産の所有権を取得することができることになる。さらに、近時は、虚偽表示に関する民法九四条二項が、甲乙間に通謀はないが、真の権利者甲に登記という外形作出について帰責性（例えば、乙が登記しているのを認識しながら放置していたような）があれば、これを類推適用して、善意の第三者丙を保護するという考え方が判例上も確立している（最判昭和四五年九月二二日民集二四巻一〇号一四二四頁）。その限度で、登記への信頼が保護され、登記の公信力が認められたに等しい結果となっている。

（イ）　動産の売買　　右の例で、甲乙丙間の売買が、動産、例えば、腕時計であるときには、結果は違ってくる。この場合には、甲乙間の売買が取り消されたり、又は無効であるために、乙が腕時計の所有権を取得しない場合でも、丙がその腕時計を乙の所有であると誤信し、しかもその誤信したことが周囲の事情から丙の過失ではないと認められるときには、丙は所有権を取得する（一九二条）。乙がその腕時計を甲から買ったのではなく、甲から借りている場合に、乙がこれを自分の所有物であるような顔をして丙に売った場合でも、同様である。かように、所有者でない者を所有者だと誤信して動産の取引をした者を特に保護するのが、動産の**即時取得**の制度である。動産には、占有を信頼した者を保護する**公信の原則**が採用されている（つまり動産の占有には公信力がある）わけである。動産の取引という日常最も頻繁に行われることについて、「取引の安全」を保とうとする制度であって、民法上最も重要な制度の一つである。

即時取得が認められるためには、取引行為によって平穏・公然・善意・無過失で動産の占有を取得したことが必要である（一九二条）。動産とはいっても、登記・登録の制度がある船舶、自動車、航空機については、占有が信頼の対象とならないので、即時取得の適用はない（登録された自動車につき、最判昭和六二年四月二四日判時一二四三号二四頁。登録されていない自動車には、即時取得の適用がある）。また、金銭も即時取得によることなく、占有者が当然に所有者として扱われる（占有＝所有理論）。

即時取得の例外として、動産が盗品又は遺失物である場合（乙が甲から盗んだ物、又は拾った物を丙に売った場合）には、原所有者（被害者又は遺失者）は、二年間は、取引行為によってこれを取得した者に対して返還を請求することができる（一九三条）。もっとも、この盗品又は遺失物が店舗に並べられて、そこから買った者に対しては、原所有者は、その売買の代金を支払（代価弁償）わなければ、返還を請求することはできない（一九四条）。動産の買主が、即時取得の原則で売買の目的物の所有権を取得したときは、売主の義務は履行されたことになる。しかし、売主は、これによって所有権を失った者に対して、不法行為その他の責任を負わなければならないことはいうまでもない。

（ウ）　債権の売買　　売買の目的物が、債権（例えば乙に対する金銭債権）である場合に、その売主甲が売買の目的とされた債権をもたなかったとき、例えば、すでに弁済を受けて消滅していたときなどには、買主丙は、やはりその債権を取得することができない。この場合にも、債務者乙が、その債権の譲渡されることについて、**異議をとどめないで承諾**をしたときには、買主丙は、完全な債権を取得するとされていたが（旧四六八条）、平成二九年の改正で廃止された。

なお、債権者と債務者との間で、債権譲渡を禁止又は制限する特約（譲渡制限特約）が結ばれることがある（債務者からその債務の支払先を固定しておきたいという要請がある場合などである）。契約自由の原則により、こうした特約も有効であるが、こうした譲渡制限特約に反して債権譲渡がされた場合、平成二九年の改正前はその債権譲渡は無効とされていたが、改正後は、この特約に違反する債権譲渡も有効であって（四六六条二項）、債権の譲受人が債権者となるとされた。つまり、たとえ譲受人がこの譲渡制限特約があることを知り（悪意）又は知らないことに重大な過失がある場合であっても、債権譲渡は有効であるから、譲受人が債権者であることになる。しかし、この場合、債務者は、悪意・重大な過失ある譲受人に対しては、この譲渡制限特約を主張してその履行を拒絶することができ（同条三項）、あくまで譲渡人に対して弁済や相殺をすることができるとされた（その他四六六条四項・四六六条の二－四六六条の四参照）。これらは債権譲渡による企業の資金調達を促進しようとする考え方から改正法で取り入れられたものであるが、銀行などの預貯金債権についてだけは、改正前と同様の考え方が維持された。すなわち、債権の譲渡を禁止する譲渡制限特約に反する譲渡は無効とされ、債権者は譲渡人のままであって、債務者である銀行は、悪意・重過失の譲受人に対して、この特約を対抗することができる（四六六条の五第一項。なお、差押債権者に対しては二項参照）。不徹底で分かりにくいことだが、銀行の預金債権だけは特別扱いがされているわけである。

(2)　第三者対抗要件　　動産又は不動産の所有権も、債権も、これを買主に移転することは、売主と買主との間の合意だけでできる（意思主義。一七六条）。もっとも、その権利が買主に移転したことを第三者に対して対抗することができるようにするためには、さらに一定の手続（公示方法）をする必要がある。なお、売買による不動産所有権の移転時期については、契約締結時に移転するという説（債権行為時説という）が判例・通説であるが、なし崩し的に段々と移転するという考え方（段階的移行説という）も有力になっている。

（ア）　不動産売買の対抗要件　　不動産が買主に移転したことを第三者に対抗するためには、登記を必要とする（一七七条）。例えば、乙が甲からある家屋を買い受けた場合にも、その登記をしないでいる間に、甲がさらにこれを丙に譲渡し（二重譲渡）、第二譲受人丙の方が先に登記すると、第一譲受人乙は丙に対して、その家屋はすでに自分のものになっているという主張をすることができないから、結局丙の方が確実な所有者となってしまうのである。これをいいかえれば、不動産所有権の取得（物権変動）を第三者に対抗するためには、登記が必要だということである。対抗要件の具備で優劣が決せられることを対抗要件主義というが、不動産では、登記が対抗要件とされている（登記には対抗力がある）わけである。

一七七条では二つの解釈論が問題となるが、まず第三者の範囲である。ここでいう第三者（前例の丙）は、すべての第三者ではなく、相手方に登記がないことを主張する正当な利益を有する者だけをいうのであって、そもそもなんら取引関係のない不法占拠者や不法行為者を含まない（大連判明治四一年一二月一五日民録一四輯一二七六頁—第三者制限説判決）。また、この第三者（前例の丙）は、第一譲渡（すなわちすでに乙がこの家屋を買っていること）を知っていてもよい、すなわち悪意者でもよい。不動産取引はできるだけ登記を中心として画一的に処理したほうがよいからである。しかし、第三者が単なる悪意ではなく、たとえば嫌がらせや不当な利益を得ようとして取引したようにあまりに悪質である場合のように、乙の登記がないことを主張させることが信義則に反するような悪意者（背信的悪意者という）には、乙は登記していなくても対抗することができると解されている（背信的悪意者排除論という。最判昭和四三年八月二日民集二二巻八号一五七一頁ほか）。

つぎに一七七条の解釈論で問題となるのは、物権変動の範囲である。不動産売買など契約（意思表示）で不動産所有権を取得した場合に一七七条が適用されるのは疑いないが、契約以外の原因でも、不動産所有権が取得されることはある。その場合にも対抗要件として登記をすることが必要かどうか、すなわち民法一七七条の適用があるかどうかについては、複雑な議論のあるところである（特に法律行為の取消しや解除、時効取得、相続などを原因とする権利取得の場合について、熾烈な学説の対立がある）。

なお、登記はあくまで第三者対抗要件であるから、所有権取得のために必ず登記をしなければいけないわけではないが、令和三年の不動産登記法の改正で、相続登記の申請が義務化された。相続や遺贈により不動産の所有権を取得した者は、相続による所有権取得を知った時から三年以内に登記申請の義務が課され（不動産登記法七六条の二第一項）、違反すると一〇万円以下の過料に処される。公法上の義務であるが、今後は相続登記が促進されることになろう。

（イ）　立木売買の対抗要件　わが国では、製炭用の雑木林など、樹木を山に生えているままで売買する例が多い。かような場合にも、その樹木を取得したことを**立木登記**によって確実にする方法もある（立木法による）。しかし、それは非常にやっかいなので、多くの場合、雑木林に標木とかネームプレートなどの立て札を立て、又は樹木の皮を削って墨書するなどの方法で、買主が権利を取得したことを公示する方法がとられる。かような方法は、民法の規定で認めている方法ではないけれども、わが国の慣行で広く行われていることなので、判例は、これを、「**明認方法**」といって、立木についての特別の公示方法と認め、買主はこれによって樹木の所有権取得を第三者に対抗することができるものとしている（大判大正九年二月一九日民録二六輯一四二頁、最判昭和三六年五月四日民集一五巻五号一二五三頁など）。木から分離する前の果実（未分離の果実。たとえばみかんの木についたままのみかんの実）についても、立木と同様に、木とは独立して取引の対象となることを認め、そして明認方法によって第三者に対抗することができる（大判大正五年九月二〇日民録二二輯一四四〇頁—雲州みかん事件)。

(ウ)　動産売買の対抗要件　　売買の目的物が動産である場合には、民法では、買主は、その引渡しを受けなければ、所有権の取得を第三者に対抗することができないとされている(一七八条)。もっとも、この引渡しというのは、現実に物の交付を受ける(現実の引渡しという。一八二条一項)ことだけでなく、一応受け取ったことにして、引続き売主に保管されることでもよい。分かりやすくいえば、買主が買った物をそのまま売主に預けておくとか、貸しておくようなやり方である。こうした引渡方法を占有改定という(一八三条。その他、簡易の引渡しに関する一八二条二項、指図による占有移転に関する一八四条参照)。ただし、平成一六年改正の動産債権譲渡特例法によって、法人が動産を譲渡した場合に、動産譲渡登記ファイルに動産譲渡登記をすると、その動産については、民法一七八条の引渡しがあったものとみなされることになった。民法上の引渡しのほか、動産譲渡登記が動産(譲渡)の対抗要件とされたわけである。

なお、対抗要件で負ける者(例えば、甲から動産が乙と丙に二重譲渡された場合において、乙への引渡しが先にされているときの丙)が前述した即時取得を主張して、それにより所有権を取得することができるかは別の問題となる。

(エ)　債権売買の対抗要件　　売買の目的物が債権である場合には、売主たる債権者甲から債務者乙に対して、その債権を譲り渡した旨の通知をするか、又は、その譲渡について債務者乙の承諾を得なければ、買主丙は、その債権を取得したことを、債務者乙にも、甲から同債権を二重に譲り受けた第三者丁にも、対抗することができない(四六七条一項)。このように、民法上は、債権譲渡の対抗要件は、①債務者に対しては、譲渡人からの通知又は債務者の承諾とされているが、さらに、②第三者に対しては、その通知又は承諾が確定日付のある証書で行われることが必要とされている（同条二項）。確定日付とは当事者が後から変更することができないように、公的な機関によって確定された日付である。実際によく利用されるのは、郵便局の内容証明郵便、公正証書、公証人の確定日付印である。また、平成一〇年に制定された債権譲渡特例法（平成一六年の改正で動産債権譲渡特例法となった）によって、法人が行う金銭債権の譲渡については、債権譲渡登記ファイルに債権譲渡の登記がされると、この民法の確定日付のある証書による通知がされたものとみなされるものとされた。登記の日付が確定日付となるわけである。債務者に知らせないままに、第三者対抗要件を具備することができるので、債務者に債権譲渡したことを知られたくない譲渡人には都合がよい。注意すべきなのは、この債権譲渡登記はあくまで第三者対抗要件であるから、債務者には、登記事項証明書を付した通知をしなければ、債権譲渡を対抗することができない点である。

四　買主の義務

買主の義務は、代金を支払うことであるのはいうまでもない（代金支払義務）。民法は、その支払の時期（五七三条）、場所（五七四条）、利息（五七五条）などについて規定をしているけれども、実際には、これらの点について特約があるか、又は慣行が存在するであろう。

買主が売主から提供された売買の目的物を受領しなかった場合（受領遅滞という）の問題については、後述する（九八頁）。

五　売主の義務と買主の義務との関係

⑴　同時履行の抗弁権　売主の義務と買主の義務について別々に期限を定めている場合（月末払い、月賦払いなど）は別であるが、そうでない場合には、売主は、買主が代金を支払うまでは、目的物の引渡しを拒絶することができ、買主はまた、売主が目的物の提供を受けるまでは、代金の支払を拒絶することができる。これを同時履行の抗弁権という（五三三条）。

同時履行の抗弁権は、売買だけでなく、すべての双務契約について適用されるものである。双務契約では、両方の債務はもちつもたれつの関係（牽連関係）にあるものだから、一方が履行されない以上、他方も履行しなくともよい、とするのが公平に適する。これが同時履行の抗弁権の根拠である。

同時履行の抗弁権の効果は、要するに、自分の債務の履行を拒絶すること（履行拒絶権）だが、その適用については、多少問題がある。第一に、同時履行の抗弁権をもっている当事者は、自分の債務を履行しなくとも、後に述べる債務不履行の責任を負わない。例えば、自分の債務の履行期が過ぎて履行遅滞になる場合であっても、同時履行の抗弁権が主張できる場合には、履行拒絶権の行使をしなくても、履行遅滞の責任は負わないでよい、すなわち遅延損害金を払う必要はない（前述の履行拒絶権の行使を同時履行の抗弁権の行使効というのに対して、この場合の効果を存在効ということがある）。第二に、当事者が、お互いに、相手が履行しないからこっちも履行しないといい合っていてはきりがないから、進んで契約を実現したいと思うときには、どうすればよいか。その場合には、自分の債務を履行するに必要なすべての手続きを完了して相手方の受領を促がすこと（弁済の提供）さえすれば、あえて弁済しなくとも、相手方は同時履行の抗弁権を失うから、それだけの手続をした上で、裁判所の力をかりて相手方の履行を強制することができる（五三三条・四九二条・四九三条参照）。

なお、原告の請求を受けて、被告が同時履行の抗弁権を行使し、それが認められる場合には、裁判所は、原告の請求を棄却するのではなく、被告に対して、原告の給付と引換えに給付すべき旨を命ずる判決（**引換給付判決**）をする。

⑵　危険負担　売主が特定の家屋を売る契約をした場合に、その履行（引渡しと移転登記）を終る前に、家屋が火災その他売主に責任のない事由で滅失したときには、目的物を給付する債務は履行できなくなるけれども、買主は代金支払をしないでよいだろうか。売主は、なお代金を請求することができるだろうか。この問題も売買に限るものではなく、右に述べた双務契約のすべてに共通の問題である。すなわち、双務契約において、一方の債務が債務者の責めに帰すことのできない事由によって履行ができなくなった場合に、他方の債務はどうなるかという問題を「**危険負担**」というのであるが、平成二九年の改正前には、家屋が滅失することでその引渡債務は当然に消滅し、その反対給付（買主の代金支払債務）も消滅するかどうかという観点から議論がされていた。しかし、改正法はこうした考え方をとらず、履行不能の場合に、債務が当然に消滅するのではなく、債権者（買主）は、反対債務（代金支払債務）の履行を拒絶することができるとした（五三六条一項）。そして、債権者（買主）が反対債務（代金支払債務）を消滅させたければ、履行不能を理由として解除しなければならないとした（なお、平成二九年改正法では、解除には債務者の帰責事由は不要とされているので、債務者に履行不能につき帰責事由がなくても、債権者は解除することができる。九六頁参照）。

もっとも、債権者（買主）の責めに帰すべき事由によって履行不能が生じた場合には、債権者は、反対給付（代金支払債務）の履行を拒絶することもできないし（五三六条二項前段）、また、履行不能を理由として解除することもできない（五四三条）。

このように、平成二九年の民法改正によって、履行不能による債務（給付）及び反対債務（反対給付）の消滅を論ずる従来の危険負担の制度は廃止され、履行拒絶権構成と解除による解決という全く新しい考え方に転換されたことは、注目される。

六　売主又は買主の債務不履行

(1)　債務不履行に基づく損害賠償　債務者がその債務の本旨に従った履行をしないことを一般に「**債務不履行**」といい、履行すべき時期（履行期）が来たのにもかかわらず履行しない場合を「**履行遅滞**」、履行することが不能となったので履行しない場合を「**履行不能**」という。売買についてこの関係を少し詳細に説明しよう。

(ア)　買主の債務不履行　買主は、代金の支払という金銭債務を負担するものであるから、履行不能ということはない。金銭債務の債務不履行は、常に履行遅滞である。そこで売主は、前に述べたように、裁判所の力を借りて強制履行をすることができるのみならず、履行遅滞によって生じた損害の賠償（**遅延賠償**）を請求することもできる。しかも、この場合には、債務者は、その履行の遅延したことが天災その他不可抗力のためであることを主張しても、その責任を免れることができない（四一九条三項）。その代わり、その損害賠償の額は、債権者が実際どれだけ損害を蒙ったかには関係なく、原則として、一律に、債務者が遅滞の責任を負った最初の時点における法定利率（当面年三％）によって計算する（同条一項二項・四〇四条二項。平成二九年の改正によって、法定利率は固定ではなく、変動制が採用された。同条三項―五項参照）。この金銭債務の不履行については、債務者は不可抗力のためだという申し訳・弁解もできないが、その代わり、賠償額は原則として法定利率だというこのルールは、売買代金債務だけでなく、家賃、地代、借金の返還債務など、すべての金銭債務について適用される。

（イ）　売主の債務不履行　　売主が物の引渡債務の履行遅滞に陥った場合にも、買主は、強制履行を請求することができるだけでなく、その遅滞によって生じた損害の賠償（遅延賠償）を請求することができる。ただし、この場合には、金銭債務の場合と異なり、売主がその履行遅滞が契約その他の債務の発生原因及び取引上の社会通念に照らして自分の責めに帰すべきでない事由によって生じたものである、という証拠を挙げれば、その損害賠償責任を免れることができる（四一五条一項ただし書）。つまり、債権者が債務者に対して債務不履行責任を負わせるためには、債務者にその責めに帰すべき事由（債務者の帰責事由）が必要であるが、その証明責任は債務者にあるということである。

売主の債務が履行不能となったときでも、平成二九年改正法では、当該債務は当然には消滅しないが、買主は、その債務の履行を請求することができない（四一二条の二第一項）。そして、買主から強制履行を請求しても無意味だから、買主は、履行に代わる損害の賠償（塡補賠償）を請求するほかはない（四一五条二項一号）。そしてこの場合にも、売主は、その履行不能が契約その他の債務の発生原因及び取引上の社会通念に照らして自分の責めに帰すべきでない事由によって生じたものであるという証拠を挙げれば、その損害賠償責任を免れることができる（同条一項ただし書）。

債権者（買主）は債務者（売主）に対して債務不履行によって生じた損害の賠償を請求できるわけであるが、その額は、買主にとって「通常生ずべき損害（通常損害）」の全部である（四一六条一項）。ここで通常損害というのは、同じような債務不履行があればそれだけの損害を生ずるのが普通だと考えられる損害賠償額である。例えば、売買の目的たる家屋の引渡しが六か月遅滞したために、買主が借家から引き移るのが六か月遅れ、その間の家賃を多く支払ったとすれば、その六か月分の家賃は売主の履行遅滞から通常生ずべき損害である。また、売主が、引き渡す前に、過ってその家屋を焼失したために、買主が他から同じ程度の家屋を買わなければならなくなったとすれば、その買入価格が売主の履行不能から通常生ずべき損害である。

しかし、買主は、かような通常生ずべき損害以上の損害（特別損害）を蒙ることがある。例えば、買主が引き移って商売をはじめれば、六か月間に非常な収益を得ることができたとか、買主がその家屋を転売してもうける約束ができていたというような特別の事情があれば、このもうけそこなった価額（転売利益）もまた、売主の債務不履行から生じた損害である。それだけではない。買主が盗難にかかったり、火事で類焼したようなときにも、もし早く買った家に引き移っておれば蒙らなかった損害なら、やはり売主の債務不履行による損害である。かように、債務不履行を原因とする自然界の因果の連鎖は、意外な範囲に及ぶことがあるのだが、その因果関係のあるすべての損害――すなわち、その債務不履行がなかったならば、生じなかったであろうと思われる全損害と、取得することができたであろうと思われる利益のすべて――を、債務者が賠償しなければならないということは、どうしても公平だとはいえないであろう。そこで、民法は、原則としては、通常生ずべき損害（通常損害）だけを賠償すべきものとし、右の商売や転売、その他特別の事情が加わって生じた損害（特別損害）は、ただ債務者が債務不履行の時点でその特別の事情を予見すべきであったときだけに、賠償すべきものとした（四一六条二項）。かような標準で自然界の因果関係の範囲を制限する理論を**相当因果関係説**という。

債務不履行に基づく損害賠償について右に述べたことも、当事者がこれと違う特約――例えば、家屋の引渡しが一日遅れれば一万円ずつ賠償するとか、家屋が滅失すれば三〇〇〇万円の賠償をするという特約――をすれば、その特約（**損害賠償額の予定や違約金**の定め）は効力を生ずる（四二〇条・四二一条）。損害額はとかく争いのタネになるので、こうした特約が結ばれることは少なくない。

(2)　解除　売主又は買主が、相手方の債務不履行を理由として、遅延賠償又は塡補賠償を請求するときには、自分の債務を免れることのできないのはいうまでもない。例えば、買主が売主に対して、家屋の引渡しの遅れたことによる損害の賠償を請求する場合には、自分の代金債務を履行しなければならないことはもちろんである。もし、買主が、自分の債務を免れて、ただ損害賠償だけをとって契約を清算しようと望む場合には、契約の解除をしなければならない。債務不履行を理由とする解除は、従来は、債務不履行をした債務者に対する責任追及手段と考えられていたので、債務者の責めに帰すべき事由（帰責事由）が解除の要件として必要とされていたが、平成二九年の改正法は、解除は、債務者に対する責任追及手段ではなく、債務不履行をされた債権者を「契約の拘束力」から解放し、契約関係から離脱できるようにする制度と構想したので、債務者の帰責事由は、解除の要件から外された。

相手方の履行遅滞を理由として**契約を解除**するためには、あらかじめ一定の猶予期間として**相当の期間**を定めて、履行を**催告**しなければならない（五四一条本文）。もっとも、債務不履行がその契約及び取引上の社会通念に照らして軽微であるときは、債権者は契約を解除することはできない（同条ただし書）。履行不能を理由として契約を解除する場合には、かような催告を必要としないことはいうまでもない（五四二条一項一号。そのほか、催告をしないで契約を解除できる場合を五四二条が規定している。特に一項二号と五号参照）。

契約が解除されると、契約が取り消された場合と同様、その契約は初めからなかったと同様の結果となる（判例・通説は、**解除の遡及効**を肯定する――**直接効果説**）から、当事者がそれまでに、代金の一部を支払ったり、材料を提供したような場合には、すべてこれを元どおりに返還しなければならない（**原状回復義務**。五四五条一項本文）。のみならず、その解除について責任のあった方は、他方に対して損害の賠償をしなければならない（同条四項）。

解除する前にすでに第三者が権利を取得していた場合には、その第三者の権利を害することはできない（五四五条一項ただし書）。例えば、不動産が甲から乙、乙から丙へと譲渡された後に、甲が乙との売買契約を解除しても、丙の権利を害することはできないので、甲は、丙に対して返還を求めることはできない。もっとも、丙が保護を受けるためには登記を得ておく必要があると解されているが、これは民法一七七条が要求する対抗要件としての登記ではない。

(3)　受領遅滞と供託　　売主又は買主が自分の債務を履行しようとするのに、相手がこれを受領しない場合がある。かような場合にも、売主又は買主は、相手方の協力をまたずに自分でなしうる限りのことは、誠意をもってしなければならない。これを弁済の提供という。債務者が弁済の提供をすれば、相手方は同時履行の抗弁権を失うことは前に述べたが、そのほかにも、債務者は、弁済の提供の時から債務を履行しないことによって生ずべき責任を免れることになる（四九二条）。弁済の提供は、原則として現実の提供でなければならないが、債権者があらかじめその受領を拒んだような場合（受領拒絶）などには、口頭の提供、すなわち、現実の提供に必要な準備をして債権者に受領の催告をすることで足りる（四九三条）。

もっとも、債務者が弁済の提供をしても、自分の債務を免れることにはならない。債務者がもし自分の債務を免れようと欲するならば、供託をしなければならない。供託とは、債務の履行地にある国家の管理する供託所に、債務の目的を引き渡してしまうことである。供託すると、債務は消滅する（四九四条）。金銭債務以外の債務についても利用しうる制度ではあるが、実際上最も多く利用されるのは、金銭債務についてである（四九四条以下参照）。

債務者が債務の弁済の提供をしたにもかかわらず、債権者がこれを受領しないことを受領遅滞という（四一三条）。受領遅滞によって、債務者の目的物保存義務は善良な管理者の注意から自己の財産におけると同一の注意に軽減され（同条一項）、また、債権者の受領遅滞によって債務者が余計に支出させられた増加費用を債権者は負担しなければならない（同条二項）が、このほか、債務者の側から、債権者に損害賠償の請求をしたり、解除をしたりすることができるかについては、学説が対立している。正当な理由なく受領しなかったことを債権者の債務不履行とみて、債権者に損害の賠償を請求することも、さらに進んでは契約を解除することもできると解してよい（債務不履行責任説）と考えるが、これに反対する学者も少なくない。債権者に受領義務があるかどうかが考え方の分かれ目である。

七　売主の契約不適合責任

(1)　担保責任から契約不適合責任へ　売主が買主に給付した売買の目的物に欠陥がある場合に、売主はどのような責任を負うだろうか。従来、売主の担保責任といわれてきた問題である。特に目的物が有すべき品質・性能を有していなかった場合を瑕疵担保責任というが、その法的性質や内容をめぐって、学説では活発な議論がされてきた（法定責任説と債務不履行責任説（＝契約責任説）の対立）。平成二九年の改正では、こうした売主の責任を債務不履行（契約責任）とみる立場にたって、従来の規定が大きく変更され、詳細な規定を設けた。

(2)　契約不適合責任の内容（要点）　売買の目的物が特定物であれ、不特定物（種類物）であれ、売主は、買主に対して、種類・品質・数量に関して契約の内容に適合した物を引き渡す義務がある。したがって、それが契約の内容に適合しない場合（契約不適合）には、売買契約上の義務違反、すなわち債務不履行となる。従って、債務不履行の一般規定により、買主は、①商品の取替や修理などを求める追完請求権（五六二条）、②損害賠償請求権、③解除権を有する（五六四条）。さらに、売買契約の特則として、これらの権利に加えて、一定の場合に、その不適合の程度に応じて④代金減額請求権も認められている（五六三条）。他方、買主が目的物に代わる代替物の引渡しや新品との交換を売主に求めてきても、売主は、買主に不相当な負担を課すものでないときは、買主の請求とは異なる方法、たとえば修理で対応するなどで追完する権利（売主の追完権）も認められたが（五六二条一項ただし書）、今後、この点が紛争になることも予想される。

なお、売買目的物の種類・品質に関する契約不適合については、買主はその不適合を知った時から一年以内にその旨（不適合の事実）を売主に対して通知する必要があり、通知しないと上記①〜④の権利を失うことになるとされた（通知懈怠による失権効。五六六条）。数量や権利に関する契約不適合には、この失権効の制度ではなく、一般の債権の消滅時効によることになる。

八　買　戻　し

売買当事者の間で、売買の際に、将来売主は買主の支払った売買代金（又は合意により定められた額）と契約の費用とを返還して、目的物を買い戻すことができる旨の特約をすることがある。民法は、かような買戻しの特約のうちで、とくに不動産の買戻しについて特別の規定を設けた（五七九条以下）。けれども、現在では、その行われることはまれである。

九　交　換

交換という制度は、古代においては、社会の経済組織を維持する重要な制度であったろうけれども、現在では、その作用はきわめて少ない（とはいえ、現在では、土地とその土地上に建てられるマンションの区分所有権の交換という等価交換方式を使ってアパートやマンションが建設されたり、また、土地の区画整理事業で実施される換地処分での交換は行われている）。民法は、これについてわずか一か条を設けただけである（五八六条）。

第六章　金銭の貸借

一　消費貸借

(1)　消費貸借の意義　金銭の貸借を金銭消費貸借という。消費貸借という言葉は、金銭の貸借に限られるのではなく、借りた者が、目的物を消費して、借りた物と同一の種類、品質及び数量の物を返すすべての場合を含むものであるから、米、麦、豆、醤油などの貸借もこの中に含まれる（五八七条）。しかし、実際上重要な意義のあるのは、金銭の消費貸借であることはいうまでもあるまい（例えば家を買うために銀行や金融機関からお金を借りる「住宅ローン」のように、一般にはローンと呼ばれている）。金銭の消費貸借は、小は生活上の不時の支出を賄うための消費信用から、大は大企業の資金を賄うための生産信用まで、あらゆる生活関係にわたって、きわめて重要な作用を営んでいる。会社などの大企業の資金調達は、担保制度と結びついて多くの特別法で規律されているが、重要なのは、経済的弱者である借主の保護を目的とする法律であり、特に、利息制限法（昭和二九年法律一〇〇号）、出資法（出資の受入れ、預り金及び金利等の取締りに関する法律。昭和二九年法律一九五号）、貸金業法（昭和五八年法律三二号）が重要である。この三法は平成一八年に改正された（法律一一五号。平成二二年六月一八日までにすべて施行された）。

(2)　金銭消費貸借の成立　金銭の貸借が成立するためには、金銭を借主に渡さなければならない。消費貸借契約は、要物契約だからである（それゆえまた、片務契約である。五八七条）。とはいえ、実際には、抵当権の設定登記をする前や公正証書での契約書を作成する前に金銭を渡すわけにはいかない。そのため、要物性は厳格には貫かれておらず、お金の支払がそれらの後であっても、契約の成立が認められている。これを要物性の緩和という。

平成二九年改正で、諾成的消費貸借も認められた。すなわち、書面で消費貸借の合意をした場合には、金銭を交付しない段階でも、合意の時点で消費貸借が成立する（五八七条の二第一項）。他方、借主も、貸主から金銭を受け取るまでは、契約の解除をすることができる。

なお、すでに売買代金債務などを負担する者が、これを借金に切り替えようとする契約（準消費貸借という）をすれば、金銭の授受が行われなくとも、金銭の貸借は成立する（五八八条）。たとえば、売買代金債務や損害賠償債務を消費貸借による債務とするなどである。

二　借金の返済方法

(1)　弁済　弁済とは、債務の内容である給付を実現することであり、金銭の貸借でいえば、借主である債務者がその借金を貸主に支払うことである。金銭の貸借において弁済すべき時期（期限）は、契約によって定められるのが普通であろうが、もしこれを定めなかったときは、貸主は相当の期間を定めた上でその返還を請求しなければならない（五九一条一項）。これに対し、借主は、返還の時期の定めの有無にかかわらず、いつでも返還することができる（同条二項）。ちなみに、弁済すべき時期、すなわち期限の定めがあるときは、その期限は債務者の利益のために定めたものと推定され（一三六条一項)、その期限が到来するまでは債務者は弁済する必要はないが、期限の利益を放棄して、期限前に弁済することもできる(同条二項本文)。また、期限の定めがあっても、債務者が破産した場合などは民法上、債務者は期限の利益を喪失し(一三七条)、その結果、直ちに全額を弁済しなければならなくなる。実務上は、分割払いの支払を怠ったときや借主の所在が不明になったとき、また、契約で定めた条項に違反したときなど、期限の利益を喪失させる特約(**期限の利益喪失約款**という)が結ばれることは多い。

借金その他債務は、一般に、債務者自身が弁済するのが本則であることはもちろんだが、債務者以外の第三者も弁済をすることができる(**第三者の弁済**という。四七四条一項)。もっとも、その債務を弁済することについて正当な利益を有する者、例えば、自分の不動産を抵当に提供した物上保証人や抵当権の付いた不動産を取得した者(第三取得者)などは、債務者の意思に反しても弁済をすることができるが、正当な利益をもたない者は、債務者の意思に反して弁済をすることはできない(同条二項本文)。利益といえども本人(ここでは債務者)の意思に反して押しつけるべきではないからである。とはいえ、善意の債権者を保護すべきであるから、債権者が債務者の意思に反することを知らなかったときは、そうした弁済も有効である(同項ただし書)。

なお、他人の債務を弁済した者は、——贈与するつもりでしたときは別だが、そうでなければ——債務者に対してその償還を求める権利(すなわち求償権)を取得する。

(2)　代物弁済　借金の弁済の代わりに、借主から貸主に、家屋とか自動車とか、ほかのものを給付して清算することがある。お金ではなく、代わりの物で弁済するわけである。これを**代物弁済**という。弁済者が一方的に代物弁済できるわけではなく、弁済者と債権者との間での代物弁済契約をして（なお、代物弁済契約は諾成契約である）、そして、その契約に基づき債権者に代物の給付がされたときに、債権は消滅する（四八二条）。代物弁済は担保目的で用いられることがある（後述の仮登記担保について一三〇頁参照）。

(3)　相殺　貸主から金銭を借りている借主が他方で貸主に対して金銭債権をもっている場合には、借主は、この債権をもって借金を差し引くことができる。これを相殺という（五〇五条一項）。相殺をするには、相手方の承諾を必要としない。しかし、相殺に用いる自分の債権（自働債権という）の弁済期が到来した後でなければならない。相殺という制度は、債権者と債務者との間における金銭の授受を省略することができるので、きわめて便宜でかつ公平な制度であって、借金の債務についてだけでなく、すべての債務について広く認められる制度である。しかし、相殺の制度をあまりに広く認めるときは、いろいろの不都合を生ずるおそれがあるので、民法はこれについていくつかの制限を設けている。すなわち、

（ア）相手の債権（受働債権）が悪意による不法行為によって生じた損害賠償請求権であるときや人の生命又は身体の侵害による損害賠償請求権であるときは、その債務者（加害者）は相殺することができない（五〇九条）。前者は、不法行為の誘発を防止するためであり、後者は、生命身体の侵害により損害を受けた被害者には現実の弁済を受ける必要があるからである。

（イ）労働者の賃金はその全額を差し押さえることはできないとされているが（民事執行法一五二条一項二号参照）、そうした差押えを禁止された債権（差押禁止債権）については、その債務者（使用

者）は相殺することはできない（五一〇条）。そのような債権は現実に弁済すべきものだからである。

（ウ）差押えを受けた債権の債務者（第三債務者）は、その後に取得した債権で、相殺することはできない（五一一条）。例えば、乙が丙銀行に対して持っている債権（預金）を乙の債権者甲が差し押さえた場合、その後に丙銀行が乙に対して債権（貸金）を取得して、その差し押さえられた乙の債権（預金）を消滅させることは許されないのである。あくまで差押えより後に取得した債権（貸金）では相殺ができないということであって、判例は、差押えより前に丙銀行が債権（貸金）を取得していれば、その丙銀行の債権（貸金＝自働債権）の弁済期がたとえ差押えや乙が丙にもつ債権（預金＝受働債権）の弁済期よりも後であったとしても、相殺することはできるとしてきた（最大判昭和四五年六月二四日民集二四巻六号五八七頁）が、平成二九年の改正で明文化された（五一一条一項）。丙銀行の相殺に対する期待、すなわち預金があればその分は金を貸しても相殺すれば確実に回収することができるとの期待（相殺の担保的機能という）を重視した判断である。平成二九年改正法は、相殺できる範囲をさらに拡張して、差押え前に取得した債権でなくても、すなわち、差押え後に取得した債権であっても、「差押え前の原因」に基づいた債権であれば相殺できる（差押債権者に対抗できる）としている（五一一条二項）。債務者から委託を受けた保証人が債務者に対してもってる債権の差押えを受けた後に、保証債務の弁済をして、債務者に対して求償権を取得したような例が考えられよう。

(4)　更改・債務の引受け　借金の代わりに、家屋や自動車を渡して清算する契約が代物弁済であることは前に述べたが、この場合に家屋や自動車を渡してしまわずに、将来渡すという債務を成立させるだけで、借金債務を消滅させることも可能である。かように、一つの債務を内容の違う他の債務に切り替えることを更改という（五一三条）。しかし、更改という制度は、現在はあまり用いられない。取引界においては、債権者の交替による更改をするよりは、債権の譲渡をする場合が多く、また債務者の交替による更改をするよりは、債務の引受けをする場合が多い。更改においては、前の債権が消滅して新しい債権が成立するのだから、前の債権に伴っていた担保は、原則としてあとの債権にはついて行かない（なお、平成二九年改正で、債権者は、更改前の質権・抵当権を更改後の債権に移すことができるものとされた。五一八条）。これに対し、債権の譲渡と債務の引受けとにおいては、債権はその同一性を失なわないから、担保は前後を通じて存続するのを原則とする。取引界においてはこの点を有利とするのである。

債権の譲渡については、前に売買の章（第五章三(1)（ウ）（八一頁）・(2)（エ）（八四頁））で、債権の売買として述べた。債務者乙が債権者甲に対して負う債務を第三者（引受人という）丙が肩代わりすること（同一内容の債務を負担すること）を債務引受というが、この債務の引受については、民法に規定はなかったが、平成二九年の改正で規定がおかれた。債務の引受には、（ア）旧債務者乙が債務を免れるタイプの債務引受（これを免責的債務引受という）と（イ）債務者乙は債務を免れず、引受人丙と併存して債務を負担するタイプのものとがある（これを併存的債務引受という）。

（ア）　免責的債務引受　　まず前者の免責的債務引受は、①新旧両債務者と債権者との三人の間の契約、又は②新債務者（引受人）丙と債権者甲との契約によってすることができるだけではなく（この場合には債権者が旧債務者乙に通知した時に、その効力を生ずる。四七二条二項。なお、従来の判例では、旧債務者乙の意思に反することはできないと解されていたが、平成二九年の改正では、この点は要件とされなかった)、さらに、③債権者甲の承諾を条件として、新旧両債務者乙・丙の間でもこれをすることができる(四七二条三項)。この場合、債権者が承諾した時に効力が発生する。

(イ)　併存的債務引受　併存的債務引受は、債務者乙と引受人丙のみでの契約によることも、また、債権者甲と引受人丙との契約によることもでき(四七〇条二項・三項前段)、また、債務者乙の意思に反してすることもできると解されている(もっとも、債権者甲が引受人となる丙に対して承諾をした時に、効力が生ずる。四七〇条三項後段)。そして、この併存的債務引受では、債務者乙と引受人丙とが連帯して債務を負担することになる(四七〇条一項)。

(5)　免除　債権者は、自由に、債務者の債務を**免除**することができる。債務者がこれをいさぎよしとしない場合にも、なお免除はその効力を生ずる(五一九条)。もっとも、免除をした場合にも、借用証書は返還しなければならない。民法は、全部の弁済をしたときについてだけ、債務者は借用証書(**債権証書**)の返還を請求することができると定めているが(四八七条)、債権がなくなったにもかかわらず債権証書を保留することは不当な利得となるから、弁済以外の原因によって債務が消滅したときにも、債権者は証書を返還しなければならない。

借用証書の返還を請求することのできるのは、もちろん、元利の全部を完済したときであるが、一部を弁済したときにも、それについての**受取証書**の交付又はそれに代えてその内容を記録した電磁的記録の提出を請求することができる(四八六条)。

以上、本段に述べた弁済の充当、代物弁済、相殺、更改、債務の引受、第三者の弁済、免除、債権証書の返還、受取証書の請求などに関することは、単に金銭消費貸借における借主の債務についてだけ適用されることではなく、すべての債務について適用される通則であるが、最も適用の多い金銭の貸借について、これを説明したのである。

三　利　息

(1)　利息の意義　金銭の貸借には、利息（一般には金利という）がつく場合が多い。もっとも、利息は、商人の間の取引（商法五一三条）のほかは、とくに利息を払う約束がなければ発生しないものである。利息をつけることだけの約束をして利率を定めなかった場合には、その利率は**法定利率**で、当面年三％である（四〇四条。平成二九年の改正によって、従来の年五％の固定制から、変動制が採用された。三年に一度の利率の見直しがされる）。

利息は、返還すべき時期までの間に、金を借りたこと、すなわち元本使用の対価として支払うものをいうのであって、弁済期に支払わないために、その後の遅延した期間に応じて支払うものは、普通に**遅延利息**と呼ばれるが、正確には、利息ではなく、損害賠償（遅延賠償）だということである（正式には**遅延損害金**という）。だから、無利息で金を借りた場合にも、弁済期に支払わなければ、その後は、遅滞の責任を負ったその時点での法定利率の割合の損害賠償をしなければならない（四一九条一項本文）。もっとも、法定利率を超える利息の約束があるときには、損害賠償の額は、その約束した利率（約定利率）によって計算される（同項ただし書）。実際には、こうした遅延が生じた場合に備えて、あらかじめ約束した利率（約定利率）よりも高い利率が損害賠償額の予定として定められることが多い（四二〇条）。

(2)　重利　利息を支払わない場合に、その利息にさらに利息をつけるという約束、すなわち、重利（複利）の特約をすることもさしつかえない。しかし、重利の特約のない場合には、期限までに利息を支払わなくとも、この支払われなかった利息分の金銭について利息又は損害賠償を支払う必要はない。ただし、貸主は、利息が一年分以上延滞したときは、債務者に対して催告をし、債務者がなお支払わない場合には、これを元本に組み入れることができる（法定重利という。四〇五条）。利息が元本に組み入れられると、元本の一部となって、その時から利息を生ずることになる。

(3)　利息に対する法規制　利息については、利息制限法による制限がある。利息制限法（昭和二九年法律一〇〇号）によれば、許される最高限度（上限利率）は、元本一〇万円未満は年二割、一〇万円以上一〇〇万円未満は年一割八分、一〇〇万円以上は年一割五分である（同法一条）。この制限を超過した利息（制限超過利息）は、約束しても支払う法的義務はないし、貸主から訴えても、その効力を認められない。この制限をくぐる目的で、礼金、手数料などという名目をつけてもそれは利息とみなされる（みなし利息。同法三条）。また、約束の期限に支払わない場合の損害賠償額の予定は、右の最高利率の一・四六倍を超える部分は無効とされる（同法四条一項）。

平成一八年の利息制限法の改正前は、これら超過部分については債務者が任意に支払ったときは、その返還の請求はできないと規定されていた（同法一条旧二項、四条旧二項）が、判例で空文化され、平成一八年の改正によって同項は削除された。また、かつての貸金業規制法（昭和五八年法律三二号）でも、利息制限法違反の超過利息を一定の要件の下に任意に支払った場合には有効な利息の弁済とみなす（みなし弁済という）とされていたが、この規定も判例で空文化され、これも平成一八年の改正によって削除された。こうして立法・司法に変遷があったが、結局、債務者が払いすぎた分（過払金という）は、取り戻すことができることになった。

また、高利貸が高利をとる手段として天引きが行われる。例えば、一〇万円を貸すのに年二割の利息を先取りして、実際には借主には八万円だけ渡し、一年後に一〇万円返済させるようなやり方である。利息制限法はこれについても制限を加えた。すなわち、現実に貸与された額（八万円）についての最高利息額（一万六〇〇〇円）を超える部分は元本の支払に充てたものとみなして元本額をそれだけ減らすものとした（この結果、一〇万円ではなく、九万六〇〇〇円返済すればよい。同法二条）。

平成一八年の改正で、貸金業者（俗にサラ金）が行う貸付けを営業的金銭消費貸借として、特別な規制を設けた。すなわち、複数の貸付けがされたときは、各元本の額の合計額について前述の利息制限法の制限がされることになり（同法五条）、損害賠償額の予定（遅延損害金）は年二割を超える部分は無効とされ（同法七条）、債務者が払わされる保証料についても制限を設けるなどとされている。

このほか、利息に関する規制の法律として重要なのは、出資法（出資の受入れ、預り金及び金利等の取締りに関する法律）と貸金業法（平成一八年の改正で貸金業規制法から名称が変更された）がある。出資法は、貸金業者が年二〇％を超える高金利の利息の契約を締結したり、この高金利の利息を受領したり、要求したりした場合には、五年以下の懲役等処罰されるものとしている（同法五条二項。上限が利息制限法の上限にあわされたため、いわゆる利息制限法違反だが出資法の違反ではない金利であるグレーゾーン金利はほぼなくなった）。

四　担　保

⑴　債権の担保

債権の担保とは、債権の弁済を確実にするすべての手段を意味する。したがって、債権の担保には、債権者が、債権者平等の原則を破って、債務者の全財産又は特定の財産から優先的な弁済を受ける制度（物的担保）や、本来の債務者のほかに、保証人又は連帯債務者を加える制度（人的担保）などの、多くのものを含んでいる。しかし、当事者が特に利用する制度として民法の規定したものは、質権、抵当権、保証及び連帯債務である。これらの制度は、取引の実際においてはきわめてしばしば用いられるものであるが、いずれも相当に複雑な法律関係をもっているので、その詳細の説明をすることは、入門書としては不適当である。ここには、その制度の中心的な意味を簡略に述べることにしよう。

最初に、これらの制度の特色を一言する。

（ア）物的担保である質権と抵当権とは、債権者が、債務者又は債務者以外の者（物上保証人）の提供する特定の財産について、優先的地位を取得するものであるが、両者の違いは、質権は、目的物を債権者に引き渡す（占有担保）のに対し、抵当権は、目的物を債権者に引き渡さずに、抵当権設定者（債務者又は物上保証人）が依然としてこれを使用収益することができる点（非占有担保）にある。従って、質権は、債務者の生活に必要なものを取り上げて間接に弁済を強制する作用を発揮しうるのに対し、抵当権は、債務者に目的物を用益させながらその収益で元利を弁済させる長所を有する。

（イ）また、**人的担保**である保証と連帯債務とは、ともに債務者以外の者の全財産からも、債務の弁済を受けることができるようにする制度であって、債権者のために特に優先的な地位をつくるものではないが、債権者は多くの人の財産から弁済を受けることができる点において、やはりその債権を担保することとなるのである。保証と連帯債務との差異は、保証人は、主たる債務者に資力がないときに、補充的にこれを弁済する義務を負うのに対し、連帯債務者は、他の債務者に弁済の資力のある場合にも、債権者が請求すればこれに応じて弁済をしなければならない点に存する。しかし、保証のうちには、連帯保証というものがあり、これはほとんど連帯債務と違わないものである（違いは、後一二五頁（イ）参照）。

⑵　質　権

（ア）**質権**は、債権の担保のために、債権者と債務者との間、又は債権者と第三者（物上保証人）との間で、質権を設定する契約（質権設定契約）をなし、その目的物を債権者に引き渡すことによって成立する（三四二条・三四四条）。質権の目的とされるものは、動産に限らない。不動産でも債権でも、財産的価値のある権利ならば何でもよいが、麻薬など法律上譲渡が禁じられている物はだめである（三四三条）。

（イ）動産の質権者は、目的物を継続して占有しないと、質権をもって第三者に対抗することができなくなる（三五二条）。もっとも、質権者が他人から質物を奪われたときは、前に述べた占有回収の訴えで、質権者はその返還を請求することはできる（三五三条）。

質権者は、債務者が弁済するまで目的物を留置することによって、債務者を間接に強制して弁済を促す作用（留置的効力という）を、最も有効に発揮することができる。しかし、それだけでなく、債務者が期限に弁済しないときは、その目的物を換価して、それの代金から優先的な弁済を受けることもできる（優先弁済的効力という）。換価をするには、民事執行法の規定によって執行官に換価してもらわなければならない。もっとも、動産質では、裁判所の選任する鑑定人の評価によって換価することもできる（三五四条）けれども、いずれにしても、債権者が勝手に評価したり、又は質物をもってそのまま弁済にあてる、いわゆる流質は許されない（流質契約の禁止。三四九条）。質といえば、質屋に質に置くことを考える人たちは、流質は許されないといったら、不思議に思われるであろう。しかし、質屋が流質（一般には質流れという）の権利を有するのは、質屋営業法によってとくに許されるからであって、普通の市民間の質権においては、——動産質に限らず、他の質でも——流質契約は許されないことになっている。流質は、便宜な充当方法だが、債務者の窮乏に乗じて不当の利を貪ぼる手段に悪用されるおそれがあるので、一般には禁止して、営業質屋のように国家（具体的には公安委員会）の監督がされるものにだけこれを許したのである。もっとも、商事上の債務については特別で、流質契約は許されている（商法五一五条）。商人の間では、弊害はないとみたわけである。

（ウ）不動産を質にとった質権者は、やはり、その不動産の引渡しを受け、みずからこれを使用収益し、その収益をもって利息に充当する（収益的効力という。三五六条）。かように、担保にとった不動産を、債権者がみずから収益する不動産の質は、今日の不動産金融としては適当なものではないので、実際上行われることはまれである。

（エ）権利が質権の目的とされる最も普通の場合は、債権である。この債権質の場合にも、質権を設定するためには、債権証書（預金証書、借用証書など）を質権者に引き渡さなければならないとされていたが、平成一五年の改正で、債権証書の交付が要求される特殊な証券的債権（記名社債、手形・小切手等の指図債権）を除いて、一般の債権では証書の交付は不要とされた（五二〇条の七）。そして、債権質権を第三者に対抗するためには、前に述べた債権の譲渡と同様に、質権設定者がその質権設定を債務者（第三債務者）に通知するか、又は債務者（第三債務者）の承諾を得なければならない（三六四条）。なお、動産債権譲渡特例法によって、法人が債権質を設定し、質権設定登記ファイルにその登記をしたときは、登記の日付を確定日付とする「確定日付のある証書」による通知があったものとみなされ、これを第三者に対抗することができるとされた（同法一四条・四条一項）。

債権質で注目されるのは、簡便な優先弁済を受ける方法として、直接取立権が認められていることである（三六六条）。乙が丙に対してもつ債権を甲の質権の目的とした場合、債権質権者甲は、民事執行法による債権執行によることなく、自己の名において、第三債務者丙からその目的債権を取り立てることができる。

入場券、商品券、乗車券などの無記名債権は、平成二九年改正前は、動産とみなされた（旧八六条三項）が、改正法は、これを記名式所持人払証券（債権者を指名する記載がされている証券で、その所持人に弁済をすべき旨が付記されている証券）に準じた扱いをすることにされたので（五二〇条の二〇）、動産質ではなく、権利質として扱われることになる。

(3)　抵当権

（ア）抵当権は、債権者と債務者との間又は債権者と第三者（物上保証人）の間の抵当権設定契約によって成立する（三六九条）が、この抵当権が設定されたことを第三者に対抗するためには、登記をしなければならない（一七七条）。銀行など金融機関が貸付け（融資）をする際に（例えば、銀行の住宅ローンでは）、必ずといっていいほど、抵当権が設定される。

民法の認めるものは、不動産（土地又は家屋）の所有権と土地の上の権利（地上権、永小作権）だけで（三六九条）、民法以外の法律が認めたものには、立木（樹木の集団）及び工場・鉱業・鉄道などの施設全部を一括した財団などがある（立木法、工場抵当法、鉱業抵当法、鉄道抵当法などによる）。動産については、もともとは抵当権の設定は認められなかったけれども、昭和八年に農業資金の融通をはかるために、農業動産信用法（法律三〇号）を制定し、農業用動産のために登記制度を設け、その上に抵当権を設定することができるようにした。そして、戦後には、同様の制度が自動車抵当法（昭和二六年法律一八七号）、航空機抵当法（昭和二八年法律六六号）、建設機械抵当法（昭和二九年法律九七号）などによって、特殊な動産に拡張された。

（イ）同一の不動産に複数の抵当権が設定されることがある。その場合は、抵当権の優先順位は、登記の順序によって決まることになる（三七三条）。最初に優先的な弁済を受けるのが一番抵当権、次が二番抵当権、その次が三番抵当権という具合である。当然ながら先順位の抵当権者ほどより多くの配当を得られる可能性は高い。先順位の抵当権が弁済等で消滅すると、次順位以降の抵当権の順位が繰り上がり上昇することになる（**順位上昇の原則**という）。

（ウ）土地とその上にある建物とは、それが同一人に属する場合にも、別個の不動産であるから、両方を一括して抵当権を設定してもよいが（**共同抵当**という）、一方だけに抵当権を設定することもできる。ただし、そのいずれの場合にも、複雑な関係を生ずる。詳しく述べることはさしひかえるが、二つのことだけ指摘しておこう。

第一に、同一人に属する土地か、その上の建物かの一方だけに抵当権が設定された場合に、その抵当権が実行されて、第三者がその目的物を買い受ける（競落する）と、家屋を買い受けた（競落した）場合には、買受人（競落人）はその家屋を他人の土地の上に存続させるために他人の土地を使用する権利を必要とし、反対に、土地を買い受けた（競落した）場合には、家屋の所有者はその買受人の取得した土地の上に家屋を存続させるために、その土地を使用する権利を必要とする。民法は、かような場合に争いとなることを防止するために、右のいずれの場合にも、家屋の所有者は、当然に地上権を取得するものと規定した（三八八条）。これを**法定地上権**という。法定地上権が成立するためには、①抵当権設定時に建物が存在すること、そして、②土地と建物が同一の所有者に帰属することが必要である。したがって、抵当権設定時に、土地が更地の場合や土地と建物の所有者が別人である場合には、法定地上権は認められない。

第二に、土地と家屋を一括して抵当に入れた場合（**共同抵当**）には、あとでその土地又は家屋にだけについて、二番抵当や三番抵当を取得する者を生ずると、これら後順位抵当権者相互の間に、いろいろ公平を失する結果を生じやすい。ここではその詳細は省略するが、民法は、これについて調整を図った規定を設けている（三九二条・三九三条）。

（エ）　抵当権者が抵当の目的物から優先的な弁済を受けるためには、裁判所に頼んで目的物を競売してもらわなければならない（**抵当権の実行**という）。

抵当権によって優先弁済を受けることができる被担保債権の範囲について、民法は、質権の場合（三四六条）と異なり、利息・遅延損害金などは最後の二年分に限るなど一定の制限をしている（三七五条）。後順位抵当権者や一般債権者に配慮したものである。また、抵当権の効力の及ぶ範囲は、抵当権が設定された不動産であるが、それに付加して一体となっている物（付加物ないし付加一体物）にも及ぶ（三七〇条）。何がこれにあたるかが問題となるが、くっついて分離できなくなった物（付合物。二四二条）はもちろん、抵当権設定の前後を問わず、畳・建具など従物（八七条）にも及ぶと解してよいであろう（もっとも、判例は、抵当権設定時の従物には及ぶが、抵当権設定後に備え付けられた従物には及ばないと解しているようである。大連判大正八年三月一五日民録二五輯四七三頁、最判昭和四四年三月二八日民集二三巻三号六九九頁）。

抵当権の効力に関しては、抵当権に基づく明渡請求の問題がある。抵当権が設定された不動産が不法占拠されている場合に、抵当権者はこの不法占拠者を出て行かせることができるかどうかである。抵当権は非占有担保であって、その使用収益には介入しない価値権であることから、かつての判例はこれを否定していたが、その後、抵当権者は、不動産を利用する権原をもたない不法占拠者に対して、抵当不動産の所有者である抵当権設定者が有する妨害排除請求権を代位行使することができる、とされている（最大判平成一一年一一月二四日民集五三巻八号一八九九頁。債権者代位権の転用につき五五頁参照）。また、占有権原をもつ占有者に対しても、それが抵当権の実行としての競売手続を妨害する目的が認められ、その占有により抵当権者の優先弁済請求権の行使が困難となって抵当権が侵害されていると認められる場合には、抵当権自体に基づいて直接自己への明渡しを求めることもできるとされている（最判平成一七年三月一〇日民集五九巻二号三五六頁）。

抵当権に基づいて目的物が競売されると、その抵当権の設定された時から後に、その不動産について権利を取得した者（第三取得者）の地位は、ことごとく覆滅される（消除主義）。例えば、乙がその所有の土地に甲のために抵当権を設定しこれを登記した後に、丙が乙からこれを買った場合にも、抵当権に基づく競売によって丁がその土地の所有権を取得すると、この第三取得者丙は所有権を失う。また右の丙が、土地を買ったのではなく、地上権を設定して家屋を建てた場合であっても、同様に、丙は買受人たる丁に対して地上権を対抗することができなくなる。しかし、この原則を貫いていくと、抵当権が設定された不動産を他人に利用させることははなはだ困難になることから、かつて民法は、抵当権が設定された不動産について、土地なら五年、家屋なら三年以内の短期賃貸借を設定した場合には、その賃借人は、この権利をもって買受人に対抗することができるものとしていた。しかし、この短期賃貸借の保護の制度が抵当権者による競売を妨害する目的で利用されることが少なくなかったため、平成一五年にこの制度は廃止された。これに代えて、抵当権の目的である建物の使用者は、買受人による買受け（競落）後六か月を経過するまでにその建物を買受人に引き渡せばよいものとする建物引渡猶予制度が作られた（三九五条）。

（オ）抵当権の目的たる家屋が焼失しても、その家屋の火災保険金がとれるときは、抵当権者は、その保険金から優先弁済を受けることができる。ただし、抵当権者は、右の保険金が債務者に払い渡される前に、これを差し押えなければならない（三七二条・三〇四条）。これを物上代位という。元来、抵当権は、地上権や永小作権と異なり、物の交換価値を目的とするものだから、本来の目的物が金に変わっても、なお抵当権の効力を認めるのが至当なわけである。しかし、かような金銭も、払い渡されてしまうと、他の財産と混合して、どれが抵当権の目的だったものか不明になるから、これを防ぐために、差押えを必要としたと考えられる（本書の見解と異なり、判例は、ここで差押えが必要なのは、目的となる債権の債務者（第三債務者）を二重弁済の危険から保護するためであり、抵当権自身による差押えが必要であるとする。最判平成一〇年一月三〇日民集五二巻一号一頁）。物上代位は、先取特権に認められる制度であるが（三〇四条）、質権・抵当権に準用されている（三〇四条・三五〇条・三七二条）。

特に議論されてきたのは、賃料債権への物上代位である。抵当権が設定された不動産を抵当権設定者（所有者）が第三者に賃貸した場合、かつては、この賃料（債権）に抵当権者は物上代位はできないとする学説（否定説）も有力であった。抵当権は価値権であって、使用収益はあくまで抵当権設定者に委ねられていて、抵当権者はそれに介入できないはずだからである。しかし、今日では、賃料債権に物上代位ができることは判例として確立している（最判平成元年一〇月二七日民集四三巻九号一〇七〇頁）。賃料は目的物の交換価値がなし崩し的に現実化したものとみれるから、これを肯定してよいであろう。バブル経済の崩壊後は、賃料債権への物上代位が頻繁に行われ、実務上重要な多くの問題を生じた。

（カ）銀行と商人の間や、卸売商と小売商などの間にしばしば行われるものに、「**根抵当**」というものがある。これは、抵当権を設定する際に、あらかじめ金額の枠（**極度額**）を決めておいて、当事者間の取引に従って債務額が増減変更しても、常にその枠内の金額については抵当権が成立するものである。民法には定められていなかったが、昭和四六年に民法に追加された（三九八条の二以下）。普通の抵当権のように、個々の債権を担保するのではなく、一定の範囲に属する不特定の債権を極度額の限度で担保するところに特徴がある。

(4)　保　証

（ア）保証は、保証人となる者と債権者との間の保証契約によって成立する。従来は、保証契約も、他の契約と同様に、書面がなくても有効であるとされてきたが、平成一六年の民法改正によって、保証契約は書面でしなければ、その効力を生じないとされた（四四六条二項）。コンピューターで処理される電磁的記録（デジタル・データ）でもよい（同条三項）。

保証人となるのは、多くの場合、債務者（主たる債務者という）に頼まれたためであろう（委託を受けた保証人という）。しかし、債務者に頼まれないで保証契約を締結することもできる（委託を受けない保証人という）。債務者がこれを欲しない場合でも、さしつかえない。

（イ）平成二九年の改正によって、事業のために負担した貸金債務を個人が保証する場合には、公証人が保証人の保証意思を確認する制度がとられることになった。すなわち、保証契約を締結する前一か月以内に作成された公正証書で保証人になろうとする者が保証債務を履行する意思を表示していなければ、保証契約は無効となる（四六五条の六第一項）。もっとも、いわゆる経営者保証は除外されている。すなわち、主たる債務者が法人である場合のその法人の経営者（理事・取締役等）や、主たる債務者が個人である場合の共同事業者やその事業に現に従事している主たる債務者の配偶者は、公証人による保証意思の確認は不要とされている（四六五条の九）。

また、改正法は、同じく事業のための債務の個人保証の場合に、債務者は、保証人になる者に対して、その財産状況の詳細についての情報を提供する義務を負うものとした（四六五条の一〇第一項）。この情報提供義務の違反を債権者が知っていたか、知ることができたときは、保証人は、保証契約を取り消すことができる（同条二項）。

（ウ）普通の保証人は、主たる債務者が弁済をしない場合に、補充的に弁済をする義務を負うものである（**補充性**という）から、債権者がいきなり保証人に対して請求をした場合には、保証人は、これに対し、まず主たる債務者に催告せよと抗弁することができる（**催告の抗弁権**。四五二条）。のみならず、債権者が債務者に催告した後でも、保証人が、主たる債務者が執行の容易な財産をもっていることを証明すれば、債権者は、まず主たる債務者の財産に対して強制執行をした後でなければ、保証人に対して請求することができない（**検索の抗弁権**。四五三条）。しかし、連帯保証では補充性がなく、**連帯保証人**は、右の二つの抗弁権をもたないから、たとい主たる債務者が弁済をする充分の資力がある場合でも、債権者が主たる債務者に対して請求しないで、連帯保証人に対して請求するときは、連帯保証人はこれに応じて弁済しなければならない（四五四条）。従って、連帯保証人となった者は、主たる債務者と同様に、何どき債権者から執行を受けるかわからないことを覚悟していなければならない。債権者にすこぶる有利であるから、世の中の保証は、ほとんどが連帯保証である。

なお、保証人が数人ある場合（**共同保証**という）には、普通の保証なら、各保証人は債務の全額を保証人の数で割った額についいて責任を負うだけだが（**分別の利益**という。四五六条）、連帯保証の場合には、各連帯保証人には、この分別の利益がなく、各自全額を弁済する義務を負う。この点でも債権者に有利である。

（エ）保証人が債務者のために弁済をした場合には、その弁済した金額と、それ以後の利息とを、主たる債務者に対して求償することができる（求償権）。このことは、連帯保証人においても同様である（求償権については四五九条―四六五条に詳細な規定がおかれている）。その場合に、もし主たる債務者が債権者に対して別に担保を提供している場合には、保証人は、右の求償権に基づいて、みずからその担保権を実行することができる。ある人が、債務者から保証人になることを頼まれた場合に、債務者が充分な担保（質または抵当）を提供しているときには、比較的安心して保証人となるのを常とするであろう。しかし、かような場合にも、連帯保証人はもちろんのこと、その担保権の実行が困難なものであるときには、普通の保証人も、債権者に対して、まず担保権を実行した後でなければ自分に対して請求することができない、と抗弁する権利はない。そこで民法は、保証人のこの立場を救うために、保証人はまず弁済しなければならないけれども、弁済した後においては、債権者が有していた一切の権利を自己の名において行使することができるものとした（五〇一条）。すなわち、債権者がもっていた担保を実行して、求償を受けることができるものとしたのである。かように、債務者に代わって弁済した者が、債務者から求償するために、債権者に代わってその担保権を実行することを、「弁済による代位」（代位弁済）という。代位弁済は、右に挙げたような例では、簡単だけれども、保証人や物上保証人が多数ある場合には、相互の関係はきわめて複雑なものとなるので、民法は、この点に関しても詳細な規定を設けている。おおまかに主要なところをいえば、まず、①保証人は、担保物の第三取得者に対してその全額について債権者に代位できるが、第三取得者は、保証人に対しては債権者に代位することができない（五〇一条三項一号）。保証人が第三取得者に優先するわけである。次に、②第三取得者相互間では、各財産の価格に応じて債権者に代位することになり（同項二号）、これは物上保証人間でも同様とされる（同項三号）。そして、③保証人と物上保証人間においては、その人数に応じて債権額を分け（例えば、保証人が四名、物上保証人が二名とすると、保証人の負担部分が六分の四、物上保証人の負担部分が六分の二となる）、その範囲内で代位することになる（同項四号）。

（オ）根抵当については前に述べたが、これと同様に、債権者との継続的な取引に従って債務者の債務額が増減変更しても、あらかじめ決めた金額の枠（**極度額**）内の金額について保証するものに「**根保証**」がある。従来の民法には規定がなかったが、根保証と知らずに普通の保証だと思って保証人となった者が金融業者からの苛酷な取立てにさらされるという事態が社会問題化し、平成一六年の民法改正の際に、新たに貸金債務の根保証についての規定が追加された。そして、平成二九年の改正では、貸金債務に限らず、個人根保証一般に拡大された（四六五条の二以下）。例えば、中小企業への継続的な融資についてその社長が根保証人となるとか（個人貸金等根保証契約）、子がアパートを借りる際に親が保証人になる（個人根保証契約）などである。そして、これら個人根保証契約は、極度額の定めがないと無効になり（四六五条の二第二項）、極度額の定めは書面（又は電磁的記録）によるべきことが必要とされる（同条三項）。これまでと異なり、賃貸借における賃借人の債務の保証についても、極度額の定めが必要とされたこと（なければ無効）、また、主たる債務者又は保証人が死亡すればその時点で元本が確定すること（四六五条の四第一項三号）などは特に注意を要しよう。

(5) 連帯債務

（ア）**連帯債務**とは、性質上可分な債権（通常は金銭債権）の場合に、一人の債権者に対して多数の債務者が同一内容の債務を負担し、債権者はその全額の弁済を受けるまで、債務者中の任意の者に対して、全額の請求をすることができる関係である（四三六条）。連帯債務は、連帯債務者と債権者との間の契約によって成立するのを常とする（例えば、一般にはペアローンというが、夫婦で住宅をローンで購入する場合に、夫婦が連帯債務として二人あわせて三五年で返済するというローンを組むことがある）。また、多数の債務者の共同責任を認める必要のある場合には、法律上当然に連帯債務関係が発生することもある。商法その他の特別法にその例が多いが、民法でも、例えば、共同の不法行為により他人に損害を加えたような場合には、その共同不法行為者は、連帯して損害賠償の責任を負うものと定められている（七一九条）。

（イ）連帯債務者は、各自が独立し単独で全債務を負担すると同一の地位にあるものだから、たとい実際には金を借りる者に頼まれて連帯債務者となった場合でも、債権者に対する関係においては、かような内部的な事情を主張することはできず、全額の責任を免れることができない。のみならず、連帯債務者の一人について、その契約が無効であったり、又は取り消されるような事情があっても、その者が連帯債務関係から脱落するだけで、他の者は依然として連帯債務関係に立つ（四三七条）。この点は、連帯保証とは異なる点である。連帯保証人は、ほとんど連帯債務者と同様の責任を負うと前に述べたけれども、主たる債務者と債権者との間の契約が無効であったり、取り消されたりすれば、連帯保証人もまたその責任を免れる。いいかえれば、連帯保証もまた保証であるから、主たる債務がなければ成立しない（これは付従性という性質による）という点において、連帯債務と異なるのである。

（ウ）すべての連帯債務者は、債権者に対する関係においては、債務の全額について責任を負うものであるが、連帯債務者相互の内部間においては、負担部分をもっている。その負担部分がどんな割合であるかは、それぞれの場合によって定まる。連帯債務者中の一人が金を借り、他の者がそれを保証する意味で連帯債務者となった場合には、その金を借りた者の負担部分が一〇〇で、他の連帯債務者の負担部分は〇《ゼロ》である。これに反し、数人が共同して事業を営むための資金を連帯債務者として借りたような場合には、その負担部分は、各自平等ということになる。そして、連帯債務者中の一人が、債権者に弁済をした場合には、それにより共同の免責を得た割合で、他の連帯債務者に対して求償することができることは、保証人におけるとまったく同様である（四四二条―四四五条）。

（エ）連帯債務者間には、内部で責任の分担（負担部分）が予定されていて、主観的な共同の目的があること（主観的共同関係という）から、一人について生じた事由が他の債務者に影響を及ぼすことが定められている。影響を及ぼすことを絶対効、及ぼさないことを相対効というが、連帯債務には多数の絶対効が定められていたが、平成二九年の改正によって、絶対効があるのは、弁済や代物弁済は当然として（一人が全額の弁済ないし代物弁済すれば、他の債務者はもう弁済する必要はないのは当然である）、相殺（四三九条）、更改（四三八条）、混同（四四〇条）のみで、履行の請求（旧四三四条）・免除（旧四三七条）・時効の完成（旧四三九条）などは、各条文が削除され、相対効とされた（四四一条）。特に履行の請求が相対効とされたことは重要である。平成二九年改正前は、連帯債務者の一人に履行の請求をすれば、他の債務者にも請求した効果が生じ、その結果、全員に対して時効の中断（改正法では時効の更新）の効果が生じたのであるが、この改正によって、一人に請求しても、他の連帯債務者にはなんらの効果も生じないことになったので、債権者は、時効の進行をとめるためにも、各債務者に個別に履行の請求をしなければならないことになった。実務上、重要な変更である。

（オ）民法は、連帯債務と保証債務の他に、不可分債権債務と可分債権債務を認め、これらのものを一括して、多数当事者の債権及び債務と呼んでいる。「不可分債務」と「不可分債権」は、債務の目的物が不可分のもの（不可分給付）であるのに、債権者又は債務者が多数ある場合に生ずる関係である。例えば、乙丙丁三人が共同して甲から馬一頭を買った場合には、乙丙丁は、甲に対して、馬の引渡しという不可分債権を取得する。また反対に、甲が乙丙丁からその共有する馬を買う場合には、乙丙丁は、甲に対して、馬の引渡しという不可分債務を負担する。民法は、これらの点についても、相当複雑な規定を設けているが、要するに、不可分債権においては、債務者は、あたかも連帯債権者に対するように（平成二九年改正で新設された四三二条参照）、多数の債権者のうちの任意の一人に対しして弁済してもさしつかえないということであり、不可分債務においては、債権者は、あたかも連帯債務者に対するように、多数の債務者のうちの任意の一人に全部の弁済を請求することができるということである（四二八条と四三〇条）。

民法は、多数の債権者又は多数の債務者が共同して、金銭の支払というような可分のもの（可分給付）を目的とする債権関係を成立させた場合には、各債権者及び各債務者は、原則として、その頭数に応じて分割した債権を取得し、又は債務を負担するものと定めている（四二七条）。債権者や債務者が多数いる場合には、この分割債権・分割債務となるのが原則である。この原則によるときは、例えば、乙丙丁三人が共同して甲から三〇万円のものを買えば、各自一〇万円ずつの債務を負担することになる。しかし、これは債権者にとって不利益となることが少なくないから、実際にあたって、各場合の事情に応じて、この原則を制限することに努めなければならない。例えば、右の例においても、乙丙丁が連帯して代金債務を負担することを、暗黙のうちに特約（黙示の連帯）したと認められる場合も少なくないであろう。

(6)　譲渡担保

（ア）譲渡担保とは、債務者（譲渡担保設定者）が債権の担保の目的で財産権を債権者（譲渡担保権者）に譲渡することをいう。例えば、クリーニングを営む乙が、その所有するクリーニング用各種機器（水洗機・ドライ機・ボイラー等）を甲から三〇〇万円を借りる担保としてこれらを甲に譲渡し、乙がこの債務を甲に弁済したときには、その所有権は乙に戻る（受戻権という）が、弁済がされなかったときには、そのまま甲のものとして確定するというやり方である。債権者甲としては譲渡を受けることで担保の目的を達し、債務者乙としても質権の場合とは異なり、物を手許においてそのまま使いながら（すなわち占有改定での引渡しである）金融を得ることができて、お互いに好都合ということでわが国で金融の手段として広くこの方法が用いられてきた。法形式では「譲渡」、実質は「担保」ということから、所有権は甲乙いずれが有しているとみるべきか（譲渡担保の法的構成）などかねてから議論のある担保である。

目的物は、右のような動産だけでなく不動産にも設定されるし、絶えず出入りしている店舗の商品などのような流動集合動産といわれるものにも設定される。前述したように（八九頁）、平成一六年改正の動産債権譲渡特例法によって法人が動産を譲渡した場合に、動産譲渡登記をすることで、その動産について民法一七八条の引渡しがあったものとみなされ、第三者に対抗することができるようになった。法人がする動産譲渡一般に適用されるが、動産譲渡担保によって企業の資産調達を促進しようとの狙いがある。

また、近時は、新しいタイプの担保として、まだ発生していない将来発生する見込みの債権（将来債権）を譲渡担保にすることも広く行われている。債権が発生するかどうかが確実ではないのにそんなことが可能かどうか、何年先に発生するものまで可能かなど議論がされていたが、最近になって判例は、対象となった債権が他の債権から識別できる程度に特定されてさえいれば、債権発生の可能性が低くても有効であるという立場が採用された（最判平成一一年一月二九日民集五三巻一号一五一頁）。そして、平成一〇年には、法人がする将来債権譲渡担保の設定を第三者に対抗するための債権譲渡登記制度も創設された（動産債権譲渡特例法四条・八条）。

（イ）譲渡担保は、慣習によって生み出された担保であって、民法に規定がない。しかし、しばしば裁判上の問題となったので、これについて多くの判決がくり返され、現在では、判例法上確立された一つの制度となっている。問題になった第一の点は、弁済期に弁済できなかった場合である。譲渡担保は、担保権者からいえば目的物を丸取りできるうまみや競売という煩瑣な手続を回避できるという利便があった。丸取りのことをいまでは流担保型と呼んでいる。判例は変遷ののち、原則として丸取りを許さず、差額を返させる清算型であるとしたが、これには二つのタイプがある。①甲が目的物

（右の例ではクリーニング用各種機器）を処分して、その代価のなかから被担保債権の弁済にあて、残額は乙に返すという処分清算型といわれるものと②甲が目的物の時価と被担保債権の差額を返還する帰属清算型といわれるものである。なお、不動産の譲渡担保にあっては、すべて清算型であるというのが判例の態度である。

問題になった第二の点は、乙の債権者丙が目的物を差し押えた場合に、譲渡担保権者甲は、所有権者として差押えを阻止・排除できるかということである。多くの学者は譲渡担保を担保権的に構成し甲は配当に参加できるだけだと主張するが、判例は甲による第三者異議の訴え（民事執行法三八条）を認め、差押えの解除を認めている（最判昭和五六年一二月一七日民集三五巻九号一三二八頁）。このことから従来の判例は、所有権は譲渡担保権者甲にある（所有権的構成）とみているように思われるが、最近の判例では、所有権は譲渡担保設定者乙にあって、譲渡担保権者甲は担保権をもっていると構成している（担保権的構成）とみられるものもあって、この点の判例の立場は必ずしも明確とは言い難い。少なくとも弁済期後は、譲渡担保権者に換価処分権がある（より具体的にいえば、弁済期後は、譲渡担保権者甲が第三者丁に譲渡してもそれは確定的に有効で、譲渡担保設定者乙はもう取り戻すことはできない）と解されており、弁済期の前後が重要となっている。

(7)　仮登記担保

（ア）仮登記担保とは、例えば、一〇〇〇万円の融資を得るため、五〇〇〇万円の土地を担保に供する方法だが、債務者乙が借りた一〇〇〇万円を弁済期に弁済できない場合に、時価五〇〇〇万円の土地の所有権を融資者の甲に移し、一〇〇〇万円の債権を消滅させるという代物弁済の予約あるいは停止条件付代物弁済契約を結び、それについて仮登記をする方法である（なお、仮登記とは、将来所有権を取得したときにする本登記のために、あらかじめその順位を保全しておく効力をもつ登記である）。かなり広く行われ、金貸しなどでこれで財をなした者もあった。譲渡担保にあっては目的物の所有権は初めから融資者に移した形式になっているのに対し、これにあっては弁済期以後に移ることになる。仮登記をするので仮登記担保と呼ばれる。判例は長いこと、目的物の価額が被担保債権額の六倍ないし一〇倍もすれば公序良俗に反し、暴利行為として無効であるとし、しかし、三、四倍くらいまでなら丸取りを認めていた。それではオールオアナッシングではないか、担保なのだから担保権的構成、すなわち差額を返す清算型にすべきだと学説によって批判されていた。昭和四二年に最高裁は、処分清算型を認め、昭和四九年一〇月二三日の最高裁大法廷判決（民集二八巻七号一四七三頁）は帰属清算型と解すべきだとした。

（イ）目的物が不動産であることから抵当権とどう違わせるのかなど問題になり、昭和五三年に「仮登記担保契約に関する法律」（法律七八号）が制定された。この法律は、ほぼ昭和四九年の大法廷判決の線にそって作られた。すべて帰属清算型とし、設定者乙の債権者丙が差し押えたような場合は、仮登記担保権者甲は優先弁済を主張することができるだけだとした。

(8)　所有権留保　所有権留保とは、自動車の販売など、動産の売買において代金が完済されるまでは所有権を売主（ディーラーなど）に留めておくことである。代金が支払われなければ、売主は、留保していた所有権（留保所有権）に基づいて目的物の返還を求めることになり、売主にとっては代金債権の担保としての意味で所有権留保が用いられる。

第七章　物の貸借

一　物の貸借の法律関係

物の貸借も、金の貸借と同様に、われわれの生活において重要な作用を有するものであるが、その法律関係は、金の貸借の法律関係と違って、やや複雑である。貸借の目的となるものとしては、動産、家屋、宅地、農地などが主要なものであるが、いずれも賃貸借契約によって借主に賃借権を取得させることが最も普通である。しかし、動産と家屋とについては、この賃貸借以外に方法がないのに対し、宅地（植林地を含む）については、賃貸借のほかに地上権（二六五条）を設定することが可能であり、農耕地については、賃貸借のほかに永小作権（二七〇条）を設定することが可能である。賃借権は債権であるのに対し、地上権と永小作権とは物権である。従って、借主が地上権又は永小作権を有する場合には、土地が譲渡されて地主が変更しても、その地位は影響を受けない。また、その用益し得る期間は一般に長く、さらに、その用益する権利を他人に譲り渡すことができるのを本則とする。これに対し、借主が賃借権しかもたない場合には、目的物の所有者が変われればその権利を失い、用益し得る期間は一般に短かく（もっとも、平成二九年の改正で、賃貸借の期間は上限が二〇年から五〇年に長期化された。六〇四条）、かつ、その用益する権利を他人に譲り渡す自由をもたない。

かように、物権たる地上権又は永小作権と、債権たる賃借権との間には、根本的な差異があるが、民法がかような二つの制度を認めたのは、社会の必要に応じ、それぞれの場合に適当な制度が利用されることを予想したからである。しかし、実際には、貸主の地位が借主の地位よりもはるかに強いので、地上権や永小作権の設定されることはきわめてまれである。大部分の宅地の貸借は賃借権である。また、農耕地について永小作権が設定されているのは、わが国全体に数えるぐらいしかない状態である。そこで、民法施行以来、多くの特別法を制定して、この不動産の賃借人の権利を強化することに努めてきた。これを**不動産賃借権の物権化**という。すなわち、明治四二年の建物保護法（法律四〇号）、大正一〇年の借地法（法律四九号）、借家法（法律五〇号）の制定によって賃借人の地位は強化されたが、平成四年七月三一日をもってこれらの法律は廃止され、**借地借家法**（法律九〇号）に受けつがれることになった。なお、平成四年七月三一日までに設定された借地権、借家権については原則として旧借地法、旧借家法が適用される。不動産賃借権の物権化の具体的内容は、この後にそれぞれのところで説明するが、その要点をあげておけば、①存続期間の法定（長期化）、②契約の更新（正当事由による更新拒絶の制限）、③対抗力の付与、④譲渡性（信頼関係破壊の法理による解除権の制限）、⑤妨害排除請求などである（①〜③は立法、④と⑤は法解釈による物権化である）。

なお、物の貸借には、無償の貸借、すなわち使用貸借もあるが、経済的な意義が少ないので、右の説明では、これを無視したのである（使用貸借については、一四四頁参照）。

二　宅地の貸借

(1)　借地権の意義

宅地、すなわち、建物の所有を目的とする土地の貸借には、右に述べたように地上権と賃借権とがありうるが、実際には地上権が設定される場合はほとんどなく、だいたい賃借権だと考えても誤りは少ないであろう。借地借家法は、建物の所有を目的とする地上権と土地の賃借権とを一括して借地権と呼んで、借地権として規定している（同法二条一号）ので、その点でも地上権と賃借権とを区別する実益が少ない。

(2)　借地権の対抗力　借地の所有権が譲渡された場合に、借地権者がその借地の権利を第三者（土地の新所有者など）に主張しうるかどうかを借地権の対抗力という。物権である地上権はもちろん、債権である賃借権でも、登記をすれば対抗力をもつ（一七七条・六〇五条）が、賃借権を登記することのできるのは、地主（厳密には土地の賃貸人を地主というべきではないが、ここでは地上権と賃借権を区別せずに借地権設定者である土地所有者を地主ということにする）が任意に承諾してくれた場合だけだから、賃借権が登記される場合はきわめて少ない。この結果、賃貸不動産（ここでは借地）が売買された場合には、賃借人（ここでは借地権者）はその賃借権（借地権）を第三者である新地主に対抗することができず、賃借人は、建物を壊して、土地を新地主に明け渡されなければいけないことになる（これを「売買は賃貸借を破る」といい、こうした売買を「地震売買」という）。そこで、借地借家法は、かつての旧建物保護法の規定を受けついで、借地権者は、その土地の上にある自分の建物について登記すれば（自分の建物だからこの建物の登記には地主の承諾はいらない）、地上権又は賃借権についての登記がなくとも、第三者（新地主）に対して対抗することができるものと定めている（借地借家法一〇条）。建物の登記が借地権の対抗要件とされているわけである。もっとも、判例は、建物の登記名義は借地権者本人のものでなくては、たとえ同居する妻や子供など家族名義であっても、借地権の対抗力は認められないとする（長男名義につき、最判昭和四一年四月二七日民集二〇巻四号八七〇頁、妻名義につき、最判昭和四七年六月二二日民集二六巻五号一〇五一頁）。学説にはこれに反対するものが多い。

(3)　借地権の存続期間と更新　旧借地法は、その存続期間を建物が堅固（鉄筋コンクリート造等）か非堅固（木造等）かで区別していたが、現在の借地借家法はこうした区別をせずに、一律に三〇年とした。これ以上長期のものとすることはもちろんさしつかえない（同法三条）。期間が満了しても、建物があれば、借地権者は、契約の更新を請求することができ（同法五条）、地主はこれに異議を述べて更新拒絶することができるが、そのためには、地主に「正当の事由」があることが必要である（同法六条）。しかし、実際には借地の場合に、この正当の事由が認められることはほとんどない。

なお、平成三年に制定された借地借家法は更新のされない「定期借地権」なるものを定め、一定期間（たとえば五〇年）を経過すれば必ず借地権が消滅するタイプのものを作った（同法二二条―二四条）。すなわち、借地借家法は、更新のある借地権（普通借地権）と更新のない定期借地権を認めているわけである。

(4)　借地権の譲渡又は転貸　地上権者は、その権利を自由に他人に譲り渡すことができるけれども、賃借権者は、地主の承諾なしでは、賃借権を他人に譲渡したり、又は転貸することはできず、地主の承諾を得ずに、土地の賃借権を譲渡（無断譲渡）又は転貸（無断転貸）して、第三者に使用収益させたときは、地主は賃貸借契約を解除することができる（六一二条）。この点は、旧借地法によっても取り除かれなかった地上権と賃借権との差異であって、注意すべき点である。もっとも、今日では、判例上、賃借権の無断譲渡・転貸がされても、それが賃貸人（地主）に対する背信的行為と認めるに足らない特段の事情があるときは、解除権は発生しないとの法理（信頼関係破壊の法理ないし信頼関係論という）が確立しており（最判昭和二八年九月二五日民集七巻九号九七九頁）、信頼関係が破壊されていない限りは、解除することができないようになっていて、この点でも不動産賃借権が強化されている。

また、地主が、家屋とともにその敷地の賃借権を譲り受けた者に対して、その土地を貸すことを承諾しないときは、その譲受人から請求されれば、その家屋を時価で買い取らなければならない（**建物買取請求権**という。借地借家法一四条）。そして、このことは、地主を間接に強制して賃借権の譲渡を承諾させる力をもつことになる。しかし、それだけでは不十分なので、昭和四一年の旧借地法の改正で、さらに一歩進め、借地権者が借地の上の建物を譲渡しようとする場合に、その譲受人に借地人権を取得させても、その者の資力その他の点からみて地主に不利益となるおそれがないにもかかわらず、地主が借地権の譲渡を承諾しないときは、裁判所の許可（代諾許可）を受けて譲渡することができるとした。これらは借地借家法に受けつがれている（借地借家法一九条）。

(5)　地代　地代（ここでは賃貸借の借賃＝賃料を合わせて地代ということにする）は、当事者の契約によって定まることはもちろんだが、一たび地代を約定した後に、その土地の状況が変更し、その地代が不相当なものとなったときには、地主又は借地権者から、地代の増減を請求することができる（借地借家法一一条）。前に述べた事情変更の原則の一適用である。

借地権者が地代を滞納した場合の効果についても、地上権と賃借権とで異なる。地上権者が地代を滞納した場合には、引き続き二年以上滞納したときでなければ、地主は地上権を消滅させることはできない（二六六条・二七六条）。これに反し、賃借人が地代を滞納した場合には、地主は相当の期間を定めて催告した上で、賃貸借契約を解除することができる（五四一条の適用）。

三　建物の賃貸借

(1)　借家権の意義　　借家について物権を取得するという制度は、民法は認めておらず、建物の貸借は賃貸借であって、借家人（建物賃借人）の取得する権利は賃借権である。建物の賃借権は一般に**借家権**ともいわれる。建物の賃貸借についても、それが居住用であるか、営業用であるかを問わずに、借地借家法が適用される（ただし、あるイベント開催のためなど、一時使用のためのものは除く。同法四〇条）。

(2)　借家権の対抗力　　建物の賃借権についても、登記をすれば建物の新所有者に対抗することができるが（六〇五条）、何か特別の事情でもない限り、借家について登記があるという例はほとんど絶無であろう。この結果、借家人は賃借権（借家権）を建物の新所有者に対抗することができず、建物から退去しなければならないこととなる（前述「売買は賃貸借を破る」）。そこで、借地借家法は、旧借家法の規定を受けつぎ、借家人は、その登記がなくても、その借家の**引渡し**を受けておれば、借家の所有者が代わっても、新所有者に対して借家権を対抗することができるものとした（同法三一条）。引渡しが借家権の対抗要件とされているわけである

(3)　借家権の存続期間　　借家について存続期間は、一般には二年～三年と定められることが多い

が、存続期間が定められない場合もある。期間の定めがある場合には、期間満了の六か月前までに契約を更新しない旨の通知をしなければ、自動的に契約は更新されることになる（法定更新という。同法二六条一項）。また、期間の定めがない場合には、家主は六か月以上の猶予期間を置いて借家人を立ち退かせることができる（同法二七条一項）。しかし、約定期間が経過したことを理由として立ち退かせる場合にも、六か月の猶予期間を置いて立ち退かせる場合にも、ともに、「正当の事由」がある場合でなければ、更新を拒絶することは許されないことになっている。正当の事由の有無は、各場合について決定すべきことであるが、家主側のそれを必要とする事情、借家人側のそれを必要とする事情も比較考量し、それまでの経過、建物の利用状況、明渡しの条件として家主が申し出た立退料などを考慮して判断することになる（借地借家法二八条）。地価が高騰したバブル経済の頃には、正当の事由を認めるために一億円以上もの立退料が必要とされた事例が多数あった。なお、平成一二年三月から、正当の事由の有無にかかわらず、契約は更新せずに契約で定めた期間の満了により契約が終了するという更新のない借家権（定期借家権）も導入された（定期借家とか定期建物賃貸借という。同法三八条）。

(4)　借家権の譲渡又は転貸　借家人は、家主の承諾を得なければ、その借家権を譲渡し、又は転貸することはできない（六一二条）。無断譲渡・転貸して借家を第三者に使用収益をさせれば、家主は賃貸借契約を解除し、借家人を追い出すことができる。ただ、ここでも借地権で述べたと同様、解除権を認めるためには、そうした無断譲渡・転貸が家主との信頼関係を破壊するものでなければならず、信頼関係の破壊がなければ解除は認められない（信頼関係破壊の法理ないし信頼関係論）。

借地の場合、契約の更新がなく借地契約が終了する場合、借主は借地上の建物の買取りを地主に請求することができるが（建物買取請求権。同法一三条）、これと同様に、借家人は、家主の承諾を得てその建物につけた畳、建具、その他の造作については、賃貸借が終了した際に、その時の家主に対して、時価でこれを買い取るように請求することができる（造作買取請求権という。同法三三条）。しかし、借地の場合と異なり、借家の場合はそうした買取りはしない旨の特約すればそれに従うことになる（同法三七条）。建物買取請求権も造作買取請求権も、請求権というが、それは形成権であって、借主の一方的な意思表示によって、地主又は家主の承諾がなくても、時価での売買が成立した扱いとなる。なお、建物買取請求権が行使されると、借地権者は、その買取代金の支払を受けるまでは、建物の引渡しのみならず、敷地（借地）の引渡しも拒絶することができるとされる（最判昭和三五年九月二〇日民集一四巻一一号二二二七頁）が、造作買取請求権が行使されても、借家人は、造作代金の支払があるまで、建物を明け渡さないとはいえないとされている（最判昭和二九年七月二二日民集八巻七号一四二五頁）。

また、居住用建物の賃借人が死亡して相続人がないときは、死亡当時に同居していた内縁の夫婦又は事実上の養子は、賃借人の権利義務を承継することができる（借地借家法三六条）。また、判例は、相続人がいる場合には、同居していた内縁の配偶者や事実上の子は、相続人の賃借権（賃借権は相続される。八九六条参照）を援用して、家主に対抗することができるとして（最判昭和三七年一二月二五日民集一六巻一二号二四五五頁。援用理論という）、これら同居者を保護している。

(5)　家賃

契約によって定められた家賃も、その後事情が変更すれば、家主又は借家人からその増減を請求しうること（**借賃増減請求権**。借地借家法三二条）及び借家人が家賃を滞納した場合には、家主は相当の期間を定めて催告して、契約を解除しうることなどは、すべて宅地の賃貸借の場合と同一である。

(6)　敷金　借家契約には、敷金が交付される場合が多い。平成二九年の改正で、敷金についての規定が新設された。**敷金**とは、いかなる名目によるかを問わず、賃料債務その他の賃貸借に基づいて生ずる賃借人の賃貸人に対する金銭の給付を目的とする債務を担保する目的で、賃借人が賃貸人に交付する金銭をいう（六二二条の二）。問題となるのは、賃貸借終了の際の敷金の運命である。判例によれば、賃貸借が終了すると、明渡しの時までに、賃借人が、家賃の滞納、家の損傷などによって債務を負担しておれば、その額は当然敷金から控除され、その残額だけについて、賃借人は家主に対して返還を請求することができる。もし賃貸借の継続中に家主が変更すると、その時までの滞納家賃などを差し引いた残りの敷金返還義務は、新家主に当然承継される（最判昭和四四年七月一七日民集二三巻八号一六二〇頁）。つまり賃借人は、常に賃貸借終了の際の家主から敷金の返還を請求することができる。いずれもこの判例の立場が平成二九年の民法改正で明文化された（前者の敷金返還の範囲及び時期につき、六二二条の二第一項、後者の敷金の承継につき、六〇五条の二第四項）。

最近では、敷金のうち一定割合（たとえば敷金の二割）を差し引いた額を返還するという特約（**敷引特約**という）が結ばれることが多くなってきた。本来敷金は賃借人の債務不履行の担保のためのものであるから、債務不履行がなければ全額返還すべき性質のものである。そこで、こうした特約の有効性が議論される。判例は、消費者契約法一〇条の適用に関して、敷引金の額が高額に過ぎなければ有効であるとした（最判平成二三年三月二四日民集六五巻二号九〇三頁）。

(7) サブリース契約　不動産会社（サブリース業者）が初めから第三者への転貸目的で、建物を所有者から一括して借り上げる契約が広く行われている（このサブリースを用いた不動産投資詐欺事件が社会問題ともなっている）。賃借人である不動産会社は自分では使用するつもりはなく、ただ目的は転貸による利益をあげることにあるわけで、通常の賃貸借とはだいぶ事情が異なる。こうした**サブリース契約**を通常の賃貸借ないし転貸借と扱ってよいか、とりわけ借地借家法の適用があるかについて議論があるが、判例は、通常の建物賃貸借と同様に扱って、借地借家法の適用を認めている（最判平成一五年一〇月二一日民集五七巻九号一二一三頁）。

四　農地の貸借

(1) 賃借小作権

(ア) 農地を耕作する権利　農地とは耕作の目的に供される土地である。農地を耕作する権利は一般に耕作権といわれているが、この耕作権には、耕作者が物権である永小作権を有する場合と債権である賃借権を有する場合とがある。永小作権は、埋立地や新開墾地などの、地主と耕作者とが共同して田畑をつくったような、特殊の土地に例外的に存在するに過ぎないものであって、普通の農地の貸借は、ほとんどすべて賃貸借、すなわち、賃借小作権である。農地には、農地法が適用される。ここでは、民法の学習でも知っておいたほうがよい特徴のいくつかを説明するにとどめる。

(イ) 賃借小作権の対抗力　賃借小作権は、これについて登記がなくとも、農地の引渡しがあったときは、第三者に対抗することができる（農地法一六条）。借家法と同一の趣旨である。

（ウ）　賃借小作権の存続期間と農地の転用　　賃借小作権の存続期間は、五〇年を超えない範囲で、契約で定めることができる（六〇四条。平成二九年民法改正によって旧農地法一九条は削除された）。また、農地を農地以外の他の目的（例えば宅地や工場敷地）に転用するためには、都道府県知事の許可を得なければならない（農地法四条・五条）。

（エ）　賃借小作権の設定又は移転　　賃借小作権を設定したり、それを譲渡・転貸するためには、原則として、市町村の農業委員会の許可が必要であり（農地法三条）、許可がなければ無効である（同法三条七項）。賃借小作権の譲渡や転貸を認めることは、小作関係における中間搾取を許す結果となることがあるので、借地権や借家権の譲渡の場合とは、大分その意味を異にする。実際には許可を受けない無許可の賃貸借（一般にはヤミ小作といわれる）も少なくないようである。

なお、農地の賃貸借契約では、契約内容を書面化することが求められている（同法二一条）。

(2)　永小作権　　前に述べたように、永小作権（二七〇条）は、前述した特殊な場合やわが国の特殊な地方にしか存在しない制度である。登記をすれば対抗力を取得するが（一七七条）、単に引渡しを受けて耕作するだけでは対抗力はない。永小作権者は、設定行為で禁じない限り、その権利を譲渡し、又は転貸することができる（二七二条）。その他、民法の永小作権に関する規定は、賃借小作権に関する規定よりも、比較的小作人に有利ではあるが、なお実情に適さない点が多い（二七四条—二七六条参照）。とりわけ、存続期間が問題である。永小作権は、文字どおり、永久の権利とされるのが多かったが、民法は、所有権を尊重する立場から、その期間を二〇年以上五〇年以下と限定し、五〇年以上の期間が約束された場合にも、五〇年に短縮するものとしている（二七八条）。

五　その他の物の貸借

以上述べた宅地、建物及び農地の貸借は、物の貸借のうちで最も大きな経済的作用を営むものであって、そのすべてについて、民法の規定は、特別法によって修正を加えられている。この三つの物以外の物の貸借については、もっぱら民法の規定が適用されることになるが、その主要な点を簡単に述べよう。

(1)　建物以外の工作物の所有目的　建物以外の工作物（橋・池・軌道など）を所有するため、又は植林のために、他人の土地を利用する賃借関係には、物権である地上権と債権である賃借権とがある。地上権が設定されている場合には、民法の地上権の規定（二六五条―二六九条の二）が適用され、賃貸借契約がなされている場合には、民法の賃貸借に関する規定（六〇一条―六二二条の二）が適用される。賃貸借契約の場合には、地上権の場合よりも、借主の地位の弱いことはいうまでもないが、地上権の場合にも、借地借家法の適用はないから、宅地についての地上権に比較すれば、その効力は弱いものである。

なお、特殊な地上権として、地下又は空間について上下の範囲を定めて工作物を所有するために地上権を設定することができる（二六九条の二）。これを区分地上権という。地下鉄の敷設や地上空間にモノレールや高圧電線を架設するなどである。

(2)　牧畜のための永小作権　牧畜のために他人の土地を使用する関係には、永小作権が設定されている場合もある。この場合には、もちろん民法の永小作権に関する規定（二七〇条―二七九条）が適用され、借主の地位は相当強力であるが、農耕地についての永小作権が非常に少ないのと同様に、牧畜のための永小作権も非常に少ない。ほとんどすべての場合は、賃貸借契約である。しかし、この場合についても、前に述べたように農地法の保護が加えられている。

(3)　動産の貸借　動産の貸借（レンタル）も、有料でなされる場合には、賃貸借として、民法の賃貸借の規定の適用を受ける。レンタカー、レンタサイクル、レンタルボートなどである。

(4)　使用貸借　物の貸借が無償でなされる場合には、民法は、これを**使用貸借**（五九三条）と呼んでいる。無償の使用貸借と有償の賃貸借との主要な差は、①使用貸借では、貸主はその目的物を借主に用益させればよく、用益するに必要な費用は、借主の方で負担しなければならない（五九五条一項）のに対し、賃貸借では、貸主はその目的物を用益に適するようにしてやらなければならないために、目的物を用益する必要な費用や修繕は、貸主の方でこれを負担しなければならない点（六〇六条一項・六〇八条一項）と、②使用貸借はもともと好意的な関係だから、借主の方で一通り用益を終れば、これを返還しなければならない（五九七条）のに対し、賃貸借では、貸主と借主の利害が対立することがあるので、特に賃貸借の終了などに関し、借主の地位を慎重に考慮しなければならない点などであるが、③両者の最大の違いは、なんといっても借地借家法の適用の有無であろう。借地借家法の適用によって借主の立場は格段と強化されることになる。この点で社宅の利用関係が賃貸借か使用貸借かで争われるケースが少なくない。

なお、平成二九年の改正で、使用貸借は、要物契約から諾成契約に変更された（五九三条）。ただ、書面で契約をしていなければ、貸主は、借主がその物を受け取るまでは、契約を解除することができる（五九三条の二）。

第八章　他人の労務を利用する契約

一　他人の労務を利用する契約の態様

他人の労務を利用する契約には、①雇用、②請負、③委任の三つの型がある（委任の一種である寄託は次章で扱う）。①雇用は、例えばお手伝いさんと雇主との関係のように、労務自体を契約の内容とし、使用者の方で労務者［労働者］を指図して、その者の労務を利用するという目的を達するものである。②請負は、例えば建築業者と注文者との関係のように、仕事の完成を契約の内容とし、労務者［請負人］が自主的に自分の労務を按配して、完成した仕事を注文者に交付するものである。また③委任は、例えば弁護士と訴訟依頼人との間の関係のように、一つのまとまった事務の処理を契約の内容とし、労務者［受任者］の方でその自由裁量によって労務を按配して事務を処理し、委任者はこれを信頼して、その処理をこれにまかせるものである。従って、雇用においては、労働者は使用者に対して従属的な関係に立つのに反し、請負と委任においては、請負人と受任者は、かような関係に立たないのを常とする。しかし、この雇用、請負、委任の三つの型の違いは、右に挙げた例のように、典型的な場合をとらえれば相当明瞭であるけれども、実際上は、その区別の不明瞭なものも少なくない。例えば、定まった業者からの下請けを専門にする小規模の家内工業者や会社専属の弁護士（最近は、企業と雇用関係にある企業内弁護士も多い）などは、請負人ないし受任者としての独立の地位をもつことはきわめて少なく、むしろ被用者の地位に立つものとみてよいであろう。労働法が、経済的に従属的な地位に立つ被用者を保護しようとする場合には、右のような被用者に似た地位をもつ請負人や受任者をも同様に取り扱うことが必要となる。そこで、従来、民法が雇用、請負、委任と、いわば縦に区別したのに対し、労働法は、これを、従属的な地位に立つ者とそうでない者という標準で、いわば横に区分し、その契約の内容が雇用であるか、請負であるか、委任であるかには関係なく、その地位が従属的であるかどうかによってこれを区別し、従属的な地位に立つ者とこれを使用する者との間の契約をすべて労働契約と呼び、労働法規（現在では平成二〇年三月一日の施行の労働契約法が重要である）の適用を受けるものとしている。労働法や労働契約の内容を詳説することは、本書の範囲に属さないので省略する。

二　雇　用

(1)　雇用の意義　雇用は、労働者が労働に従事することを約し、使用者が報酬を与えることを約することによって成立する契約である（六二三条）。右に述べたように、今日では、ほとんどすべての雇用契約は、労働契約として、これに関する多数の労働法規の適用を受けることになったので、民法の雇用の規定（六二三条―六三一条）がそのまま適用になるのは、ほとんど家庭の使用人（お手伝いさん、書生さんなど）の雇用関係に限る有様である。

(2)　雇用の主な規定　民法の雇用の規定のうちでは、賃金が後払いであること（六二四条）、雇用が中途で終了したときや労働に従事することができなくなったときには、たとえ使用者に帰責事由がないときでも、労働者はすでに履行した割合に応じて報酬を請求できること（六二四条の二）、雇用の期間は、五年を超えると、いつでも契約を解除することができるとされていること（六二六条一項。ただし、使用者からの解除は三か月前、労働者からの解除は二週間前にその予告をしなければならない。同条二項）、雇用の期間の定めのない場合に解約するには、二週間の猶予期間を必要とすること（六二七条）などが、注意すべき点である。

(3)　身元保証　雇用契約には、しばしば身元保証人が立てられる。**身元保証人**は、①被用者が金を使い込んだりして使用者に損害をかけて、損害賠償の義務を負った場合に、これを保証することと、②被用者が病気にでもなったような場合に、これを引き受けて使用者に迷惑をかけないようにする責任を負うものである（今日では、前者①を身元保証人、後者②を身元引受人と呼んで区別する者が多い）。従って、身元保証人の責任はすこぶる重い。しかるにわが国では、きわめて軽率に身元保証人となり、被用者が多額の金を使い込んだために使用者から賠償責任を追及されて、困却する例がしばしば生ずる。軽率に身元保証人となる者も悪いには相違ないが、かような関係を当事者の簡単な契約に任せておくことは妥当でないので、昭和八年に**身元保証法**（法律四二号）を制定して、身元保証人の責任に一定の合理的な制限を加えることにした。すなわち、身元保証法の定めによれば、身元保証の存続期間は、定めのないときは三年であり（同法一条。商工業見習者は五年）、定めをもっても五年を超えることはできない（同法二条）とされ、被用者が業務上不適任・不適切なことがあったなど身元保証人の責任が生じるおそれがあるときには、使用者は、身元保証人へ通知する義務があり（同法三条）、その通知を受けた身元保証人は、身元保証契約を将来に向って解除することができるとされている（同法四条）。同法に規定はないが、身元保証債務はすでに生じたもの以外は、相続されないと解されている（大判昭和一八年九月一〇日民集二二巻九四八頁）。

(4)　安全配慮義務　使用者は労働者の生命・健康・安全に配慮する義務がある（労働契約法五条にもその旨の定めがある）。**安全配慮義務**とは「ある法律関係に基づいて特別な社会的接触の関係に入った当事者間において、当該法律関係の付随義務として当事者の一方又は双方が相手方に対して信義則上負う義務として一般的に認められるべきもの」であるとされ（最判昭和五〇年二月二五日民集二九巻二号一四三頁）、今日では、雇用・労働関係（労災事故）に限らず、広く体罰・いじめを含めて学校事故などにも適用されるきわめて重要な法理となっている。

三　請　負

(1)　請負人の仕事完成義務　請負人は、契約の目的たる仕事（建物の建築、車の修理、物品の運送など）を完成する責任（**仕事完成義務**）を負う（六三二条）。その仕事自体は必ずしも自分でしなければならないのではなく、いわゆる**下請負人**にやらせてもよいものであるが、この下請負人の仕事に不備があったような場合には、元《もと》請負人はこれについて全責任を負わなければならない。

請負の目的が物の製作であるときは、請負人は、その完成物を注文者に引き渡す義務がある。製作物がいつから注文者のものになるか、特に建物建築工事の請負に関して議論されているが、判例は、請負人が材料の全部又は主要部分を提供している場合には（普通はそうである）、原則として、完成した建物の所有権は請負人に帰属しており、注文者への引渡しによって所有権は注文者に帰属するものと解している（請負人帰属説という。大判大正三年一二月二六日民録二〇輯一二〇八頁）。自己の材料で製作したものは引渡しまでは製作者に帰属するのは当然だからである（そうすることで請負代金が確保されるという意味もある）。もっとも、近時は、建物の場合には請負人に敷地利用権がないことなどから、完成した建物は最初から注文者の所有に帰するという説（注文者帰属説）が支配的になっている（特約を根拠として注文者帰属を認めた最判平成五年一〇月一九日民集四七巻八号五〇六一頁が注目されている）。

(2)　請負代金・報酬　民法は、請負の代金は後払いである（六三三条）。仕事の完成が途中でできなくなった場合でも、また、仕事の完成前に請負契約が解除された場合でも、すでにした仕事の結果が可分であり（可分性）、かつそれによって注文者が利益を受けるとき（利益性）は、請負人は、注文者の受ける利益の割合に応じて報酬を請求することができる（六三四条）。なお、仕事の完成ができなくなったことの責任が注文者にあるときは、請負人は全額の報酬を請求できると考えられる（五三六条二項参照）。

仕事の完成までは、請負人は、自分の危険と計算とにおいてこれをしなければならないから、例えば、家屋の建築の途中で暴風に吹き倒されたような場合には特約のない限り、その損失を請負人が自分で負担し、注文者に割増代金（増加費用）を請求することはできない。建物が完成した後、注文者に引き渡すまでの間に、建物が落雷や放火で焼失してしまったような場合に、請負人は報酬の請求をすることができるかが問題となる。請負における危険負担の問題として議論されてきたが、平成二九年の改正により、売買の場合と同様に扱われ、目的物の滅失・損傷の危険は、目的物の引渡しによって、請負人から注文者に移転すると考えられ（五五九条による五六七条の準用）、引渡し前の滅失の場合、注文者は、報酬支払の履行を拒絶することができることになると思われる（五三六条一項）。

(3) 請負人の瑕疵担保責任　請負の目的物に欠陥（瑕疵）があった場合に、請負人の負うべき瑕疵担保責任の内容などについて、相当詳しい規定をしていた（旧六三四条―旧六四〇条）が、平成二九年の改正で、そのほとんどが削除された。改正法では、売買の場合と同様の契約不適合責任として処理すればよいと考えられたからである（五五九条で売買の規定が準用されることになる）。すなわち、注文者から請負人に対する修補や工事のやり直しを求める追完請求権（五六二条の準用）、報酬減額請求権（五六三条の準用）、損害賠償請求権及び解除権（五六四条の準用→四一五条の債務不履行）である（請負特有の規定として六三六条参照）。

また、注文者が契約不適合を知った時から一年以内に請負人にその通知をしないと、前記の権利行使ができなくなるとする通知懈怠の失権効についても、売買と同様である（六三七条。一〇〇頁参照）。

(4) 注文者の契約解除　請負人の仕事が完成したら、注文者は契約の解除をすることができないが、完成しない間は、いつでも契約を解除することができる。ただし、それによって請負人に生じた損害は賠償する必要がある（六四一条）。この場合、割合的報酬請求ができることについては、前述した。

四　委　任

(1) 委任の特色　委任は、委任者が受任者の人物と能力を信頼して、なんらかの事務の処理を委託するものである。売買の代理のように法律行為をすることの委託を**委任**といい（六四三条）、ビルの管理や医師の診察など法律行為ではない事務の委託を**準委任**という（六五六条）。委任者と受任者の間に信任関係があるということが、この契約の大きな特色である。例えば、受任者は、たとい無償で事務を引き受けた場合にも、**善良な管理者の注意**（**善管注意**）をもって、自分自身で誠実にその事務を処理しなければならないこと（自己処理義務とか自己執行義務という。六四四条）、委任が終了した際に、もし委任者が自分でその事務を処理することのできない事情があるときは、受任者はなお必要な善後処理を講じねばならないこと（善処義務という。六五四条）、委任者からも、受任者からも、いつでも解除することができること（六五一条。**無理由解除**ないし自由解除という）などは、いずれも委任のこの特質から導かれる結果である。

(2)　委任者の義務　民法は、委任は**原則として無償**のものとし、特に報酬を支払う約束がなければ、受任者は委任者に対して報酬を請求することができないものとしている（六四八条一項）。しかし、例えば、弁護士に訴訟や事件処理を委任する場合のように、有償であることが慣行となっている場合には、これに従うべきことはいうまでもない。平成二九年の改正によって、報酬が支払われる委任には、①アパートの管理のように、履行した割合に応じて報酬が支払われる場合（履行割合型）と②不動産売買や賃貸の仲介のように、委任事務の結果として達成された成果に対して報酬が支払われる場合（成果完成型）とに分けて、規定を設けた（①履行割合型につき、六四八条三項、②成果完成型につき、六四八条の二）。

なお、無償の場合にも、委任者は受任者に損害を蒙らせるべきではないから、委任事務を処理するに必要な費用を前払いしなければならないだけでなく（六四九条）、たとえ委任者はなんらの過失がないときでも、受任者が委任事務を処理するために自己に過失なく蒙った損害を賠償しなければならない（六五〇条三項）。委任者の無過失責任を定めたものである。

(3)　委任と代理　受任者は、同時に、本人を代理する代理権をもつことが少なくない。例えば、弁護士に対する訴訟事件の委任の場合はもちろんであるが、不動産業者に対して土地や家屋を売却することを委任するような場合にも、受任者は、本人を代理してその委任された事務を処理する権限をもつことがある。もっとも、法律的にいえば、委任と代理とは同一のものではない。代理は、本人に代わって第三者と取引をすることについての関係であり、委任は、契約の当事者間における、費用を償還するとか、預かった金を返すとか、報酬を請求するというような、内部的な関係である。だから、取引行為の処理を委任された受任者が本人を代理する権限を有するというのは、かような場合の本人と受任者との間の契約は、単にその取引行為を委任するというだけでなく、さらに進んで、この事務を処理するために必要な代理権を与えるという内容をもつことになる。わが国で、普通、代理権を与える書類を委任状といっているのは、この事実に基づくものである。

(4)　事務管理　委任は、あらかじめ頼まれて、他人のために事務を処理するものであるが、頼まれないで、好意で自ら進んで他人の事務を処理する場合もある。このように義務なくして他人の事務を処理することを事務管理という。例えば、旅行中で留守にしている隣人のために、隣人がほしがっていた特価品を買ってやったり、突然の暴風で壊れた隣家の屋根や窓ガラスを修繕してやったりするような場合である。かような場合に、隣人がその好意に感謝して、その行為を追認するなら、いいかえれば、自分が頼んでやってもらったものとみなすなら、初めから委任関係があったものとして両者の関係を処理してよいであろう。しかし、隣人が追認しない場合でも、頼まれないでやった人（管理者）のために、その事務を処理するに必要であった費用の償還請求だけは、これを認めなければならない。管理者は、本人に対して費用償還請求権を有するとされているわけである（七〇二条）。他方、好意であれ、管理を始めた以上、途中で嫌になってやめてしまうのでは、かえって本人は迷惑である。そこで民法は本人等が管理をすることができるまでは、事務管理を始めた者は管理継続義務を負うものとしている（七〇〇条）。

なお、事務管理をした者は本人に対して報酬を請求することは認められない。しかし、特別法でこれを認めているものがある。遺失物法がその一例である。遺失物を拾って警察に届け出ることは、事務管理だが、届け出た者は、落とし主（遺失者）に対して落とし物（遺失物）の価格の五分以上二割以下の報労金を請求することができる（同法二八条）。また、事務管理をしたことで損害を蒙っても、本人に損害賠償請求することもできない。

第九章　寄託と信託

一　寄　託

寄託とは、寄託者が受寄者に物の保管を頼む契約である（六五七条）。寄託は、物を預かる者（受寄者）が物を受け取ることによって成立する要物契約であるとされていたが、平成二九年の改正で、諾成契約に変更された（同条）。その上で、寄託者は、受寄者が寄託物を受け取るまでは、契約を解除することができるとされた（六五七条の二第一項）。また、無報酬の受寄者は、書面による寄託の場合を除き、寄託物を受け取るまでは、契約を解除することができるとされた（同条二項）。

寄託は、原則として無償・片務契約であるが、物を預けた者（寄託者）が保管料を支払う場合には、有償・双務契約ということになる。有償寄託では、受寄者は善良な管理者の注意（善管注意）で物を保管する義務を負う（四〇〇条）が、無償寄託では**自己の財産に対するの同一の注意**でよい（六五九条）。

寄託は物の保管という事務処理の契約で、（準）委任の一種であるから、委任の規定が多く準用されている（六六五条）。

物を預けた寄託者からは、期間の定めがあるときでも、ないときでも、いつでも寄託契約を解除（告知）して、寄託物の返還を請求することができる（六六二条）。他方、預かった受寄者からは、期間の定めがないときは、いつでも契約を解除（告知）して、寄託物を返還することができる（六六三条一項）が、期間を定めたときは、やむを得ない事由（例えば、なんらかの事故で保管の安全性を保つことができない危険な事態等）がなければ、その期限前に返還をすることができない（同条二項）。

二　特殊な寄託

(1)　混合寄託　複数の者から穀物や石油など同種・同等の代替物を預かり、それを混ぜて保管する形態を**混合寄託**という。平成二九年の改正によって、規定が設けられた。混合寄託の要件として、すべての寄託者の承諾を得ることが必要であるとされ（六六五条の二第一項）、各寄託者は、単独で返還請求をすることができるとされた（同条二項）。また、一部が滅失した場合には、総寄託物に対する寄託した物の割合に応じた数量の物の返還を請求できるとされている（同条三項）。

(2)　消費寄託　普通の寄託は、受寄者は預かった物を保管して、預かったその物を返還するのであるが、**消費寄託**は、これと異なって、受寄者が預かった物を消費して、それと同種、同質、同量の物を返還する特殊な寄託である（六六六条一項）。銀行が金を預かるのが、その典型的な例である（最判平成二一年一月二二日民集六三巻一号二二八頁）。民法は、これを寄託の一種であり、寄託に関する規定が適用されるが、目的物の占有と処分権が移転する点は消費貸借と同じであるので、その限度で消費貸借の規定（貸主の引渡義務に関する五九〇条と借主の価額償還義務に関する五九二条）が準用される（六六六条二項）。また、預貯金については、寄託の場合と異なり、受寄者たる銀行は、返還時期の定めがある場合であっても、いつでも返還をすることができるとしている（すなわち、返還を制限することはしない。消費貸借の規定（五九一条第二項及び第三項）を準用している寄託の規定（同条二項）の適用ではなく、消費貸借の規定（六六六条三項）。

銀行の預金に関連して、**債権の準占有者に対する弁済**がしばしば問題となる。預金通帳と印鑑を盗んだり拾ったりした者が、それを使用して、預金者本人のふりをして預金を引き出すような例である。かような場合には、銀行がその人を預金者本人だと——善意・無過失で——誤信したときは、その支払は有効である（四七八条）。**債権の準占有者**とは、真実の債権者ではないが、周囲の事情（外観）からいかにも債権者らしく見える者のことである（本人だけでなく、詐称代理人も含む）。平成二九年の改正で、債権の準占有者という文言は、「取引上の社会通念に照らして受領権者としての外観を有するもの」に改められたが、内容的に変わるところはないと思われる。銀行預金だけでなく、郵便貯金などについても、同様の問題を生ずる（なお、偽造カードや盗難されたカードによる払戻しから預貯金者を保護する預貯金者保護法が平成一七年に制定されている）。

債務の弁済ということは、日常生活においてきわめて頻繁に行われることであるが、債務者は、相手がはたして真実の権利者（債権者自身又はその正当な代理人）であるかどうかを調査することは非常に困難であり、またその調査をやらせては、弁済が遅滞して、ひいては債権者も迷惑する。そこで、債務者が相当の注意を用いて弁済をした以上、たとい、真実の権利者でない者に弁済した場合でも、その弁済は有効なものとし（その結果、その債権・債務は消滅することになる）、そのために真実の権利者がまれに損害を蒙ることがあってもやむを得ないという態度をとったのが、右の債権の準占有者に対する弁済の規定である。

なお、債権の準占有者に対する弁済が有効だという規定は、銀行預金に限るのではなく、すべての債務に適用されることである。ここで比較的適用の多い場合について説明したに過ぎない。真実の権利者でない者に対する弁済が有効となって、債権者が損害を蒙った場合には、債権者は、その弁済を受けた者に対して、不法行為又は不当利得などを理由として、損害賠償ないし利得の返還を請求することができることはいうまでもない。

三　信　託

寄託に似たものに、信託という制度がある。**信託**は、委託者甲が金銭や土地などの財産（信託財産）を受託者乙に移転し、受託者乙の裁量によってこれを運用させ、その収益を受益者（委託者甲又はその指定する第三者丙）に給付させる契約である。例えば土地信託のように、所有する土地を信託銀行に預け、信託銀行がその土地を有効活用してその利益を分配するというような例である。受託者乙は名目上信託財産の所有権をもつことになるが、その管理・処分は受益者のために忠実に行う義務（忠実義務）を負う。受託者は、委託者の信頼を受けて、その受託物を運用するのであるから、その点においては、委任に似ているともいえるが、委任は財産の存在を必ずしも前提とするわけではなく、財産の存在を前提とした委任の場合でも、委任者本人が処分権を有するのが原則であるなど両者には違いもある。信託は、寄託と委任との中間に位するような特殊な契約関係であって、実際上利用されることも多い。わが国では、大正一一年に、信託法（法律六二号）を制定して、法律関係を明瞭にするとともに、信託業法（法律六五号――平成一六年に全面改正された。平成一六年法律一五四号）を制定して、信託を受けることを営業とする者の取締りを定めた。そして平成一八年一二月に信託法が大改正され、委託者が自ら受託者となる自己信託や受益者の定めのない目的信託など新しい形態の信託が創設されるなど、信託の範囲が広げられた。

第一〇章　和解と調停

一　和　解

(1)　和解の意義　**和解**とは、権利関係について争いのある当事者が、互いに譲歩（互譲）して、その間の争いをやめて、権利関係を確定させることを目的とする契約である（六九五条）。例えば、甲が乙に一〇〇万円支払えと主張して、乙はこれを争ったが、互いに譲歩して、乙は甲に五〇万円を支払うことで和解するような場合である。和解の契約が成立すれば、その契約通りの効力を生ずることはいうまでもない。ただ、後になって、和解で定められたことが、事実に反しているという明瞭な証拠が出たときに、紛争がむしかえされるおそれがあるので、民法は、一たび和解によって権利関係が確定された以上は、たとい後にその結果が真実に反することとの確証が出ても、和解の結果は動揺しないものと定めた（六九六条。和解の**確定効**という）。例えば、右の例で、後になってその争われた金額が確かに一〇〇万円であったこと（又はすでに乙が全額を弁済していた）という確証が出てきても、和解の効力に影響はない。もっとも、和解したこと自体ではなく、その前提又は基礎に錯誤がある場合には、和解は錯誤により無効（現在は取消し）となりうるとされている（最判昭和三三年六月一四日民集一二巻九号一四九二頁―苺ジャム事件）。例えば、前例で、甲が主張していた一〇〇万円の債権は、丙が乙に対して持っていた債権を甲が丙から譲渡を受けたものということであったが、実際にはこの丙から甲への債権譲渡が存在しなかったり、無効であったような場合には、乙は、錯誤による取消しを主張することができる。

⑵　示談　交通事故など損害賠償をめぐる紛争では、加害者が被害者に支払うべき金額や支払方法などを決める示談が広く行われている。この**示談**の法的性質は、和解ないし和解類似の無名契約と解されている。そして、示談では、被害者は今後一切の請求をしない旨（その余の請求権を放棄する旨）が定められるのが通常である。しかし、その後、思わぬ後遺症が出て再手術が行われた場合でも、こうした**請求権放棄条項**がある場合には、追加請求をすることができないだろうか。被害者にとっては当然追加の賠償請求を認めるべきということになるが、他方、加害者にとっては示談後いつまでも請求をされることになってはかなわない。そうした被害者の救済保護の必要性と加害者の信頼を調整することが必要となる。判例は、そのような示談当時予想していなかった損害は示談した損害とは別の損害とみて、全損害を正確に把握し難い状況で早急に小額の賠償金での示談がされたような場合には、追加請求を認めている（最判昭和四三年三月一五日民集二二巻三号五八七頁）。

⑶　裁判上の和解　裁判で争われている事件についても、裁判所が和解をすすめることが多く、実際にも民事裁判の約三分の一を超える事件が和解によって終了している。裁判所で和解が成立した場合には、その和解の内容を裁判の調書に記載して、これを明確にする。そして、その記載されたことについては、判決と同一の効力が生ずる（民事訴訟法二六七条）。

二　調　停

調停についての概要はすでに説明したが（二六頁参照）、現在では調停は、裁判に並ぶ大きな役割を演じている。特に、民事調停法による民事紛争に関する民事調停と家事事件手続法による家庭をめぐる紛争に関する家事調停とが大きな作用を営んでいるが、本編が対象とする財産関係の紛争は、民事調停の対象である。合意ができ、調停が成立すると、調停成立調書が作成されるが、その内容は、裁判上の和解と同一の効力がある（民事調停法一六条）。すなわち、判決と同一の効力がある（民事訴訟法二六七条）。

第一一章　その他の契約

一　終身定期金

終身定期金とは、ある人の死ぬまで、定期に、金銭その他の物を給付する契約である（六八九条）。そのある人というのは、債務者自身でも、債権者でも、第三者（例えば債権者の母）でもよい。わが国では、私人間の自由な契約として成立する例はほとんどない。

二　懸賞広告

ある行為（指定行為）をした者に報酬を与えるという広告を懸賞広告という。その中に、①普通の懸賞広告と②優等懸賞広告の二つの種類がある。前者①は、例えば、迷い犬や紛失した物を探す広告のように、ただその行為をした人にその広告を知っていたかどうかにかかわらず、報酬を与えるものであり（五二九条）、後者②は、例えば、懸賞論文や懸賞小説のように、ある行為をした多くの者のうちから、優等者に対して報酬を与えるものである（五三二条一項）。広告に応じて、紛失したものを探したり、論文や小説をつくって応募する者は、自分の費用でその仕事を完成してこれを提供するのだから、その契約の内容は、前に述べた請負に似通ったものである。しかし、民法は、その契約の申込みが、広告という特殊の形式を備えることに着眼して、これを契約成立の特殊の形態として、数か条の規定を設けている（五二九条以下）。

①普通の懸賞広告と②優等懸賞広告との違いは、前者①にあっては、目的たる行為を完成した者が大勢ある場合には、最初に完成した者に報酬を与えなければならない（五三一条）のに対し、後者②にあっては、広告に定められた期限までにその行為を完成した者を審査し、そのうちの優等な者に報酬を与えなければならない（五三二条一項）点である。なお、後者②における判定は、広告中に定めた者がする。広告中にこれを定めなかったときは、広告した者がする（同条二項）。応募者は、判定に対して異議を述べることはできない（同条三項）。ただし、その優等というのは、応募したもののうちで比較的優秀という意味であるから、優等者なしという判定はできないのが原則だが、広告中であらかじめ断りがある場合や、その懸賞広告の性質上、客観的基準が定まっていて、その基準に達する者がいない場合には、該当者なしとの判定も許されると解されている。

三　非典型契約・無名契約・混合契約

第五章以下これまでに述べたところは、民法の規定の順序に従っていないのではっきりしないであろうが、民法は、贈与、売買、交換、消費貸借、使用貸借、賃貸借、雇用、請負、委任、寄託、終身定期金、和解と、後に述べる組合との一三種類のものを、典型的な契約として示している（**典型契約**）。しかし、世の中に行われる契約は、この一三種類に限ったものでないことはいうまでもない。これらの契約の二つ以上のものを一つに集めたような契約もあり、またそのどれとも違う契約も少なくない。そうして、これらの一三種類以外の契約も、強行規定や公序良俗に反しない限りは、もちろん有効である。民法が一三種類の契約を規定したのは、世の中に行われる契約のうちで、最も主要なものについての典型的な内容を規定し、実際に行われた契約を解釈する標準を与えようとしたまでのことである。たとい売買といっても、必ずしも民法に規定するような内容をもつとは限らず、他の契約、例えば、請負的な内容を含んでいることもあり得るということに、充分注意を払わなければならない。

また、一三種類の典型的な契約の二つ以上のものが寄せ集められたような内容を有するものを**混合契約**という。例えば、オーダーメイドの洋服や工芸品の製作のように、顧客甲の注文に応じて、乙が自己の材料を用いて製作して、それを甲に売り、引き渡すような契約を**製作物供給契約**というが、これは請負と売買との混合契約と解されている。そして、一三種類の典型的契約のどれにも入らず、またどれとどれと寄せ集めたものでもないというようなものを**非典型契約**又は**無名契約**と呼んでいる。

第一二章　団　体

一　団体結合の諸形態

前に述べたように（一五頁）、一定の団体は、法人として権利能力を有する。しかし、世の中には、法人格をもたない団体も非常に多い。ことに、比較的少数の者が、互いに出資して、ある事業を営もうとする場合には、民法は、その団体を「組合」と呼び、法人格をもたないものとしている。

法人格（権利能力）があるのが法人で、ないのが組合ということであるが、ここで法人と組合の主要な違いを押さえておこう。

（ア）①法人にあっては、その財産は、法人自体に帰属し、団体構成員は、団体員としてその財産を利用する権利を認められるか、あるいは、その収益の分配にあずかるだけで、直接その財産を共有するものではない。また、その債務も、法人自体がこれを負担し、団体構成員は、別に定められた出資の義務又は会費納入の義務を負うだけであって、法人の債務自体について、直接に責任を負うものではない。これに反し、②民法の組合は、団体ではあるが、財産又は債務の主体となることができないから、財産は、各組合員の共同所有となり、またその債務も、各組合員が直接に責任を負うことになる。

（イ）また、その団体としての活動も、①法人にあっては、法人の機関がこれを代表し、各構成員は、多数決の原理によってその団体の意思を決定することができるだけであるのに反し、②民法の組合においては、対外的な取引は組合員全員の名でしなければならない。

もっとも、すべての団体が法人か組合かで区別され、前述した性質や効果のとおりになっているわけではない。法人であるかどうかは、その団体の外部に対する関係（特に、その名で取引ができ、その名で財産がもてるかがポイントになろう）であり、多数決の原理が支配するか、又は各自が独立の地位を有するかどうかは、団体内部の組織の問題である。そして、①団体の内部の組織構成において、各団体員の独自の立場を認めるものでありながら、なお外部に対する関係においては、法人格を認められるものもあり、反対に、②団体の内部の組織構成において、多数決原理の支配するものでありながら、外部に対する関係においては、法人格を認められないものもある。商法（会社法）の合名会社（二人以上の無限責任社員のみから構成される会社）が前者①の例であり、いわゆる「権利能力のない社団」は、後者②の例である。

前にも述べたように、個人以外の団体が権利能力の主体とされるのは、われわれの社会生活関係は、単に個人を中心とするだけでなく、いろいろの種類の団体相互の関係、又は団体と個人との間の関係から成り立っているからである。ドイツの有名な法律学者ギールケは、「人類の歴史は、団体結合の歴史である」といい、また「人の人たるゆえんは、人と人の結合にあり」といった。われわれの社会生活において、団体結合の関係は、それほど重要な意味をもつものである。しかし、この人類の歴史において常に重要な作用を営んでいた団体に対して、国家ないし法律がいかなる態度をとったかについては、歴史的に変遷がある。近世初頭において個人の自由が強く主張されたときには、団体はこの個人の自由を拘束する制度と考えられたので、当時の法律は、できるだけ団体を抑圧しようとする態度に出た。その結果、団体が法人格を与えられる範囲も、きわめて狭かった。しかし、その後次第に団体の重要性が認識されるに及び、いろいろの種類の団体が法人格を認められるようになった。そのうちで、最も早くその存在を認められたものは、資本の結合である会社である。

今日のわが国の社会においても、各種の団体が、各種の生活領域において、重要な作用を営み、これを規律する法律は、きわめて多種に及んでいる。なお、組合という言葉が、民法と他の特別法では、全く別の意味に用いられていることは注意しておくべきである。民法の組合は、比較的少人数の団体であって、法人格をもたぬのに対し、特別法の組合（労働組合、農業協同組合など各種の協同組合など）は、比較的多数の、特定の目的をもった、同業者ないし同一の社会的地位にある者の団体であって、すべて法人格をもっている。

二　民法上の組合

(1)　組合の意義　民法上の**組合**は、数人の者が各自出資をして、共同の事業を営むことを約束した契約によって結成されている団体である（六六七条）。その出資の種類は、金銭でも、物でも、労務でもよい。また共同の事業というのは、営利事業でも、公益事業でも、その他いかなるものでもよい。組合を結成する者は、組合規約を作成するのが常であろうけれども、その規約には、何らの形式を必要とせず、またはっきりした規約をつくることさえ、必ずしも必要ではない。

(2)　組合の業務執行　組合は、法人格がないので、対外的な業務（他者との取引）は、組合員全員の名ですることになるが、実際にはそれは不便なので、一部の組合員が他の組合員を代理して行うこと（組合代理）が多い。組合の内部においてその意思を決定するためには、組合員の過半数の賛成を必要とするのが原則だが、組合の日常普通一般の業務（常務）は、各組合員が単独でこれをすることもできる（六七〇条五項）。常務以外の事項について、過半数の同意がなければ代理権が認められず、無権代理になると判例は解している（最判昭和三五年一二月九日民集一四巻一三号二九九四頁）。平成二九年の改正で、この判例の立場が明文化され、各組合員は、組合員の過半数の同意を得たときは、他の組合員を代理することができるとされた（六七〇条の二第一項）。

なお、組合員は、組合員中の一部の者又は第三者に、組合の業務を執行する全権をまかせることもできる（業務執行者という。六七〇条二項・三項、六七〇条の二第二項）。業務執行者があるときは、この者のみが対外的に他の組合員全員を代理することができる（六七〇条の二第二項）。

(3)　組合の財産関係　　組合の財産は、全組合員の共同所有に属する。民法は、これを「共有」といっているけれども（六六八条）、普通の共有と異なり、各組合員は単独でその持分を処分する自由を有せず、またその分割を請求することもできないのだから（六七六条一項・三項）、学理的にはこれを共有とは違った合有と見るべきものであることは、すでに述べたとおりである（四三頁）。

組合の業務によって利益をあげたときは、原則としてこれを損失分担の割合（基本的には出資の価額）に応じて各組合員に配当すべきである（六七四条）。他方、組合の債務は、各組合員の共同の債務となる。従って、債権者は、組合の財産に対して執行することができるだけでなく、各組合員の固有の財産に対しても、その損失分担の割合に応じて、執行することができる（併存的責任。六七五条）。

つまり、各組合員が組合の債権者に対して負う責任は、損失分担の割合に応じた分割債務であり、無限責任である。

⑷　組合員の加入　組合員全員の同意又は組合契約の定めによって、新たに組合員を加入させることができる（六七七条の二第一項）。新たに加入した組合員は、加入前に生じた組合債務については、個人的な責任を負わない（同条二項）。

⑸　組合員の脱退・除名　組合員は、これを構成する組合員の個性が強く現れているものではあるけれども、その構成員が変更しても必ずしも、組合の同一性を失うとは限らない。民法も、一定の条件のもとに、組合員は脱退することができること、また他の組合員の一致をもって、ある組合員を除名することができること、などについて規定している（六七八条―六八一条）。しかし、脱退し、又は除名された組合員も、その脱退又は除名の時までに生じた組合の債務については、自分の損失分担の割合だけは、その責任を免れることのできない（六八〇条の二第一項本文）。

⑹　組合の解散　組合は、その目的である事業の成功又はその成功の不能、組合契約で定めた存続期間の満了、組合契約で定めた解散事由の発生、総組合員の同意で、解散する（六八二条）。また、やむを得ない事由がある場合には、各組合員は、組合の解散を請求することができる（六八三条）。組合が解散したときは、組合員全員が清算人となり、又は全員から選ばれた者が清算人となって、組合財産の清算を行う（六八五条―六八八条）。

三　法人の種類

⑴　営利法人と非営利法人　営利法人とは、法人が展開する事業活動によって得た利益を構成員に分配することを目的とした法人である。株式会社の例が分かりやすい。営利法人については、民法ではなく、会社法で扱われる。これに対して、営利を目的としない法人を非営利法人という。そして、この非営利法人のうち、学術・技芸・慈善その他の公益目的の事業を行い、行政庁により公益認定を受けた法人を公益法人という（これについては再度後述する）。

営利もこうした公益も目的しない法人を中間法人という。労働組合、農業協同組合、消費生活協同組合がこれにあたる（組合と名がついているが、いずれも個別の特別法によって法人とされており、民法上の組合ではない）。以前は中間法人法という法律で規律されていたが、平成二〇年の一般法人法の施行にともない、廃止された。

⑵　社団法人と財団法人　法人には、簡単にいえば、人の集まりである社団法人と財産の集まりである財団法人とがある。社団法人は、人（社員）の集団に対して法人格が与えられたもので、社員総会の決定に基づいて団体の運営がされることになる。これに対して、財団法人は、財産の集合に対して法人格が与えられたもので、社団法人のような社員や社員総会はなく、設立者の意思に基づいて財団財産が管理・運営される。

四　一般法人と公益法人

⑴　一般法人　平成一八年六月に制定された「一般社団法人及び一般財団法人に関する法律」（一般法人法。平成一八年法律四八号）によって、従来の民法上の公益法人の制度は廃止された。営利を

目的としない団体は、設立の登記をすることによって一般社団法人（人の集合体）又は一般財団法人（財産の集合体）として成立し、法人格を取得することができる。主務官庁の許可を必要とせず、法律の定める一定の要件を具備することによって当然に法人の成立を認める「準則主義」が採用された。こうして準則主義により団体が法人となることが容易となったので、前述したように、中間法人法は廃止された。

一般社団法人・一般財団法人を設立しようとする者は、その根本規則である定款を作成し、それに目的・名称などの必要事項（必要的記載事項）を記載・記録し（一般法人法一〇条・一一条・一五二条・一五三条）、公証人にその定款の認証を受け（同法一三条・一五五条）、そして、最終的に設立の登記をすることで、設立が認められる（同法二二条・一六三条。民法三六条参照）。一般社団法人は、共同して定款を作成しなければいけないから、設立時には最低二名以上の社員が必要で（一般法人法一〇条）、また、一般財団法人は、設立者が定款を作成し、設立時に三〇〇万円以上の財産を拠出しなければならない（同法一五二条一項・一五三条二項）。

一般社団法人は、人の集合体として社員が存在し、社員総会が最高の意思決定機関となる（一般法人法三五条）。そして、理事が一般社団法人を代表して、その業務を行う（同法七六条・七七条）。他方、一般財団法人は、財産の集合体であるから社員は存在せず、したがって社員総会もない。

(2)　公益法人　一般法人法によって設立された一般社団法人と一般財団法人のうち、公益性があると認定された法人が公益社団法人ないし公益財団法人となる。「公益社団法人及び公益財団法人の認定等に関する法律」（公益法人認定法。平成一八年法律四九号）がその手続を定めている。公益法人となると、税法上の優遇措置が得られる。特別法による公益法人として、学校法人、医療法人、社会福祉法人などがある。

五　法人の能力

(1)　法人の権利能力・行為能力　団体は法人格を得ることで法人となり、その名において権利を有し、義務を負うことができる。民法三四条は、法人は定款で定められた「目的の範囲内において、権利を有し、義務を負う」と定めているが、判例・通説は、これは法人の権利能力を制限した規定だ（同時に行為能力の制限でもある）と解しており、法人が「目的の範囲」外のことをしても、それは無効ということになる。

どこまでが「目的の範囲」かをめぐっては、平成一八年の改正の前から議論されてきたが（旧四三条）、同じ政治献金でも、株式会社がした場合は目的の範囲内とされ（最判昭和四五年六月二四日民集二四巻六号六二五頁―八幡製鉄事件）、非営利法人がした場合は目的の範囲外とされる（最判平成八年三月一九日民集五〇巻三号六一五頁―南九州税理士会事件）など、法人の性格によっても異なる。営利を目的としない法人については、目的の範囲が厳格に解されているということができよう（なお、最判平成一四年四月二五日判時一七八五号三一頁は、強制加入団体である司法書士会が地震で被災した他の司法書士会への復興支援金の寄付を同司法書士会の目的の範囲内であるとした―群馬司法書士会事件）。

(2)　法人の不法行為能力　一般社団法人及び一般財団法人は、代表理事その他の代表者がその職務を行うについて第三者に加えた損害を賠償する責任を負う（一般法人法七八条・一七七条）。行為の外形からみて職務の範囲にあるように見える行為には、法人は責任を負わなければいけない（外形理論という）が、相手方が悪意又は重過失があるときは、法人が責任を負う必要はない（最判昭和五〇年七月一四日民集二九巻六号一〇一二頁）。

六　権利能力のない社団

会員相互の親睦や扶助だけを目的とする校友会、同窓会、クラブなどは、現在では、一般社団法人として法人になることができるが、大規模な団体でも法人格を取得していないものが多数存在する。しかし、これらの団体は、いずれも、各団体構成員の独自の個人的立場の強く現われるものではないから、これを民法の組合の規定に従って規律することも妥当ではない。そこで、これを「権利能力のない社団」と呼び、できるだけ社団法人に準じた扱いをすべきものとされている。すなわち、まず権利能力のない社団というためには、①団体としての組織を備え、②そこに多数決の原則が行われ、③構成員の変更にもかかわらず団体そのものが存続し、④その組織（定款）によって、代表の方法・総会の運営・財産の管理その他団体としての主要な点が確定しているものでなければならない（最判昭和三九年一〇月一五日民集一八巻八号一六七一頁）。簡単にいえば、社団としての実体があるということである。

権利能力のない社団と認められると、民法上の組合（前述一六八頁）という扱いはされず、社団法人と同様の扱いがされることになる。特に、財産は団体自体に帰属し（構成員の総有財産という扱いになる）、債務についても団体の構成員は、会費その他団体の規約によって負担した債務以上の責任を負わない。ただこれらの団体の財産（特に不動産）の名義人（例えば預金又は登記の名義人）を、団体自体とすることはできないから、それだけは、代表者個人の名義とせざるを得ない。要するに、権利能力のない社団の法律関係は、形式的な法律的取扱いの点を除いては、すべて社団法人の規定に従って規律すべきものだとされるのである。

第一三章　不法行為と不当利得

一　民事責任と刑事責任

不法行為とは、他人に損害を加える違法な行為である。他人をなぐった者や他人の家に火をつけて焼いた者は、社会の秩序を乱した者として刑法で処罰されるとともに、他人に損害を加えた者として、民法で損害賠償の責任を負わされる。かように、違法な行為をした者は、多くの場合、国家社会に対する責任（刑事責任）と被害者個人に対する責任（民事責任）との、両面の責任を負うものである。

かように、違法な行為についての刑事責任と民事責任との分化がはっきり意識されたのは、比較的文化の程度が進んだ後であるが、この両責任の分化が意識されたときには、同時に、この二つの責任はそれぞれの中心を異にするものであることも意識されるようになった。その最も重要な点は、刑事上の責任においては、行為者の悪性を追及して刑罰を科すものであるから犯人の主観（犯意）に重きを置くのに対し、民事上の責任においては、行為者の主観すなわち故意か過失かは格別問題とせずに、現に被害者に生じた損害の塡補の要否を冷静に判定するということである。犯罪者を処罰することが目的の刑事責任と被害者に生じた損害を塡補することで被害者を救済することが目的の民事責任では、その目的が異なることは押さえておく必要がある。

違法な行為が、刑事上の責任と民事上の責任という二つの責任を生ずるというのは、普通の場合のことであって、もちろん、すべての犯罪が同時に不法行為となるのでもなく、またすべての不法行為が同時に犯罪となるのでもない。民事上の責任においては、違法な行為をした者は、故意にやった場合と過ってした場合とを区別せずに、同一の責任を問われるけれども、刑事上の責任においては、犯人が過ってその行為をした場合には、犯罪として責任を問われるのはむしろ例外である。また、裁判も別々に分離して別個に行われるので、同じ事件に関するものであっても、事実認定も異なることもある。

なお、刑事の公訴に附帯して民事上の訴えを起こせる制度を附帯私訴というが、古くは日本でも行われていたものであって、後にあげる桃中軒雲右衛門事件などはその例である。現在では一般的な附帯私訴は認められていないが、平成二〇年一二月一日からは犯罪被害者保護法（平成一九年法律九五号）によって、刑事裁判の中で一定の重大事件に関しては損害賠償命令の申立てができるようになったことは注目される。

二　不法行為の要件

違法な行為をして他人に損害を加えた者（加害者）に、不法行為者として責任を負わせるためには、①行為者たる加害者に故意又は過失があり、責任能力があること、②被害者の権利又は法律上保護される利益を違法に侵害したこと、③その行為によって損害が発生したことである。それぞれの要件に分けて説明してゆこう。

(1)　故意・過失と責任能力　第一に、行為者に、故意又は過失があること及び責任能力があることが要件として必要である（七〇九条）。故意とは、その行為によって他人が損害を蒙ることを知りながら、あえてこれをすること（認識＋認容）であり、過失とは、普通の人ならば当然払わねばならないだけの注意を払わないために他人に損害を加えること（注意義務違反）である。このように、故意・過失いずれにせよ、加害者の意思の欠点（悪性への非難可能性）という観点から、結果の発生に対する予測（予見可能性）という内心の心理状態の問題であるという見方をするのが従来の通説であった（心理状態説）。これに対して、判例は、過失とは一定の行為をすべきであるのにそれをしなかったことであると解している（大判大正五年一二月二二日民録二二輯二四七四頁―大阪アルカリ事件）。そこではすべきことをしなかったという行為義務違反が過失であるということになるが、近時は過失の客観化の観点からこういう捉え方（行為義務違反説）が学説上も有力になっている。過失判断の基準となる注意は、具体的な加害者本人のレベルの注意ではなく、通常人・一般人のレベルでの注意である。医師なら通常の医師としての注意であり、ドライバーなら通常のドライバーとしての注意など、それぞれの地位や職業に応じて要求される注意である。これを善良な管理者の注意（善管注意）という。通常人・一般人が基準であるので、抽象的過失ともいう。

故意又は過失があるということの前提には、その行為者が、注意義務を果たすことができる一定の判断能力（責任能力）が必要である。こうした判断能力を欠く幼少の者や精神障害者などは、この理由で、責任を負わない（七一二条・七一三条）。責任能力は法律上非難されることを弁識し得る判断力であるから、意思能力（事理弁識能力）よりも高い判断力が必要であり、未成年者では小学校卒業程度（だいたい一二歳前後）の判断力が必要であると解されている（一二歳二月の少年の責任能力を否定した大判大正六年四月三〇日民録二三輯七一五頁―光清撃つぞ事件、一一歳一一月の少年の責任能力を肯定した大判大正四年五月一二日民録二一輯六九二頁―少年店員豊太郎事件）。

故意も過失もない者は責任を負わない、とする民法の根本的な原則（過失責任の原則）は、普通の生活関係においては、至当なものといわねばならない。なぜなら、われわれの共同生活は、一面協力の関係であると同時に、他面競争の関係であって、われわれがある事業に成功する場合には、多かれ少なかれ、他人に損害を加えることを免れないともいえるのであるが、その場合に、われわれが充分注意を払って他人に損害を加えないようにしたにもかかわらず、われわれの予想に反して生じた損害をことごとく賠償しなければならないものとすると、われわれはとうてい安んじて社会経済生活を営むことができないからである。この経済活動の自由を保障することになる過失責任の原則（過失責任主義）が実際に資本主義の経済を発展させてきたのであった。

しかし、近世の文明のもたらした特殊の生活関係においては、その行為をする者がいかに注意を払っても、他人に損害を発生させることを防ぎえないものもある。例えば、銅山を採掘する場合には、近所を流れる川に鉱毒の流れるのを絶対に防止することは、ほとんど不可能である。かような場合には、現在の科学では防ぎえない損害であるから、行為者は故意も過失もないものとして、その責任を負わないものとすると、いかにも公平の観念に反する結果となる。そこで、かような特殊の生活関係については、行為者に故意も過失もない場合にも、責任を認める必要があると主張されるようになった。故意も過失もない場合になお責任を負うことを無過失責任という。

民法では、後に述べるように、特殊の不法行為について無過失責任に近いものを認める場合もあるけれども、民法の大原則は、なお過失責任だといわなければならない。その後、特別法によって無過失責任を認める場合が次第に増加している（後述五で扱う）。

(2)　権利・利益の侵害（違法性）　第二に、その行為が、他人の権利又は法律上保護される利益を侵害するものであることが要件として必要である（七〇九条）。平成一六年の民法改正前は、「他人ノ権利ヲ侵害シタル者」と規定されていた。そして、当初判例は、これを文字通り厳格に解して、不法行為が成立するためには、加害者が「権利」を侵害したことを要するとしていた（大判大正三年七月四日刑録二〇輯一三六〇頁―桃中軒雲右衛門浪曲レコード事件）。その後、強い学説の批判を受けたこともあって、判例は、この考え方を変更し、厳密には「権利」といえなくても、「法律上保護セラルル一ノ利益」であれば足り、そうした利益を侵害すれば不法行為が成立するものとした（大判大正一四年一一月二八日民集四巻六七〇頁―大学湯事件）。そして、平成一六年の民法改正では、その趣旨を条文上も明らかにして、「他人の権利又は法律上保護される利益を侵害した者」という表現に改められた。

現在では、判例・通説は、不法行為が成立するためには、権利の侵害が必要なのではなく、法律上保護される利益が違法に侵害されればよく、民法七〇九条は、違法な行為であること（違法性）を示すために、他人の権利を侵害するという標準を掲げたのであると考えられている（この経緯・展開を示す言葉として「権利侵害から違法性へ」といわれる）。そして、違法性の判断は、①どんな利益が侵害されたか（被侵害利益の種類・性質）と②どんな侵害の仕方をしたか（侵害行為の態様）との相関関係によって決すると考えられている（相関関係説）。生命や所有権など重大な利益の侵害の仕方は軽度（過失）でも違法だが、軽微な利益の侵害の仕方は悪質なものでなければ違法とはいえないといった具合である。

さらに、公害や生活妨害の事案での違法性の判断は、この相関関係説の立場を基礎として、被害者に社会生活上がまんの限度（**受忍限度**）を超えるかどうかを判断基準とし、この受忍限度を超えると違法となると考えられている。そして、受忍限度の判断要素として、被侵害利益の種類と性質（被害の内容・程度）、侵害行為の態様、侵害行為のもつ公共性ないし公益性、地域性（どんな地域か）、先住性（被害者が被害発生地域に先に住んでいたか）、行政的取締基準の遵守の有無、損害防止措置設置の難易、交渉過程ないし当事者の信義などあらゆる要素を総合的に判断するものとされている（大阪国際空港事件に関する最大判昭和五六年一二月一六日民集三五巻一〇号一三六九頁、国道四三号線公害訴訟事件に関する最判平成七年七月七日民集四九巻七号二五九九頁など）。

なお、権利・利益の侵害行為であるようにみえても、その違法性が阻却される場合がある。①通り魔の襲撃から自分や子供などを守るために反撃を加えた場合や②噛みついてくる狂犬を撲殺した場合は、違法性が阻却され、不法行為とならない。前者①のように、他人の不法行為に対してやむを得ずした加害行為が**正当防衛**であり（七二〇条一項）、後者②のように、他人の物からの急迫の危難の回避行為が**緊急避難**である（同条二項）。また、名誉毀損については、**真実性の証明**による違法性の阻却がある。名誉毀損というのは、プライバシーや名誉感情とは異なり、人の社会的評価（客観的評価）を低下させることであるが、名誉毀損があっても、その行為が①公共の利害に関する事実（事実の公共性）であり、②その目的がもっぱら公益を図るもので（公益目的）、③摘示された事実が真実であること（真実性）が証明されたときは、この名誉毀損には違法性がなく、不法行為が成立しないものとされる。また、その事実が真実であることが証明されなかったとしても、加害者がその事実を真実と信ずるについて相当の理由があるときには、故意・過失がなく、不法行為が成立しないとされる（最判昭和四一年六月二三日民集二〇巻五号一一一八頁。これを相当性の法理という）。政治家など公的な存在の人物や活動は、公にされるべきだからである。

(3)　損害の発生・因果関係　第三に、その行為によって他人に損害が生じたことが必要である（七〇九条）。加害行為が原因となって、その結果として被害者に損害が発生したことが必要である。この因果関係は、医療過誤・薬害・公害などの現代型不法行為といわれる事案では、被害発生のメカニズムがきわめて複雑であるため、科学的にも因果関係の解明が難しい場合が少なくない。従ってその立証も容易ではない。そこで、被害者救済のため、さまざまな因果関係立証の緩和の考え方がある。例えば、法的な因果関係は自然科学的な証明ではなくて、特定の事実が特定の結果発生の原因となっていることを認めることができる「高度の蓋然性」を証明することであるとされ、そして、この高度の蓋然性を認めることができるかどうかの判定は、通常人が疑いを差し挟まない程度に真実性の確信を持ちうるものであることであることが必要であり、また、それで十分であると解されている（最判昭和五〇年一〇月二四日民集二九巻九号一四一七頁―東大ルンバール事件）。

また、損害は実際に発生した損害（実損）であることが必要であって（実損主義）、アメリカ法のような実損を超える損害賠償を制裁的に認める懲罰的損害賠償は認められていない。そして、その損害というのは、単に財産的な損害だけでなく、精神的な損害を含むものであること、いいかえれば、精神的な苦痛を与えることもまた不法行為となり、これに対して慰謝料を支払わねばならない（七一〇条・七一一条）。

三　不法行為の効果

(1)　不法行為の効果と方法　不法行為の効果は、加害者が被害者に対して、その不法行為から生じた損害を賠償する責任を負うことである。言い換えれば、被害者から加害者に対する損害賠償請求権が発生するということである。その賠償の方法は、損害を金銭で算定して、その額を金銭で賠償すること（金銭賠償）を原則とする（七二二条一項）が、他人の名誉を毀損したような場合には、謝罪広告などの方法によってその名誉を回復する方法をとる（原状回復）責任もある（七二三条）。また、このほか、加害行為・侵害行為をやめるよう求める差止請求が問題となる。差止請求を認める明文の規定はないが、判例は、人格権に基づく差止請求を認めている（最大判昭和六一年六月一一日民集四〇巻四号八七二頁―北方ジャーナル事件）。

(2)　損害の意義　日本では実損主義がとられていると述べたが、損害とは、加害行為の結果現に存在する利益状態と、加害行為がなかったとしたら存在したであろう利益状態との差（金銭的差額）のことであると解されてきた（差額説）。現在の判例も基本的にはなおこの立場に立っているとみられ、交通事故によって大腿骨骨折をしても収入に減少がなかった場合には、十分に働けなくなったこと（労働能力の喪失・減退）を理由とする損害賠償請求はできないとされている（最判昭和四二年一一月一〇日民集二一巻九号二三五二頁）。これに対して、近時の学説は、損害は金銭的差額ではなく、死傷それ自体、不利益を受けた事実そのものが損害であって、労働し収入を得る能力（労働能力ないし稼働能力）が失われたことが損害であるとみる見解（労働能力喪失説）が有力になっている。

なお、損害には、治療費のように、不法行為の被害者が余計に支出負担しなければならなくなった費用のような損害（積極損害という）もあるが、他方で、労働や営業できなくなって収入が減少したというように、得られるはずであったのに失われた利益（逸失利益という）の損害（消極損害という）もある。人が死亡した場合の逸失利益の算定は、［①現実の年間収入］×［②就労可能年数（原則六七歳まで）］－［③生活費］－［④中間利息］で計算されることになるが、労働していない専業主婦や就職前の未成年者などについても、統計を用いて平均賃金を基礎にした算定がされている。被害者が女子年少者の場合や日本に滞在中の外国人の場合には、その逸失利益をどのように算定したらよいか、問題のあるところである（前者につき、女子中学生が死亡した事案ついての最判昭和六二年一月一九日民集四一巻一号一頁、後者につき、不法就労していた外国人が傷害を負った事案についての最判平成九年一月二八日民集五一巻一号七八頁など参照）。

(3)　損害賠償の範囲　損害賠償について、最も問題となるのは、その損害賠償の範囲ないし額の問題である。このことは、前に債務不履行についても述べたこと（九五頁‐九六頁）だが、不法行為に即して再説しよう。

自然界の因果関係は、無限に連続してゆくから、ある一つの行為から生ずる損害は、意外な範囲に及ぶこともないではない。しかし、さような場合にも、不法行為がなかったならば、生じなかったであろうと思われるすべての損害を賠償させることにしては、範囲があまりに拡がりすぎてすこぶる不公平な結果となることがある。そこで、その損害賠償を、さような不法行為があったならば通常生ずるであろうと思われる損害（通常損害）の範囲に限ることにすべきであると考えられる。もっとも、特別の事情が存在したために、その損害が特に大きいという場合にも、加害者がその事情を予見すべきであれば、その特別の損害についても、賠償責任を負わせるべきであろう。例えば、他人の時計を壊した者の損害賠償の責任としては、同じような時計を買うための値段が、通常生ずべき損害であるが、その時計がその被害者にとってかけがえのない、貴重な値打ちのある記念品であるというような場合には、被害者は、その時計の値段以外に、精神的な苦痛を蒙ることになる。この特別の損害（特別損害）は、普通の場合には加害者はこれを賠償する責任を負わないけれども、もし加害者が不法行為時にさような事情を予見すべきであった場合には、これについて賠償の責任を負うのである。以上のように、損害賠償の範囲を、不法行為と「相当因果関係」のある損害の賠償に限るという考え方を相当因果関係説という。民法は、このことを債務不履行の損害賠償について規定した（四一六条）だけで、不法行為については、格別規定をしていない。しかし、一般に不法行為についても、この債務不履行に関する規定（四一六条）を類推適用して同じ標準をとるべきものと解されている（最判昭和四八年六月七日民集二七巻六号六八一頁）。しかし、突発事故の不法行為には、加害者の予見可能性を問題にすることは妥当ではないとして、これに反対する説も有力である。

精神的損害に対する慰謝料の額を算定することも、すこぶる困難であるけれども、今日では、おおむね定額化された運用がされている。

(4)　過失相殺　交通事故の被害者にも信号無視をしたとか、突然道路に飛び出したとか、なんらかの不注意・落ち度があれば、加害者に全額の賠償を認めるのは公平ではない。そこで民法は、そうした被害者の過失を考慮して、損害賠償額を減額することができるものとした（過失相殺という。七二二条二項）。かつては被害者の過失を認めるためには、加害者と同様の責任能力が必要と解されていたが、過失相殺は、被害者の責任を追及する制度ではなく、あくまで公平を図るための制度であるので、被害者には事理弁識能力があれば過失相殺できると解されている（最大判昭和三九年六月二四日民集一八巻五号八五四頁）。事理弁識能力が具わるのはだいたい五歳前後と考えられている。

また、被害者本人が幼稚園児である場合のように事理弁識能力がない場合でも、監督すべき立場にある親など「被害者と身分上ないし生活関係上一体をなすとみられるような関係」にある者の過失があれば、それを考慮して、賠償額を減額することができるとされている（「被害者側の過失」理論という。最判昭和四二年六月二七日民集二一巻六号一五〇七頁―幼稚園児の死亡事故につき、引率していた保母は被害者側に含まれないとした例）。配偶者・被用者などどういった者が被害者側に含まれるかが問題となる。

(5)　消滅時効　不法行為に基づく損害賠償請求権は、被害者が損害及び加害者を知った時から三年で消滅時効にかかる（七二四条一号）。なお、生命・身体を害する不法行為による損害賠償請求権については、この三年の時効期間が五年に延長される（七二四条の二）。また、不法行為の時から二〇年が経過したときも、消滅時効にかかる（七二四条二号）。

四　特殊の不法行為

民法は、次に述べるように、特殊の関係にある者の特別の賠償責任について規定を設けているが、その多くは、普通の不法行為の要件のうちの故意、過失の立証を軽減したものである。具体的にいえば、一般の不法行為（七〇九条）では、過失は原告たる被害者が証明しなければならない（証明できなければ敗訴）のに対し、特殊の不法行為では、過失等がなかったことを被告となった加害者側が証明しなければ責任を負うとされているものが多い。実際にこの証明は認められにくいので、あくまで過失責任の形はとられているが、事実上無過失責任と同様の結果になるわけで、このように証明責任を転換したものを**中間責任**という。

(1)　責任無能力者の監督義務者の責任　責任能力のない者は損害賠償の責任を負わないが、その場合には、かような責任能力のない者を監督すべき法律上の義務のある者がその責任を負う。ただし、これらの者がその監督の義務を怠らなかったことを証明すれば、その責任を免れる（七一四条）。前述した中間責任である。例えば、責任能力のない子供が、空気銃で往来の人をけがさせたような場合には、その監督義務者たる親権者（父母）が責任を負うのである。監督義務者の免責が認められる余地があるとはいえ、従来は、責任無能力者を法的にないし事実上監督できる立場にある者の責任が否定されることはほとんどなかったが、近時、その責任を否定する判決が出て注目されている（小学五年生の親の免責を認めた最判平成二七年四月九日民集六九巻三号四五五頁―サッカーボール事件、認知症となった九一歳の男性の介護をしていた妻や長男は監督義務者でないとしてその責任を否定した最判平成二八年三月一日民集七〇巻三号六八一頁―ＪＲ東海事件）。

(2)　使用者責任　ある事業のために他人を使用する者は、被用者がその事業を執行するについて、他人に損害を加えた場合、例えば、会社の従業員が会社の業務活動中に他人に損害を与えたときには、その使用者（会社）は、加害者（従業員）自身と並んで損害賠償の義務を負う（使用者責任。七一五条一項本文）。従って、被害者は、加害者自身にでも、その使用者にでも、いずれに対しても損害賠償を請求することができる。ただし、この場合にも、使用者が、その被用者を雇い入れる（選任）につき及びその被用者が事業の監督について、相当の注意を怠らなかったことを証明すれば、賠償責任を免れる（中間責任。同項ただし書）。この規定によれば、多数の人を使用して企業を営んでいる者は、その被用者が、それぞれ相当する仕事をするにあたって、他人に損害を加えた場合に、すべてこれを賠償しなければならない責任を負うのであるから、実際上適用される場合が非常に多い。のみならず、裁判所は、人を使用して事業を営んでいる者は、それだけ自分の活動範囲を拡張し、利益をあげているのだから、その拡張された活動の範囲の中で生じた損害については、原則として常に責任を負うことが公平に適するという考え（報償責任という）から、使用者が、不法行為をした被用者の選任監督について注意を怠らなかったという主張をしても、充分な証明があったとは容易に認めない態度をとっている。

使用者責任で一番問題となるのは、「その事業の執行について」（事業執行性）の要件であるが、行為の外形からみて被用者（従業員）の職務の範囲内の行為に属するとみられればよい（外形理論とか外形標準説という。最判昭和三六年六月九日民集一五巻六号一五四六頁）。自動車事故のような事実的不法行為の場合も同様に外形理論が適用される（最判昭和三〇年一二月二二日民集九巻一四号二〇四七頁―通産省事件）。とはいえ、外形理論は被害者の外形に対する信頼を保護するものであるから、被害者が職務の範囲にないことを知っている（悪意）とか、重大な過失がある場合には、使用者責任は認められない（最判昭和四二年一一月二日民集二一巻九号二二七八頁）。

民法は、被害者に賠償した使用者は、被用者に対して求償ができると定めているが（七一五条三項）、損害の公平の分担という見地から信義則上相当と認められる限度に求償権の行使を制限している（最判昭和五一年七月八日民集三〇巻七号六八九頁）。会社が被用者に請求できるのは、被害者に賠償した全額ではなく、その一部（例えば四分の一）だけであるということである。

なお、請負人は、自分の判断で独立して仕事をし、注文者の指揮監督は受けないので、請負人が第三者に加えた損害を賠償する責任を負わない（七一六条。例外として、ただし書参照）。

(3)　土地工作物責任　家屋その他土地の工作物の設置又は保存に瑕疵（欠陥）があったために損害を生じた場合には、その工作物の占有者が被害者に対して損害賠償責任を負う（七一七条一項）。工作物とは人が作った設備のことであるが、例えば、家屋などの建造物の屋根や壁がくずれ落ちて、通行人がけがをしたような場合に、その家屋の占有者である賃借人が責任を負うことになる。ただし、占有者が、みずからが損害の発生を防止するのに必要な注意をしたことを立証できれば、免責される（同条一項ただし書）。すなわち占有者の責任は中間責任である。この場合は、工作物の所有者が責任を負うことになる。その所有者は、過失がないときにも、なお損害賠償の責任を免れない（七一七条）。所有者に全く落ち度がないときでも責任を免れることはできないのである。土地の工作物といっても建物だけではなく、エレベーターやエスカレーターの事故など、その適用範囲は広い。また、踏切事故で踏切に遮断機や警報機などのあるべき保安設備がなかった場合などにも、この工作物責任が成立する（最判昭和四六年四月二三日民集二五巻三号三五一頁）。危険な物を使用・支配している者は、それから生じた責任は負うべきであるという考え方（**危険責任**）によるものである。従ってこの規定は、土地工作物の所有者に純粋の無過失責任を認めたものということができる。

(4)　動物占有者の責任　　動物を飼育する者（占有者）や連れて歩く者（管理者）は、その動物の種類と性質とに応じて相当の注意を払って管理したことを証明することができないときは、その動物が他人に加えた損害を賠償する責任を負わなければならない（七一八条）。

(5)　共同不法行為　　数人が共同の不法行為によって他人に損害を加えたときは、すべての者が連帯してその賠償の責任を負わなければならない。不法行為を教唆した者や幇助した者も、同様である（**共同不法行為**。七一九条）。例えば、大勢で一人の人をなぐってけがさせたような場合には、そのなぐった回数や強弱に関係なく、すべての者は、その全損害に対して**連帯責任**を負うのである。どんな場合に共同不法行為になるかが問題となるが、判例・通説は、不法行為者間に共謀したり、共同の認識があることは必要ではなく、客観的な関連での共同関係があればよいとしている（客観説。最判昭和四三年四月二三日民集二二巻四号九六四頁―山王川事件）。

五　特別法上の不法行為

(1)　労働災害・鉱害・公害　　労働災害（労働基準法七五条以下）、鉱害（鉱業法一〇九条）、公害（大気汚染防止法二五条・水質汚濁防止法一九条）については、それぞれ特別法が事業者の無過失責任を定めている。

(2)　原子力損害　平成二三年三月一一日の東日本大震災により福島第一原子力発電所の原子炉から大量の放射能が漏れ出す事故が発生し、原子力損害の賠償が注目されるようになった。原子炉の運転等による原子力損害については、原子力損害の賠償に関する法律（原子力損害賠償法。昭和三六年法律一四七号）は、原子力事業者（今回の事故では東京電力）に無過失責任を負わせている（同法三条一項本文）。ただし、それが異常に巨大な天災地変又は社会的動乱によって生じたときは、免責が認められる（同法三条一項ただし書）。

(3)　自動車事故による人身損害　無過失責任に近い責任を負わせる特別法として、自動車損害賠償保障法があり、自動車事故の場合の運行供用者責任を定めている（同法三条）。すなわち、自動車事故による人身損害については、「自己のために自動車を運行の用に供する者」（運行供用者という）は、自己が無過失であったこと等を証明できない限りは損害賠償責任を負うものとされた（この免責の証明は事実上は認められることはほとんどない）。誰が運行供用者に当たるかが問題となるが、一般にその自動車の運行の利益（運行利益）をもち、かつ、運行をコントロール（運行支配）している者を意味すると解されている（二元説）。具体的にいえば、盗まれた自動車の事故（泥棒運転）の場合は、一般に保有者（自動車の使用権限をもつ者。同法二条三項）には運転利益も運行支配もないので、運行供用者にあたらないが、他方、保有者に無断でその被用者や子供などが自動車を運転した場合（無断運転・私用運転）は、なお運行利益ないし運行支配が失われていないとして、保有者に賠償責任が認められることが多い。

(4)　製品事故　メーカーの作った製品（製造物）に欠陥があって、人の生命、身体、財産に損害が生じた場合に、製造者たるメーカーが負う責任を製造物責任といい、これについては民法の特別法である製造物責任法（ＰＬ法。平成六年法律八五号）が適用される。ここで欠陥とはその物が通常有すべき安全性を欠いていることである（同法二条二項）。民法は過失（落ち度）のない者には損害賠償責任を負わせないのを原則としている（過失責任主義）が、製造物責任法はこれを修正し、製造者の過失は要件とされず（無過失責任）、被害者はメーカーの過失を証明する必要もないとして、被害者の保護を図った（同法三条）。もっとも、同法には欠陥の推定規定は置かれていないので、欠陥が存在したこと（欠陥の存在）及び欠陥から損害が生じたこと（因果関係）は、被害者が立証しなければならない。また、メーカーは、製造物の引渡時における科学・技術の知見によっては、欠陥の存在を認識できなかった場合などには、免責されるとされている（同法四条一号。開発危険の抗弁という）点は注意を要する。

(5)　火災事故　　火災事故に関して、明治三二年に制定された「失火ノ責任ニ関スル法律」（失火責任法）は、出火者は、重大な過失がなければ賠償責任を負わないものとしている。通常の過失（軽過失）では、賠償責任を負わないわけで、前述(1)〜(4)の被害者に有利な特別法とは異なり、加害者に有利な内容となっている。日本では木造家屋が多く、失火による延焼が広範囲に広がり、出火者の責任があまりに大きいものになってしまうことを考慮したものである。重大な過失とは、一般人に要求される注意義務を著しく欠くことであり、程度問題であるが、故意に近いような不注意で、例えば、寝たばこで火災を起したような場合である。

もっとも、この失火責任法は、あくまで不法行為（民法七〇九条）の特則であって、債務不履行責任を軽減するものではないことは注意を要する。家屋の賃借人が失火で家屋を焼失させたような場合には、賃借人は、賃貸人に対する債務不履行責任を免れることはできない（他方、この失火の延焼によって近隣の住民に損害を与えても、軽過失であれば責任を負わない）。

六　不当利得

(1)　不当利得の意義　ある人が利得をして、そのために他人に損失を蒙らせた場合に、もしその利得をしたことが、その利得者の故意又は過失に基づくものであり、しかもそれが違法な行為である場合には、右に述べたように、不法行為となり、損失を蒙った者は、その損失を損害として、利得者（受益者）に対して賠償を請求することができるわけである。しかし、その利得を生じた事実について不法行為の要件が備わらない場合にも、もしその利得を生じたことが法律上の理由のないものであれば、損失を蒙った者から、利得を受けた者に対して、その利得の返還を請求する権利を認めなければ、公平の理念に反することになる。例えば、債務者が過って二度弁済し、債権者もまったく気がつかずに二度弁済を受けたというような場合には、債権者側に不法行為があるということはできない。しかし、さればといって、債権者が二度弁済を受ける法律上の理由はないのだから、それをそのまま保留しておくことは、公平の理念に反する。従って二度弁済した債務者は、債権者に対して、その利得の返還を請求する権利を有するものといわなければならない。かように、法律上の原因なしに他人の損失において利得をすることを「不当利得」といい、民法は、これについて、損失者のために利得者（受益者）に対する不当利得返還請求権を認めた。取引行為（例えば売買）によって物を給付した後に、その行為（売買）が無効なことが分かったり、又は、取り消されたような場合にも、原則として不当利得が成立する。

(2)　不当利得の要件　甲から乙に対して不当利得返還請求ができるためには、①乙に利得があること、②甲に損失があること、③乙の利得と甲の損失との間に因果関係があること、④乙の利得が法律上の原因を欠いていることが必要である。このうち、不当利得の「不当」とはこの「法律上の原因がないこと」であり、この要件が不当利得の中心的な要件であって、一元的に公平の理念に照らして財貨の移動が正当視されるかどうかで判断されている（公平説）が、近時では、そうした一元的に見るのではなく、各類型に応じて多元的に理解しようとする立場（類型説）が有力になっている。

財貨が甲から乙、乙から丙に移動したような場合に、損失者甲から利得者（受益者）丙に対して不当利得返還請求できるだろうか。甲の損失と丙の利得との間に因果関係があるといえるだろうか。かつては、判例は、直接の因果関係が必要であると解し（直接性説）、この場合の因果関係を否定していたが、今日では、甲の損失と丙の利得との間に社会通念上の因果関係があればよいと解している（最判昭和四九年九月二六日民集二八巻六号一二四三頁）。具体例でいえば、乙が甲から金銭を騙し取り、その金銭でもって丙に負っていた借金を払ったような場合（金銭騙取の事案）があげられる。普通は丙が借金の返済を受けるのは正当な理由があることになるが、丙が悪意であった（甲から盗んだ金であることを知っていた）場合には法律上の原因も認められないので、甲から丙に対する不当利得返還請求が認められることになるわけである。

また、契約に基づく給付によって、契約外の第三者が利得した場合に、第三者に対する不当利得返還請求権のことを転用物訴権という。具体例でいえば、丙から物を賃借した乙が、甲にその物の修理（修繕）をしてもらったが、乙が甲に約束した修理代金を払わないままに倒産したり行方不明になった場合に、甲は物の所有者である丙に対して修理代金分を不当利得として返還請求することができるだろうか。判例は、丙が法律上の原因なく利得したといえるのは、丙乙間の賃貸借契約を全体としてみて、丙が「対価関係なしに利益を受けた場合」に限られるとして、乙が無資力で、かつ、丙が無償で利益を得た場合に限定して転用物訴権を認めている（限定承認説。最判平成七年九月一九日民集四九巻八号二八〇五頁）。

(3)　不当利得の効果　不当利得として償還すべき範囲は、利得者がその償還の請求を受けたときに、なお保有している利得（現存利益）を限度とする（七〇三条）。従って利得者がその利得の一部をすでに消費したような場合には、残存している部分を返還すれば充分である。もっとも、受益者が悪意であるとき、すなわち、利得を受ける法律上の原因のないことを知っていたときには、利得が残存しているかどうかとは関係なく、受けた利得に利息を付し、さらに損害の賠償をもしなければならないものと規定されている（七〇四条）。これは本来の不当利得の範囲を超えて、むしろ不法行為に近づくものである。

(4)　不法原因給付　不法の原因のために給付をした者は、たといそれが相手方の不当利得となる場合でも、その返還を請求することができない（不法原因給付という。七〇八条）。麻雀賭博をやって、勝った者が負けた者に対して負けた金の支払を請求しても、その麻雀賭博の契約は、公序良俗違反であって無効であるから（九〇条）、勝った者の請求は認められない。かように麻雀賭博契約が無効だとすると、負けた者が金を支払った場合には、無効な契約に基づいて金を給付したことになる。いいかえると、賭博に負けた者は、支払う必要がなかったのを支払ったことになり、従って、勝った者は、その支払を受けてもこれを保有する法律上の原因はないことになる。それなら、負けて金を払った者（損失者）から、勝って金の支払を受けた者（利得者ないし受益者）に対して、不当利得を原因としてその返還を請求することができることになりそうである。右に述べた不当利得の理論からいえば、この場合にも返還請求権を認むべきことになる。しかし、これを認めてはみずから不法な契約をした者が、それを理由にして国家の救済を求めることができることになり、かえって正義に反する結果となる。そこで、民法七〇八条は、たとい一応不当利得が成立する場合でも、その不当利得が不法な原因にもとづいて生じたものであるときには、例外として、返還請求権を生じないものと定めたのである。このことは、さらに広くいえば、自己の権利を主張して裁判上の保護を受けようとする者は、みずからもまた正しい者でなければならない（クリーンハンズの原則という）という理想を示すものである。従って、不当利得を理由とする場合に限らず、不法行為を理由とする場合にも、同様の原則が適用される（七〇八条の類推適用ということになる）。すなわち、例えば、紙幣を偽造する秘法を知っているから、共同して紙幣偽造をやって、もうけを折半しようと欺かれて、資金を提供した者は――そのような契約はむろん無効だけれども、不当利得を理由として利得の返還請求をすることができないだけでなく――詐欺という不法行為を理由として損害賠償の請求をすることもできない、と解されている。また、不当利得ではなく、所有権に基づく返還請求（物権的請求権）の場合にも、同様の原則が適用される（ここも不当利得に関する七〇八条の類推適用となる）。例えば、妻のいる甲男が乙女に愛人契約によって家屋を贈与しても、この契約は公序良俗に反して無効であるから、乙は家屋の所有権を取得することはできないことになる。だからといって、甲から乙に対して所有権に基づく返還請求は認めることはできない。そうすると、所有と占有が永久に分離することになって不都合であるから、判例は、不法原因給付により、甲が乙に返還請求できなくなったことの反射的効果として、家屋の所有権は甲ではなく、乙に帰属するとしている（最判昭和四五年一〇月二一日民集二四巻一一号一五六〇頁）。

第三編　身分法（家族法）

第一章　身分法（家族法）とは何か

一　身分法（家族法）の意義

身分法とは、われわれの身分関係を規律する法律である。最近は、身分という言葉を避け、家族法という者が多い。われわれは、常に、親子、夫婦などとして親族的な共同生活をする。この親族的な共同生活の関係には、道徳や習俗によって規律される部分が非常に多い。しかし法律もまた、そのうちの基本的な部分を規律する。この法律が身分法の主要な部分である。しかし、夫婦、親子などの間では、単に夫と妻、親と子の間の生活関係が問題となるだけでなく、一方が死亡したときに、その財産が他方によって承継されること、すなわち、遺産の相続の関係も問題となる。そこで身分法という言葉は、この親族の間における財産承継（相続）の関係をも含むことになる。

わが国の身分法は、夫婦、親子、親族という三つの共同生活関係を規律しているが、戦後に改正されるまでは、この三つの共同生活関係のほかに、家族共同生活体（家）というものを認めていた。この「家」は、戸主という家長に統率される一団の親族団体であって、戸主に与えられた戸主権という相当に強い権利によって支配されていた。かような戸主権を認めることは、家族員の自由を拘束する。それだけでなく、戸主は原則として男でなければならないという主義をとったので、家族員の間に不平等を生じた。しかし、かような法制は、憲法二四条の理念に反するので、戦後の改正によって改められ、わが国には「家」という制度は法的には存在しなくなった。

二　身分関係を規律する法律

最も主要な法律は、民法典の第四編及び第五編（七二五条―一〇四四条）であるが、そのほかにこれに附属している多くの法律がある。

(1)　民法第四編・第五編　民法第四編及び第五編は、明治三一年六月二一日法律第九号として制定され、前三編と同時に明治三一年七月一六日から施行されたものであったが、右に述べたように、この中の「家」に関する制度が新憲法の理想に合わないので、日本国憲法の施行（昭和二二年五月三日）にともない昭和二二年一二月二二日法律第二二二号によって、全面的に改正され、昭和二三年一月一日から施行されることになったものである。

改正法の主眼点は、いま述べたように、「家」を廃止したことと、夫婦の平等を認めたことであるが、それに関連して、戸主権及び家督相続の制度が廃止され、相続はすべての子の間の均分相続とされ、また親族会という制度が廃止されるなど、きわめて多くの点における改正を伴った。その後も親族法、相続法の何回かにわたる改正があり、当該箇所でそれにふれるが、最近では、平成三〇年に相続法に関する大きな改正がされた（平成三〇年法律七二号）。また、成年年齢が二〇歳から一八歳に引き下げられ（平成三〇年法律五九号）、それに伴う改正がされた。令和三年に物権法とともに相続法の分野、そして、令和四年にも主に親子法の分野で重要な改正が続いている。

(2) 特別法・手続法

われわれの身分関係・家族関係に関連する特別法や手続を定める付属法のうち、主要なものを掲げておく。

(ア) まず、われわれの身分関係を登録する戸籍簿について規定する法律として、**「戸籍法」**（昭和二二年法律二二四号）がある。夫婦及びこれと氏を同じくする子ごとに編成する（一夫婦一戸籍・親子同一戸籍・同氏同籍）。そして、出生、婚姻、養子縁組、死亡その他身分上の変動をことごとくこれに記載する。戦前の戸籍が「家」を反映するものであったのに対して、現在の戸籍は、個人の呼称たる氏その他個人の身分関係の記載にすぎず、同じ戸籍といってもその意味するところは根本的に異なっていることに注意すべきである。なお、戸籍が保管されている市町村の所在地（地番）を本籍というが、本籍は日本国内のいずれかの場所に定めなければいけない（出生地や住所である必要はないし、転籍届の提出により自由に変更することができる）。

(イ) 次に、家庭裁判所が家庭に関する事件を取り扱う場合の基準と手続を定めた法律として**「家事事件手続法」**（平成二三年法律五二号）がある。従来の家事審判法（昭和二二年法律一五二号）を全面的に改正したもので、家庭裁判所が行う家事審判や家事調停の手続を定めている。家族間の紛争は、財産関係の紛争とは異なる特殊性があるので、それに対応した紛争処理の手続を定めたものである。

家事審判は、裁判官（家事審判官という）が、原則として、民間から選任された参与員を立ち会わせ、又はその意見を聴いて決定する（同法四〇条）。この審判は、裁判官に後見的な役割をもさせ、その裁量に基づいた望ましい解決をめざすものであるから、通常の訴訟手続とは異なり、**非訟事件**の性質を持つ。そのため、家庭裁判所は、職権で審理に必要な事実の存否を認定するための調査を行い（**職権探知主義**。同法五六条一項）、また、審理も非公開で行われるなど、通常の民事事件とは異なる扱いがされている。

（ウ）離婚、親子関係の存否確認や否認（嫡出否認）など、基本的な身分関係の存否をめぐる紛争を処理するための特殊な民事訴訟手続を定めた法律が**人事訴訟法**（平成一五年法律一〇九号）である。従来、人事訴訟は、その性質が通常訴訟であることから管轄は地方裁判所にあったが、その実質は家庭に関する事件であるから家庭裁判所に管轄が移された。そして、これと密接に関連する損害賠償請求もあわせて家庭裁判所で審理できるようになった。このように、家庭裁判所の権限・機能が拡大され、家庭裁判所の役割がより重要になった。

（エ）その他、家庭生活に密接な関係を持つ法律は少なくない。重要なものとして、児童の人権・福祉に関する児童虐待防止法・児童福祉法・児童の権利条約、成年後見に関する任意後見契約法・後見登記法、配偶者の暴力に関するＤＶ防止法などがある。

第二章　親　族

一　親族の範囲

親族とは、血の続く間柄の者（血族）、配偶者及び婚姻によって生ずる続柄の者（姻族）の団体である。血族はきわめて広い範囲に及ぶ。また夫婦の結合によって、夫の血族と妻の血族との間に親族関係を認めるときは、親族関係の範囲は無限に広がってゆく。これらすべての続柄のものが、社会的に親族として交際するならば、それはもちろん結構なことである。しかし法律で親族として一定の法律的効果を認めるためには、右の範囲に一定の制限をつける必要がある。

民法の認める親族の範囲は、六親等内の血族、配偶者、三親等内の姻族である（七二五条）。

(1)　六親等内の血族　血族とは、本来は自然の血の続く者（自然血族）であるが、自然の血の続かない者の間にも、法律が特に血族とみなすもの（法定血族）がある。養子と養親及びその血族との間である。継親子関係（例えば、夫婦間で妻の連れ子と夫との関係）や男性からみて愛人の子と妻との関係は、戦前の民法では、血族一親等とされていたが、戦後改正された民法（家族法）では、これらの者は姻族一親等になる。継親子関係が、親子ではないということを非難する人もいるが、継親子が、民法のもとで法律的な親子でないといっても、それは法律的な親権がないということと、その間に相続関係がないというだけのことで、道徳上親子としていつくしみ、愛護することを禁ずる意味ではない。本来、親子の関係は、法律的な問題としてよりも、人情、道徳の問題として取り扱われるべきものである。

親等とは、親族関係の遠近をはかる尺度であり、親族間の世代数である。直系血族、すなわち、直下又は直上する関係（分かりやすくいえば、一方が他方の子孫にあたる関係ということである。子・孫・曽孫・父母・祖父母・曽祖父母など）の間では、両者間の世代の数を計算し、親子は一親等、祖父母と孫は二親等とする。傍系血族、すなわち、共同の始祖から分かれた者の関係（分かりやすくいえば、同じ先祖の子孫同士ということである。いとこ、「おじ・おば」と「おい・めい」など）の間では、一方からの共同の始祖にさかのぼり、その始祖から他の一人に下るまでの世代の数を合計して計算し、兄弟は二親等、「おじ・おば」と「おい・めい」は三親等、いとこは四親等とする。そして、父母や祖父母などのように、自分より前の世代に属する者のことを尊属といい、子や孫などのように、自分より後の世代に属する者のことを卑属という。

(2)　配偶者　夫婦は、血族でも姻族でもなく、また親等でもない。いわば異身同体である。

(3)　三親等内の姻族　配偶者の一方と他方の血族との関係が姻族関係で、かような関係にある者が姻族である。従って、配偶者双方の血族、例えば夫の親と妻の親相互の間は姻族ではなく、配偶者の一方と他方の姻族、例えば夫と「妻の姉の夫」相互の間も姻族ではない。姻族間の親等は、夫婦を一体と見て計算すればよい。夫から見て妻の父母、妻の兄弟、妻の「おじ・おば」は、それぞれ姻族一親等、同二親等、同三親等となる（七二六条）。

親族の範囲は法律で一定しており、個人の意思で拡張も縮少もできない。兄弟の盃をかわしても、法律上は親族ではない。また、親でもない子でもないといって勘当しても、法律上親子であることに変わりはない。

子にとって父母両方の血族は対等に血族である。すなわち、父方の祖父母も、母方の祖父母も、ひとしく直系血族二親等である。わが国の社会の一般的通念では、家や氏を同じくする祖父母（多くは父方の祖父母）がより近い関係があるという意識があると思われるが、民法のもとでは、父方の親族と母方の親族とで、何らの区別のないことをはっきり認識する必要がある。

二　親族関係の変動

親族関係は、出生、父の認知、養子縁組、婚姻で発生し、死亡、離婚、離縁で消滅・終了する。詳しくは、それぞれを扱うところで説明する。

三　親族関係の効果

親族のうち、夫婦相互及び「親と未成熟の子」は、特別の関係として別に考えねばならない。親族一般の民法上の効果としては、つぎの諸点を注意すべきである。

(1)　親族間の扶養義務　　親族は相互に扶養義務を負う。しかしその範囲は、親族一般に及ぶのではなく、直系血族、兄弟姉妹、三親等内の親族など一定の範囲に限られる（八七七条）。後に説く。

(2)　親族間の扶《たす》け合い　　直系血族及び同居の親族は、互いに扶け合わなければならない（七三〇条）。この規定は、親族間の近親相助の倫理を掲げたものである。直系血族間に同居を命じたものでもなく、同居する親族間に扶養義務を認めたものでもない。家庭裁判所の調停の基準となるような、間接的な法律効果をもつだけである。

第三章　夫　婦

一　夫婦関係の成立

夫婦関係は、婚姻（結婚）によって成立するが、法律上正当な夫婦と認められるためには、実質的要件と形式的要件を必要とする。

(1)　婚姻の実質的要件　実質的要件というのは、夫婦となる男女について一定の事情（婚姻障害）があってはならないということである。すなわち、両当事者に婚姻する意思（婚姻意思）があるほか、第一に、婚姻できる年齢（婚姻適齢）は、かつては男は一八歳、女は一六歳以上とされていたが、平成三〇年の改正により、令和四年四月一日からは男女とも一八歳とされている（七三一条）。第二に、重婚であってはならない（七三二条。重婚の禁止）。第三に、女は原則として前婚の解消（夫の死亡や離婚）又は取消しの日から、一〇〇日を経過した後でなければならない（七三三条一項）とされていたが、この再婚禁止期間は、令和四年一二月の改正で廃止された（同条文の削除）。第四に、近親者であってはならない（近親婚の禁止）。すなわち、直系血族又は三親等内の傍系血族であってはならない（七三四条。いとこ同士はよいが、「おじと姪」や「おばと甥」はいけない）。ただし、養子と養方の傍系血族（例えば養子と養親の子との間はさしつかえない）。また、直系姻族の間（例えば先妻の子と後妻）では、姻族関係が終了した後も婚姻はできない（七三五条。直系ではなく、傍系姻族、たとえば亡妻の姉妹との結婚や亡夫の兄弟との結婚は可能である）。さらに、「養子、その配偶者、養子の直系卑属又はその配偶者」と「養親又はその直系尊属」との間では、縁組による親族関係が離縁によって終了した後でも、婚姻することができない（七三六条）。

(2)　婚姻の形式的要件　　婚姻は、右の要件を備えた男女が、単に儀式を挙げて同棲しただけでは、法律的には効力を生じない。必ず戸籍の届出を必要とする（七三九条）。これを法律婚主義という。婚姻の形式的要件である。この届出は、夫婦となる者双方及び成年の証人二人以上から、口頭又は署名した書面で、夫婦の称する氏（夫の氏か妻の氏か）その他戸籍法と同施行規則に定めることを届け出るものである（戸籍法二五条・三七条・七四条、戸籍法施行規則五六条）。

(3)　婚姻の無効・取消し　　外形上成立した婚姻が無効であったり、後に取り消されたりすることがある。右に述べた婚姻の要件の一つを欠く場合には、法律の認めない夫婦関係だから、これを無効とするのが当然のように思われるけれども、ともかく一たび成立した婚姻を、初めから無効なものとすることは、当事者その他の者に重大な影響を及ぼすことになるから、民法はただ二つの場合にだけ婚姻は無効なものとし、その他の場合には取り消しうるにすぎないものとした。

婚姻が無効な一つの場合は、親が勝手に届出をしたというような、当事者の間に婚姻をする意思（婚姻意思）のないときであり、他の一つの場合は、届出のないときである（七四二条）。この婚姻意思は、真に社会観念上夫婦であると認められる関係の設定を欲する意思（実質的意思）をいうのであって、単に婚姻届を出すことの合意（形式的意思）では足りないとされている（最判昭和四四年一〇月三一日民集二三巻一〇号一八九四頁）。仮装婚はもちろん、子供を嫡出子にするためとか、日本在留資格の取得を容易にするために婚姻届を出したような場合には、その婚姻は無効ということになる。婚姻年齢に達しないとか、近親婚であるというような、前に述べた要件の一つを欠く場合には、法律の定める一定の者から裁判所に訴えて、婚姻取消しの判決を受けることができる（七四三条―七四七条）。しかし、婚姻を取り消す判決を受けても、財産上の契約が取り消された場合とは違って、婚姻が最初から効力をもたなかったことになるのではなく、その取消しの判決のあった時から以後、将来に向かって夫婦関係がなくなるだけである（七四八条）。なお、詐欺又は強迫を受けて婚姻をした者も、この婚姻の取消しを裁判所に請求することができる（七四七条）。しかし、この場合にも、その婚姻関係が取消しの判決を受けた時から解消するものであることは、他の取消しの場合と同様である。

⑷　婚約　　将来夫婦になる約束を婚約という。婚約は婚姻の予約と解されるが、民法には規定がない。婚約の成立にはなんらの形式も必要なく、当事者間での確実な合意があればよい（不要式の諾成契約）。将来夫婦になろうという誠心誠意の合意があればよく、結納の取り交わしや儀式は必要がない。婚約しているからといって、婚姻を強制することはできないが、婚約を不当に破棄した者に対しては、不法行為又は債務不履行として損害賠償（慰謝料）請求することができる（最判昭和三八年九月五日民集一七巻八号九四二頁）。なお、婚約が儀式として行われる場合には、結納を交付することがあるが、これは婚姻の成立を目的としたものであるから、婚姻が成立しない場合には、不当利得として、相手に交付した結納（金）の返還を求めることができると解される（大判大正六年二月二八日民録二三輯二九二頁。目的を達したとして返還義務を否定したものとして、最判昭和三九年九月四日民集一八巻七号一三九四頁）。

二　夫婦間の権利義務

夫婦は互いに愛し合い、協力し、いわゆる異身同体として終生的結合をなすものであって、その間の関係は、もっぱら愛情と道徳とによって規律されるべきものである。夫婦間の権利義務という言葉そのものが、すでに夫婦の本質に合わないといわなければならない。しかし、民法は、夫婦の間におけるいわば最小限度の関係を法律の上にとり上げて、一定の規律を定めたのである。民法の定める規則を守りさえすれば、理想的な夫婦だということのできないのは、もちろんいうまでもないことである。

夫婦は同一の氏を称する（夫婦同氏の原則）。夫の氏を称するか、妻の氏を称するかは、婚姻の際に二人の協議で定める。そして、夫婦関係の継続する間は、同一の氏を称し続ける（七五〇条）。近時、女性の社会進出を背景に、この夫婦同氏の原則には批判も強くなった。平成八年の民法改正要綱では夫婦別姓選択制の導入が提案されたが、夫婦別姓により家族の一体性が損なわれるなど反対論もなお有力である。民法七五〇条の定める夫婦同氏制度は違憲であるとの主張もあるが、判例は、憲法一三条・一四条・二四条のいずれにも違反せず、合憲であるとの立場をとっている（最判平成二七年一二月一六日民集六九巻八号二五八六頁）。

次に、夫婦は同居し、互いに協力し扶助しなければならない（七五二条）。夫が正当な理由なく、妻の同居を拒み、又は妻に生活費を支給しないような場合には、妻は家庭裁判所に申し立て、これを請求することができる。

さらに、民法は夫婦の間の契約（約束）は、婚姻中いつでもこれを取り消すことができると定めている（夫婦間の契約取消権。七五四条）。夫婦は一度契約しても、いつでもこれを破ることができるというのは、一見すると夫婦は互いに嘘のつき合いだとしているように思われる。しかし、この規定は、夫婦の間の契約は、愛情と習俗との力で履行されるべきものであって、履行しない相手方に対して裁判を求め、強制執行をしてまでこれを実現すべきものではないという趣旨であるが、このような規定は不要であるとする廃止論も有力である。

夫婦の間の財産関係について、夫婦共同生活に要する一切の費用（婚姻費用）は、夫婦がその資産、収入その他一切の事情を考慮してこれを分担する（七六〇条）。妻が家計を維持するために必要な品を購入したような場合には、そうした日常家事債務は、夫婦が連帯してその弁済の責任を負わなければならない（七六一条）。夫又は妻が婚姻前からもっている財産及び婚姻中に取得した財産（例えば、妻がその父母から相続した財産など）は、それぞれの特有財産とされる（別産制という）が、夫婦のいずれのものか明らかでない財産は、その共有に属するものと推定される（七六二条）。

もっとも、夫婦は、婚姻前に特別の契約をして、右に述べたことと異なる財産関係を定めることもできる（七五五条）。例えば、夫婦の財産を、すべて夫婦の共有だとすることもできる。これを夫婦財産契約という。そして、夫婦が民法の規定とは異なる内容の夫婦財産契約をしたときは、婚姻の届出前にその登記をしなければ、第三者に対抗することができないとされている（七五六条）。欧米諸国には、いろいろの夫婦財産契約の種類があり、またこれを結ぶ夫婦も非常に多いが、わが国では、夫婦財産契約を締結する夫婦は、今日までほとんど存在しないといわれている（なお、筆者（良永）は約四〇年前に夫婦財産契約の登記をした）。

三　離　婚

(1)　離婚の成立　離婚は、夫婦の双方が同意するときは、いつでも、その理由のいかんを問わず、戸籍の届出によって、これをすることができる（**協議離婚**。七六三条―七六五条）。なお、この場合の離婚の意思は、前述した婚姻の場合と異なり、離婚の届出をする意思（形式的意思）で足りるとされている（最判昭和五七年三月二六日判時一〇四一号六六頁）。

相手が同意しないときには、前に述べたように家庭裁判所で調停をすることになり、調停が成立すれば離婚となる（**調停離婚**）。調停が成立しない場合に、調停に代わる審判によって家事審判官が離婚を命ずる制度（**審判離婚**。家事事件手続法二八四条一項本文）もあるが、それはよくよくの例外的な場合であって、調停が不成立になると、普通は離婚の訴えを提起し、離婚の判決を得ることになる（**裁判離婚**）。このほか、平成一五年の人事訴訟法の改正によって、離婚訴訟中に離婚の合意が成立し和解調書が作成されて離婚となる「和解離婚」、被告が原告の主張を認めて離婚となる「認諾離婚」とが新設された。同法三七条）。そして、裁判上の離婚が認められるためには、法律の定める一定の原因のあることを必要とする。その**離婚原因**というのは、①配偶者に不貞の行為があったとき、②配偶者から悪意で遺棄されたとき、③配偶者の生死が三年以上明らかでないとき、④配偶者が強度の精神病にかかり、回復の見込みがないとき、⑤その他婚姻を継続し難い重大な事由があるときである（七七〇条）。右の事由のうち、最後の事由は、相対的離婚原因といわれ、どうしても性格が合わないというような場合をも含むものではあるが、その程度などは、各場合について裁判所が慎重にこれを判断しなければならない。

従来、夫婦生活が破綻し、回復の見込がなくなった場合でも、その原因につきもっぱら責任のある一方の配偶者（有責配偶者という）からの離婚の請求は認められないとされていたが、昭和六二年九月二日の最高裁大法廷判決（民集四一巻六号一四二三頁）は、①夫婦の別居が相当の長期間に及び、②その間に未成熟子が存在せず、③相手方配偶者が離婚により精神的・社会的・経済的に極めて苛酷な状態におかれる等離婚請求を認容することが著しく社会正義に反するといえるような特段の事情のない限り、有責配偶者からの離婚請求も認められるものとした。この判決では別居期間は三六年にも及ぶものであったが、その後、だんだんとその期間が短縮され、現在では八年～一〇年程度で足りるとされている。

破綻した夫婦を法律上つなぎとめておいても意味がないとして、破綻している以上は離婚を認めるべきであるという考え方（破綻主義）も有力であり、それが世界の趨勢であるといわれるが、他方、相手方配偶者が離婚を希望していないのに、破綻の責任のある有責配偶者からの離婚請求を安易に認めるのは不当であるという考え方（有責主義）にもなお根拠がある。破綻主義か有責主義かは離婚法の難しい問題である。

(2)　離婚の効果　離婚の効果は、夫婦であった男女の間に、夫婦関係がなくなることをその本体とする。しかし、この本体的効果に伴って、なお二、三の効果を生ずる。

その第一は、子の問題である。子が未成年者であるときは、父母のどちらが親権者となるかを決定して、これを離婚届に記載しなければならない（八一九条・七六五条）。日本では離婚後は単独親権となるわけだが、外国のように離婚後でも共同親権にすべきであるという意見もある。このほかなお、その子を誰がどのように監護するかも、父母の協議で定めなければならない。もし協議が調わないときは、家庭裁判所がこれを定める（七六六条・七七一条、人事訴訟法三二条）。離婚後、親権者・監護者とならなかった親も、子と会ったり、交流・接触すること（面接交渉とか面会交流という）ができるかについて、従来、明文の規定はなかったが、判例・実務は、これを認めてきた。平成二三年の民法改正によって明文化された（七六六条一項）。面会交流権の法的性質や許否基準については議論がある。

第二に、婚姻によって氏を改めた者（多くの場合、妻）は、離婚によって婚姻前の氏に復する（復氏の原則）。ただし、引き続き離婚の際の氏を名のりたい者は、離婚の日から三か月以内に戸籍法の定めるところによりその旨を届出をすれば、離婚の際に称していた氏を名のることができる（婚氏続称。七六七条・七七一条）。従来は、離婚によって当然旧氏に復するとされていたが、男女共に社会生活が拡がり、社会活動の継続の必要性や離婚後の子の氏との関係などから、一般の要望が強まり、昭和五一年に改正された（昭和五一年法律六六号。七六七条二項追加）。

第三に、離婚をした夫婦の一方から、他方に対して、財産の分与を請求することができる（財産分与請求権。七六八条一項・七七一条）。①婚姻中は、夫婦は互いに協力して生活するものであるから、夫の取得する財産も、実際においては夫婦の協力によって取得したもの、すなわち、共有の財産ともいうべきものである。しかし、法律上は夫一人の所有とされるのが常であるから、離婚にあたっては、その妻の協力に対して分け前を与えることが至当である（財産関係の清算）。また、②離婚の原因について責任のある者は、他方に対してその精神的苦痛につき不法行為に基づく損害賠償の責任を負う（慰謝料）。さらに、③終生の結合を目的として結ばれた以上、たとい別れるにしても、一方がその後の生活に困ることのないように、他方が相当の配慮をする責任があろう（離婚後の扶養）。この財産分与請求の規定は、これらすべての事情を考慮して、現行法が設けたものであるが、その分与すべき額及び方法について協議が調わないときは、家庭裁判所が、諸般の事情を考慮して定めなければならない（七六八条二項・三項）。本来、慰謝料は不法行為に基づくもので、財産分与とは本質が異なるので、すでに財産分与がされた後でも別途慰謝料を請求することもできる（消滅時効も異なる。七二四条・七六八条二項ただし書参照）が、判例は、慰謝料を財産分与の中に含めてもよいとし、これを別個に扱ってもよいとしている（最判昭和四六年七月二三日民集二五巻五号八〇五頁）。

第四に、婚姻によって生じた姻族関係（配偶者の血族との親族関係）は、離婚によって終了する（七二八条一項）。なお、離婚と異なり、夫婦の一方が死亡したときは、死亡した者との間の配偶者関係が終了するだけで、その姻族関係は当然には終了せず、ただ、この生存配偶者が姻族関係を終了させる意思表示をすると、姻族関係はこれによって終了する（同条二項。戸籍法七七条の二）。

四　内　縁

内縁とは、世間一般が夫婦と認めるにもかかわらず、戸籍の届出がないために、法律上は正当な夫婦と認められないものの間柄である。古くは、内縁には法的な効力は一切認められないと考えられ、内縁の妻が夫に追い出された場合にも、救済を求める方法がないのみならず、内縁の夫が死亡した場合にも、相続権のないのはもちろん、遺族扶助料を受ける権利もないとされた。しかし、かような内縁の妻の不利益を救済するために、大審院は、大正四年一月二六日の民事連合部判決（民録二一輯四九頁）で、内縁の妻を不当に追い出した夫は、婚姻予約不履行の責任があるとして、内縁の妻に対して損害賠償をしなければならないと認めた。今日では、内縁を婚姻予約と構成するのではなく、婚姻に準ずる関係（**準婚関係**）とみて、婚姻の規定をできるかぎり類推適用するものと考えられており、内縁の不当破棄は準婚関係の破壊とみて、不法行為に基づく損害賠償請求ができるとされている（最判昭和三三年四月一一日民集一二巻五号七八九頁）。

また、社会保険や労働災害補償など社会保障立法では、遺族扶助料や保険金・死亡退職金の受給権者の規定において「配偶者」という中には、「届出をしていないが、事実上婚姻関係と同様の事情にある場合を含む」として、内縁の妻を、法律上の妻と同様に扱う場合が多くなった。かように、内縁の妻の地位は、次第に法律上で認められるようになったけれども、なお内縁の妻は、内縁の夫の遺産を相続する権利はない。また内縁の夫婦の間の子は、夫が認知しなければ、相続権も扶養を請求する権利もない。従って今日でも、内縁関係とその間の子とが、いろいろな点で不利益を受け、また法律関係を混乱させていることは、否定しえない事実である。

今日では、事実婚と称して、当事者が当初から婚姻届の提出を意識的に拒否し、同棲生活をするというケースもみられるが、法的には、内縁と同様の扱いがされることになろう。また、双方又は一方が性的マイノリティで、互いに人生のパートナーとして同居して日常の共同生活をおくるというケースも増えており、こうしたパートナーシップ関係にあることを宣誓して、役所に届け出ることでそうした関係を公的にも認める自治体もでている（東京都パートナシップ宣誓制度など）。こうした関係を内縁と同じように準婚関係と扱うことができるか、法的にどのような扱いをすべきかが問題となる。

第四章　親　　子

一　親子関係と親子法の変遷

親子関係は、婚姻関係とともに、社会における人間関係の基礎であり、親族関係の核であるといってよい。親子法は、親子関係の発生、変更、消滅とその権利義務関係を規律している。この親子法には考え方に変遷があり、かつては子は「家のため」（家の利益）という思想が重視されていたが、ついで「親のため」（親の利益）、そして現在では「子のため」（子の利益）の親子法に重点が置かれるようになっている。

二　実親子関係

実子には、①婚姻関係にある父母から生まれた子（嫡出子）と②婚姻関係にない父母から生まれた子（嫡出でない子又は非嫡出子）の二種類がある。

(1)　嫡出子　　嫡出子とは、婚姻関係にある男女の間の子であるが、その要件を正確に示すとなると相当の問題がある。正確にいえば、嫡出子であるためには、①妻たる身分のある女が懐胎したものであること、②婚姻中（婚姻の成立の日から解消の日までの間）に懐胎したものであること、③夫の子を懐胎したものであること、という三つの要件を必要とする。ところで、この三つの要件のうち、

①は容易に判明することだが、②と③は簡単にはわからない。そこで民法は、嫡出子と扱う嫡出推定の規定をおいて、その推定が正しくない場合には、その推定を否認する制度を設けているが、令和四年一二月の民法改正でその内容が大きく変更された。

まず、妻が婚姻中に懐胎した子は、当該婚姻における夫の子と推定される（七七二条一項前段）。この点は改正前と異ならない。なお、平成一五年に制定された性同一性障害特例法（平成一五年法律一一一号）により女性から男性に戸籍上も性別変更して女性と結婚した者もここでいう「夫」にあたる、すなわち、第三者から提供された精子によって妻が出産した子（長男）にも嫡出推定が及び、この夫の子と推定されるとされた（最判平成二五年一二月一〇日民集六七巻九号一八四七頁）。

そして、この令和四年の改正で、女性が婚姻前に懐胎した子であっても、婚姻成立後に生まれたものも、同様に夫の子と推定することが明文化された（同条一項後段）。

また、「婚姻の成立の日から二〇〇日を経過した後、又は婚姻解消若しくは解消しの日から三〇〇日以内に生まれた子は、婚姻中に懐胎したものと推定する」（同条二項後段）という点も改正前と同じであるが、改正によって、「婚姻の成立の日から二〇〇日以内に生まれた子は、婚姻前に懐胎したものと推定」する規定（同条二項前段）が追加された。そうすると、女性が子を懐胎した時から子の出生までの間に複数の婚姻をしていたときには、推定の重複が生じてしまう。そこで、女性が子を懐胎した時から子の出生の時までに二以上の婚姻をしていたときは、その子は、その出生の直近の婚姻における夫の子と推定するものとされた（同条三項）。当該夫の子である蓋然性が高いとみられるからである。

なお、再婚禁止期間は廃止されたので、これに違反して再婚した場合の父性の重複はなくなったが、重婚の禁止（七三二条）に違反して婚姻した女性が出産した場合の推定の重複はありうる。この場合は、子の父を定めることができないので、父を定めることを目的とする訴えにより、裁判所がすべての事情を審査した上で、いずれの男性が子の父であるかを定めるものとされた（七七三条、人事訴訟法二条二号）。

さて、夫の子と推定されても、真実は夫の子ではない場合も当然ある。そうした場合に、この子の嫡出性を奪うためには、すなわち父と子との父子関係を否定するためには、**嫡出否認の訴え**によらなければならない。そして、これまでは、否認権は夫のみに認められ、夫からその子又は親権を行う母（この母がいないときは、家庭裁判所が選任した特別代理人）を相手にして嫡出否認の訴えを子の出生を知った時から一年以内に提起しなければならないとされていたが、令和四年一二月の改正で変更された。おおざっぱにいえば、父子関係を否認できる否認権は、夫だけではなく、子・母・前夫にも認められ、また、出訴期間は一年から三年に延長された。より正確にいえば、嫡出否認の訴えは、父に加えて、①子、②母、③前夫もこの訴えを提起することができるとされた（七七四条）。しかし、母の否認権行使が子の利益を害することが明らかなときは、母の行使は認められない（同条三項ただし書）。そして、父又は母が、子の出生後にその嫡出であることを承認したときは、否認権を失う（七七六条）。また、嫡出否認の訴えは、これまでは夫が子の出生を知った時から一年以内に提起しなければいけないとされていたが、令和四年一二月の改正で、この出訴期間が夫及び前夫の否認権については、子の出生を知った時から三年以内、子及び母の否認権については、子の出生の時から三年以内とされた（七七七条）。なお、子は、父と継続して同居した期間が三年未満であるときは、二一歳に達するまでは嫡出否認の訴えを提起することができるとされている（七七八条の二第二項本文・三項）。ただし、子の否認権行使が父による養育の状況に照らして父の利益を著しく害するときは、この限りでない（同条二項ただし書）。少し複雑でややこしいが、嫡出否認の訴えができる場合が大きく拡大した。

終りに、結婚式など儀式を挙げて同棲した夫婦が、懐胎した後に婚姻の届出をする例は、わが国に非常に多かったが、かような場合には、婚姻届出の日から子の出生のときまでに、二〇〇日を経過しないものも少なくない。かような子は、婚姻中に懐胎されたものではないから、嫡出子の推定を受けないだけでなく、嫡出子でもないはずだが、これを嫡出子としないことは、わが国の実情に合わないので、判例及び通説は、これをも嫡出子とみなしてきた。嫡出子ではあるが、推定はされないため「推定されない嫡出子」といっていた。そして、その子の嫡出性を奪うためには否認の訴えによる必要はなく、親子関係不存在確認の訴えで足りるとしてきたが、令和四年の前述の改正により、婚姻成立の日から二〇〇日以内に生まれた子は婚姻前に懐胎したものと推定され（七七二条二項前段）、そして、婚姻前に懐胎した子で、婚姻成立後に生まれた子は、夫の子と嫡出推定されることになったこと（同条一項後段）から、この場合も今後は、嫡出否認の訴えによることになるものと思われる。

夫婦の長期の別居や夫の長期の服役ないし海外滞在中などに妻が懐胎したなど、絶対にその夫の子でありえない事情があるときには、「民法七七二条の推定を受けない嫡出子」（「推定の及ばない子」「推定されない子」「推定の及ばない嫡出子」「表見嫡出子」などともいう）として、嫡出推定は排除される（夫の子を懐胎することが不可能なことが外観から明白な場合に限られることから、これを外観説という。ＤＮＡ鑑定により明らかに夫の子でないとされても、外観上性交渉の機会がありえた以上は嫡出推定される。最判平成二六年七月一七日民集六八巻六号五四七頁）。その結果、嫡出否認の訴えによるのではなく、親子関係不存在の訴えで父子関係を切断できるし、また、子は、真実の父に対して認知請求することができる（最判昭和四四年五月二九日民集二三巻六号一〇六四頁）。この点は、令和四年改正後も異ならないものと思われる。

(2)　嫡出でない子（非嫡出子）　嫡出でない子と母との母子関係は、母がその子を分娩したという事実で成立する。もちろん棄児などの場合には、母が後にその子を認知するということもありうる。しかし、その場合にも、この認知は単純な事実の確定にすぎない。

これに反し、嫡出でない子と父との間の父子関係は、認知という特別の事実によって発生するものとされる。すなわち、父は自分の意思で、戸籍の届出又は遺言によって自分の嫡出でない子を認知することができる（任意認知という。七七九条－七八一条、戸籍法六〇条・六一条）。なお、成年の子を認知するには、その子の承諾が必要であり（七八二条）、また、胎児を認知するためには、その胎児の母の承諾が必要であり（七八三条一項。なお、この胎児認知の効力が生じない場合につき、同条二項参照）、さらに、死亡した子でも認知できるが、その子に直系卑属があるときに限られ、直系卑属が成年者であればその承諾が必要である（同条三項）。

父が任意に認知しない場合には、子の方から訴えによって認知を求めることができる（強制認知という。七八七条本文・人事訴訟法四二条）。父又は母が死亡している場合に、この認知の訴えができるのは、その死亡後三年以内に限られている（七八七条ただし書）。

認知の効果は、父と認知された子との間に父子関係を生ずることであるが、その父子関係は、認知の時から発生するのではなく、子の生まれた時にさかのぼって発生する（認知の遡及効）（七八四条）。その結果、父は、その子の生まれた時から母と共同してその子を扶養すべきはずであったことになり、もし母だけがその子を扶養してきたのであれば、父は母に対して相当の補償を与えなければならないことになる。また、認知された子の認知後の監護に関しては、父と母との協議でこれらを定めなければならない（七八八条・七六六条）。ただし、子の氏は、依然として母の氏であり（七九〇条二項）、親権者も、父母の協議によって父を親権者としない限り、依然として母である（八一九条四項）。

真実に反する認知（不実認知という）は無効であるが、令和四年の改正で、不実認知について認知無効の訴えを提起できる者が子（又はその代理人）、認知をした者、子の母に限定することが明記され、その出訴期間（原則七年）も決められた（詳しくは七八六条参照）。

戦前の民法は、父の認知した子を特に「庶子」として名づけたが、現民法では、「庶子」という特別の呼称を廃止した（なお「私生子」という言葉は、旧法時代にすでに廃止されたものである）。

嫡出でない子の父母が婚姻すると、その子は、嫡出子の身分を取得する。すなわち、婚姻前に認知された子は婚姻の時から、まだ認知されなかった子は婚姻中に父母の認知を受けた時から、嫡出子として取り扱われることになる。これを準正という（七八九条）。

(3)　子の氏　　子は、生まれると、嫡出子であれば父母の氏を称し、嫡出子でなければ母の氏を称する（七九〇条）。

子が出生によって取得した氏は、養子となった場合に養親の氏に変わる以外には、父母の氏の変動によっても、改められることはない。従って、子とその父又は母とが氏を異にする場合は非常に多い。かような場合には、子は家庭裁判所の許可を得て、戸籍法の定めるところにより、届け出ることによって、その父又は母の氏に変わることができる（七九一条一項）。ただし、父又は母が氏を改めたことにより、子が父母と氏を異にする場合に、子は、父母の婚姻中に限り、家庭裁判所の許可を得ないで、戸籍法の定めるところにより届け出ることによって父母の氏を称することができる（七九一条二項、昭六二年法律一〇一号）。子が一五歳未満であるときは、子自身ではこの手続をとることはできないが、その法定代理人がこれに代わってその氏を変えることができる（七九一条三項）。そして、子が未成年時代に、自分で又は法定代理人が代わって、氏を改めたときには、成年に達した時から一年以内に、従前の氏に戻ることができる（七九一条四項）。前に述べたように、氏は、単なる呼称であって、子がその父又は母と氏を異にしても、親子としての法律的な効果には何らの差異も生じないのだから、子の氏を変更することなどは認めなくてもよいようなものであるが、親子は同じ氏を称したいという国民感情がなお相当に強いから、民法はこの国民感情に順応するために、右のような途を残したのである。

(4)　生殖補助医療と親子関係　　不妊治療の目的で行われる生殖補助医療の発展によって法的に困難な親子問題が生じている。すなわち、人工生殖により出生した子（**人工生殖子**とか医療補助生殖子という）の親子関係をどう考えるかである。

人工的に男性の精子と女性の卵子を結合させることによる人工授精には、①夫の精子を用いる配偶者間人工授精（ＡＩＨ）と②第三者（ドナー）の精子を用いる非配偶者間人工授精（ＡＩＤ）とがあるが、前者①によって妻たる女性から生まれた子は当該夫婦の子であるので、通常は法的な問題は生じない（嫡出子としての推定もされる）。ただ特殊な事例として、夫の死後に、生前冷凍保存していた夫の精子を用いて、妻が懐胎・出産した子（**死後懐胎子**）は、死亡した父との間には、法律上の親子関係は認められないとした判例がある（最判平成一八年九月四日民集六〇巻七号二五六三頁）。

他方、後者②のＡＩＤの場合は、生まれた子の遺伝上の父は精子を提供した第三者であるため、その父子関係をどう考えるか、夫は嫡出否認できるかなど問題となる。令和二年一二月に成立した生殖補助医療法（令和二年法律七六号）は、妻が、夫の同意を得て、夫以外の男性の精子を用いた生殖補助医療により懐胎した子については、夫は、その子が嫡出であることを否認することができないと定めた（同法一〇条）。また、令和四年一二月の民法改正による嫡出否認権者の拡大に対応して、子及び妻も同様に嫡出否認することができないとされている（同条）。

さらに、精子と卵子を結合（体外受精）させ、他人（**代理母**）の子宮を使って出生した子の親子関係は一層困難な問題が生じることになる（代理母となる女性の卵子を使う場合を狭義の代理母ないしサロゲートマザーといい、妻の卵子を体外受精させてその受精卵を代理母の子宮に移植する場合を借り腹ないしホストマザーという）。判例は、夫婦が夫の精子と妻の卵子を使って、アメリカ人女性を代理母（ホストマザー）として出生した子の事例について、法律上は、分娩した代理母がその子の母であって、卵子を提供した女性（妻）との間には、母子関係は成立しないとした（最決平成一九年三月二三日民集六一巻二号六一九頁）。前述の令和二年の生殖補助医療法でも、女性が自己以外の女性の卵子を用いた生殖補助医療により子を懐胎し、出産したときは、その出産をした女性をその子の母とすると定められた（同法九条）。

なお、日本の医療実務では、人工授精は認められているが、代理母は認められていない。

三　養親子関係

(1)　養親子関係の成立

養親子関係は、養子縁組によって成立する。縁組が成立するには、一定の実質的要件を備えるほか、戸籍の届出をしなければならない点において、婚姻に似ている。その実質的要件とは、①養親となる者は二〇歳に達した者でなければならないこと（七九二条）、②養子は、養親より年上であったり、養親の尊属であってはならないこと（七九三条）、③後見人が、被後見人を養子とするには、家庭裁判所の許可を要すること（七九四条）、④かつては、養子縁組をするには「配偶者のある者は、その配偶者とともにしなければ縁組することができない。」と定められていたが、昭和六二年の改正によって、この夫婦共同縁組は養子が未成年者である場合に限るとした（七九五条本文）。もっとも、配偶者の嫡出子を養子とする場合（連れ子養子）や配偶者がその意思を表示することができない場合には、単独で養子縁組することができる（同条ただし書）。このように、配偶者の一方が単独で養子縁組することができる場合であっても、他方配偶者には、扶養や相続など重大な影響を及ぼすことになるから、その他方配偶者が意思を表示することができない場合を除いて、その同意が必要とされている（七九六条）。

配偶者の嫡出子を他方配偶者が養子とする場合には、夫婦共同縁組でなくてよいが、非嫡出子を養子とする場合には、夫婦共同縁組を要することは注意しておこう。

養子となる者が一五歳未満であるときは、その法定代理人（親権者又は後見人）がこれに代わって縁組をすることができる（代諾養子という。七九七条一項）。この場合に法定代理人は、養子となる者の父母でその監護をすべき者であるものや親権を停止されているものが他にあるときは、その同意を得なければならない（七九七条二項）。婚姻では、親が娘の意思に関係なくこれを嫁にやるというようなことは絶対に認められないことだが、養子の場合にかような例外を認めたのは、いわゆる「藁の上からもらって育てる」という人情と風習とに従ったものである。しかし、この場合にも、戸籍の上では一度その実の親のもとに記載して、それから縁組の届出をしなければならないことはいうまでもない。ところが過去には、「藁の上からもらって育てる」といって、他人の生んだ子をいきなり自分たち夫婦の嫡出子として、戸籍の届出をする例もあった（藁の上からの養子という）。しかし、これは戸籍法違反であるだけでなく、かような方法では養子縁組の効力は生じない（最判昭和五〇年四月八日民集二九巻四号四〇一頁）から、争いを起こす余地もあることである。かようなことをやる人の気持は充分わかるけれども、日本国の国民としては、法律を正確に守って、しかもこれにこだわらないような風習をつくることが必要である。

なお、未成年の子の代諾権者でない者がした代諾縁組の効果が問題である。例えば、生まれてまもない子を他人（甲乙夫婦）の生んだ嫡出子とする虚偽の出生届をして、その戸籍上の父母（甲乙夫婦）の代諾によって、養親（丙丁夫婦）との間で養子縁組するような場合である。かつての判例は、こうした養子縁組は無効であって、何年たとうが、また、誰が追認しようが有効にはならないと解していたが、今日の判例は、その養子となった子が一五歳以上になってから、この縁組を追認すれば縁組は届出時に遡って有効になると解している（最判昭和二七年一〇月三日民集六巻九号七五三頁。無権代理に関する民法一一六条の類推適用という考え方である）。

終りに、未成年者を養子とするには、家庭裁判所の許可を得なければならない（七九八条本文）。養子制度は、しばしば親が子を食いものにする手段に悪用されることがある。それほどひどくない場合でも、家名を維持したいというような、親の伝統的な思想から、子の幸福をかえりみないのでは困る。かような弊害を防ぐために、右の制限を設けたのである。ただし、自己又は配偶者の直系卑属を養子とする場合は、家庭裁判所の許可を必要としない。このような場合には、子の福祉に害を及ぼす危険は少ないと考えられるからであるが、こうした見方には異論もないではない。

養子縁組の無効及び取消しも、婚姻の無効及び取消しに似ている。すなわち、当事者の間に縁組をする意思がないとき（芸妓とするための養子縁組などはこの例）と、縁組の届出のないときとが無効であって、その他の要件を欠く場合は取り消しうるものである。取消しの効果が遡及しないことなども、婚姻の場合と同様である（八〇二条―八〇八条）。

(2)　養親子間の権利義務　養子は、縁組の日から養親の嫡出子たる身分を取得し（八〇九条）、養親の氏に変わり（八一〇条）、養親の親権に服する（八一八条二項）。ただし、婚姻によって氏を改めた者については、婚姻の際に定めた氏を称すべき間は、この限りではない（八一〇条ただし書）。婚姻の氏（夫婦同氏の原則）を優先させようとする趣旨である。

その他、養子は養親との間に親子関係を生ずるだけでなく、養親の親族との間にも親族関係を生ずる（七二七条）。なお、養子は養親の親族団体にとりこまれても、実の親との間の親族関係が切れるのでないことはいうまでもない。従って、養子は養親の遺産を相続するだけでなく、実親の遺産をも相続することになる。養子縁組は養子と養親の血族との間に法定血族関係を生じることになるわけだが、養親と養子の血族との間には親族関係は生じないことは注意を要する。

(3)　離縁　離縁は、当事者の協議か、又は裁判によってなされることも離婚と同様である。ただし、養親が夫婦である場合は、未成年者と離縁をするには夫婦がともにしなければならない（**夫婦共同離縁**。八一一条の二）。これは未成年の子の福祉・利益に配慮したものであり、養子が成年に達した後は、夫婦が共同で縁組したときであっても、個別に離縁することができる。

協議による離縁が、戸籍の届出によって効力を生ずることも婚姻と同様だが、ただ離縁は、養親の死亡後にもこれをすることができる点が異なる（八一一条―八一三条）。前に述べたように、養子は養親と親子関係を生ずるだけでなく、養親の親族とも親族関係を生ずるのだが、養親が死亡してもこのあとの方の関係は残る。これを消滅させるために、養親の死亡後にも離縁が必要なのである。かつては、養親死亡後の離縁は、養子が家庭裁判所の許可を得て単独でこれをするとし、養親からの離縁は認められていなかったが、昭和六二年の改正により、養親又は養子のいずれかが死亡した場合に、生存当事者は家庭裁判所の許可を得て離縁することができるとした（死後離縁。八一一条六項）。

裁判によって離縁をなしうる（離縁原因）のは、①他の一方から悪意で遺棄されたとき、②他の一方（養親・養子いずれでも）の生死が三年以上明らかでないとき、③その他縁組を継続し難い重大な事由があるときである（八一四条）。従来、**有責者からの離縁請求**が認められないとされてきたが（最判昭和五九年一一月二二日家月三七巻八号三一頁）、有責配偶者の離婚請求を認める判例（二一三頁参照）

がこの場合にもその考え方に影響を及ぼすかが問題となる。

離縁の効果は、縁組によって生じたすべての親族関係を消滅させることである（七二九条）。なお、養子は縁組前の氏に復する（八一六条一項）。ただし、配偶者と共に養子縁組をした養親との一方とのみ離縁をした場合は、他の一方の氏を名のり続けることができる（同項ただし書）。一方と離縁しても他の一方との縁組が継続しているからである。

なお、縁組の日から七年を経過した場合は、離縁により縁組前の氏に復した者は、離縁の日から三か月以内に戸籍法の定める届出をすることにより離縁の際に称していた氏を称することができる（八一六条二項、戸籍法七三条の二）。養親の氏を長年（七年間）使用してきた養子が不便・不利益を蒙らないように、縁氏続称を認めたものである。

四　特別養子関係

(1)　特別養子の意義　昭和六二年の民法改正によって、特別養子という新しい養子制度が導入された（八一七条の二第一項）。これまでの養子を普通養子という。**普通養子**は実父母との親子関係を維持しながら、養父母との親子関係を作るものであるが、**特別養子**は、実父母との関係を法的に断ち切り、養父母との完全な親子関係を築く制度である（完全養子ともいわれる）。

(2)　特別養子縁組の成立

(ア)　養親の資格　養親となる者は、原則として、配偶者のある二五歳に達した者でなければならず（なお、夫婦の他方は二〇歳以上でよい）、夫婦が共同で養親となるものとされている（八一七条の三―四。例外として八一七条の三第二項ただし書参照）。

（イ）　養子の年齢　　養子となる者は、以前は六歳未満であることが原則とされていたが、令和元年の改正で年齢が引き上げられ、審判の申立ての時に、原則として一五歳未満であることを要するとしつつ（八一七条の五第一項）、一五歳未満に達する前から引き続き養育していて、やむを得ない事由で一五歳までに申立てができなかったときは、一五歳以上でもよいとされたが（同条二項）、審判確定時に一八歳に達しているときは、特別養子にはなることができない（同条一項後段）。

なお、特別養子となる者が審判時に一五歳に達しているときは、その者の同意が必要とされた（同条三項）。

（ウ）　父母の同意　　特別養子縁組には、子の父母の同意が必要である。ただし、父母が心神喪失や行方不明など意思表示ができない場合又は父母による虐待、悪意の遺棄等養子となる者の利益を著しく害する事由がある場合は、その同意は不要である（八一七条の六）。

（エ）　養子の要保護性　　これら（ア）～（ウ）の要件のほか、①父母による養子となる者の監護が著しく困難又は不適当であるといった特別の事情があり、かつ、②子の利益のため特に必要があると認めるとき（例えば、孤児・棄子のほか、代理出産など）に、家庭裁判所は、監護の状況を考慮して、特別養子縁組の審判をする（八一七条の七。六か月以上の試験養育につき、八一七条の八参照）。

(3)　特別養子の効果　　家庭裁判所の審判により特別養子縁組が成立すると、実父母とその血族との親族関係が終了する（八一七条の九）。特に重要なのは、扶養や相続が生じなくなることである。ただし、近親婚禁止の婚姻障害は残る。

戸籍上もできる限り実子と同様の記載をするほか、編製上の工夫がされている。

(4)　特別養子縁組の離縁　特別養子縁組は当事者の合意による協議離縁や養親からの請求による裁判離縁は認められておらず、養親による虐待など特別な場合に限って、養子・実父母又は検察官の請求によって、家庭裁判所の審判による離縁が認められている（八一七条の一〇―一一）。

第五章　親　　権

一　親権者と親権に服する子

親子関係の中核をなすのは、未成熟の子に対する監護（簡単にいえば世話）と教育であり、民法はこれを親権の制度として構成・規定している。

親権に服する子は、未婚の未成年の子に限る（八一八条一項）。成年（一八歳）に達した子は、たとい独立の生計を立てない場合でも、親権には服さない。

親権者となる者は、嫡出の実子については父母、養子については養父母である。いずれの場合にも、父母は夫婦関係にある間は共同して親権を行う（共同親権。八一八条二項・三項）。父母が離婚するときは、その一方だけが親権者となる（単独親権）。いずれの一方が親権者となるかは、協議上の離婚の場合には、父母の協議で定め、協議が調わないときは、家庭裁判所が定める。また、裁判上の離婚の場合には、裁判所が定める（八一九条一項―三項・五項）。

嫡出でない子の親権者は母であるが、父が認知した後は、父母の協議によって父を親権者とすることもできる（同条四項・五項）。

父母の一方が親権者であるすべての場合に、子の利益のために必要があると認められるときは、家庭裁判所は、子の親族の請求によって、親権者を他の一方に変更することができる（同条六項）。

二　親権の内容

親権を行う者は、子の利益のために子の監護及び教育をする権利を有し、義務を負う（八二〇条）。令和四年の改正で、親権を行う者は、子の監護・教育をするにあたって、子の人格を尊重するとともに、その年齢及び発達の程度に配慮しなければならず、体罰その他の子の心身の健全な発展に有害な影響を及ぼす言動をしてはならないことが明記された（八二一条）。

(1)　親権の特徴　親権の内容について、注意すべき重要な点が二つある。

第一に、親権は権利といわれるけれども、実は親の「職分」である。親がその子を監護・教育することは、親にとっての社会的義務であり、ただその義務を行う場合に、他人の不当な干渉を排斥しうるという意味で権利とされるにすぎない（八二〇条）。親が子を自分の利益のために利用することは、親の権利だと考えている者もあるが、それは単に道徳的に許されないだけでなく、法律的にも許されないことである。すなわち、親が親権を濫用する場合には、後に述べるように、親権を剥奪したり、一時停止するという制度がある。それだけではない。子を適切に愛護・育成しない親に対して、国家はこれを指導し、必要な場合には子を親からとり上げて、公共の施設に収容して、子を保護、育成ないし矯正することもできることが、児童福祉法などで規定されている。

第二に、民法が親権は父母共同してこれを行うものと定めたこと（**親権共同行使の原則**。八一八条三項）は、最も重要な点である。この結果、父母の一方が同意しなければ、結局、親権は行使し得ないことになる。そうすると、一方（例、父親）だけが共同の名義でした親権行使としての行為――例えば子の財産を処分する行為など――は、効力をもたないはずだけれども、それでは相手方となった者の利益が不当に脅かされるおそれがある。民法はこの相手方の不利益を救済するために、さような場合にも、相手方がもし真実に他方（母親）の同意があったと信じた場合には、父母共同の行為としての効力を生ずるものと定めた（八二五条）。表見代理（六九頁）と同一の趣旨である。

(2)　身上監護権と財産管理権　親権の内容は、その子を監護・教育する（**監護教育権**。八二〇条）という広汎なものであって、その具体的な事項を列挙することは不可能である。民法に定めていることは主要な点にすぎない。民法の規定によれば、親権者は子の居住する場所を定め（**居所指定権**。八二二条）、子供が職業に従事することを許可する（**職業許可権**。八二三条）ほか、子供の財産を管理し（**財産管理権**）、その財産についての取引行為を代理する（代理権。八二四条）。子を懲戒することができるという懲戒権の規定もあったが、これが児童虐待を正当化する口実になっていることから、令和四年の改正で削除された。

なお、親権を行う父又は母は、その子と利益が相反する行為（**利益相反行為**）については、代理権も同意権も認められない。利益相反行為をすればそれは無権代理となる。その場合は、家庭裁判所が選任した特別代理人が、子を代理し、又は、子に同意を与えることになる（八二六条）。何が利益相反行為にあたるかが問題となるが、判例は、実質的にではなく、行為自体ないし行為の外形から形式的に判断すべきものとしている（遺産分割につき最判昭和四九年七月二二日判時七五〇号五一頁―利益相反にあたる、相続放棄につき最判昭和五三年二月二四日民集三二巻一号九八頁―原則として利益相反にあたるが、例外的に否定）。

(3)　子の引渡し　親権に関して、親権に基づく子の引渡請求が重要である。子が親権者の同意なく第三者のもとにある場合には、親権に基づいて子の引渡しを求めることができる（令和元年改正で追加された民事執行法一七四条参照）。また、親権と監護権が分離している場合には、監護権に基づく引渡請求も認められる。

他方、人身が不当な拘束を受けている場合には、人身保護法による人身保護手続によって子の解放（子の引渡し）を求めることもできる。離婚した夫婦あるいは破綻した夫婦間での子の奪い合いは深刻な問題となっている。

三　親権の喪失と親権の停止

父が酒乱で子に暴力をふるい、又は母が子を虐待するなど親権の行使が著しく困難か不適当で、子の利益を著しく害するときは、家庭裁判所は、子本人のほか、子の親族や検察官などの請求によって、**親権喪失**の審判をすることができる。あくまで親権の喪失であるから、相続権や親としての扶養義務とか扶養請求権がなくなるわけではない点は注意を要する。また、親権のすべてを剥奪するまでの必要がない場合でも、子の財産管理が失当である場合には、監護権を残して、親権者の財産管理権だけを奪うこともできる（八三四条―八三六条）。

また、平成二三年の民法改正によって、**親権停止**の制度も新たに導入された（八三四条の二。平成二三年法律六一号）。子の利益が害される程度が親権喪失ほど著しくはなく、二年間を超えない範囲で親権を停止させて、その間に児童相談所等の指導を通じて改善が図れるような場合が想定されている。

第六章　後　　見

一　後見の開始

今日、後見は親権の代行制度として未成年の子に親権を行う者がない場合と、ある人が後見開始の審判を受けた場合とに設けられる制度となっている（八三八条）。かように、後見には、未成年者に対する親権の延長としての後見（未成年後見）と成年者に対する後見（成年後見）と、二つの種類があるのだが、まず未成年者の後見について説明し、成年者の後見については、後にその異なる点だけを指摘することにする。

二　未成年者の後見（未成年後見）

未成年者の後見人には、指定後見人と選定後見人とがある。**指定後見人**は、未成年者に対して最後に親権を行う者が遺言で指定した者である（八三九条）。**選定後見人**は、指定後見人のない場合に、家庭裁判所が被後見人の親族その他の利害関係人の請求によって選任するものである（八四〇条。子の父又は母が未成年後見人の選任請求をしなければならない場合につき、八四一条参照）。未成年後見人は一人である必要はなく（八四〇条二項、八五七条の二）、法人でもよい（八四〇条三項）。

未成年者の後見は、親権の延長であるから、この後見人の職務権限の内容は、親権者の職務権限の内容と同一である（八五七条・八五九条）。ただし、後見人と被後見人の間は、親権者と子の間のように、自然の愛情で結ばれるものではないから、民法は後見人の権限の行使に対しては多くの制限を加えている。ことに被後見人の財産と後見人の財産とが混同しないように注意して、種々の細かな規定をおいている（八五三条―八六六条）。また、後見人の職務が終了した場合には、この管理の計算も、親権者の場合よりも一層厳格な規定に従ってなさねばならないように定めている（八七〇条―八七五条）。

後見人を監督する機関として、**後見監督人**というものがある（複数でも、法人でもよい）。これも親権者の指定又は家庭裁判所の選任によって定まる（八四八条・八四九条）。しかし、家庭裁判所は、利害関係人から請求があれば必ず後見監督人を選任するのではなく、被後見人の財産状態や後見人の人物などを考慮して必要があると思うときにだけこれを選任する。かように、後見監督人は、すべての後見人について常に置かれる機関でもなく、また置かれた場合にも、後見人を監督する機関として必ずしも充分なものではないから、後見人を充分に監督するために、家庭裁判所が広汎な権限をもっている。すなわち、家庭裁判所は、必要に応じて、後見人に対してその財産関係の報告をさせ、また必要な措置を講ずるように命令して、これを監督する（八六三条）。それだけでなく、最後にはこれを解任することもできる（八四六条）。

三　成年者の後見（成年後見）

成年者の後見については平成一一年に民法が改正され、精神上の障害により事理を弁識する能力

（事理弁識能力）を欠く者について、後見、保佐、補助の制度をつくり、その保護機関として、成年後見人、保佐人、補助人を置くものとした（六六頁で説明した）。それぞれ家庭裁判所が職権で選任する（八四三条、八七六条の二、八七六条の七）。さらに、これらの者を監督する機関として、成年後見監督人、保佐監督人、補助監督人をおくことができるとされた（八四九条、八七六条の三、八七六条の八）。各保護機関も各監督人も、いずれも法人でも、複数でもよい（八四三条三項・四項、八五九条の二、八七六条の三、八七六条の七第一項・二項）。

成年後見人は、未成年者の後見人が監護・教育をする代わりに、療養看護をする点を異にするが（八五八条）、成年被後見人の財産を管理し、取引行為を代理する点においてはまったく同様である（八五九条）。ただし、未成年者は、相当の年齢に達すれば、後見人の同意を得てみずから取引行為をすることができるのに対し、成年被後見人は、たとい成年後見人の同意を得ても、自分で取引行為をする能力はないから、成年後見人は、成年被後見人に対しての同意を与えるという権限をもたない。成年後見人には包括的な代理権が与えられているのであるが、成年被後見人の居住用不動産の処分（売却・賃貸・賃貸借の解除・抵当権の設定等）をするには、家庭裁判所の許可が必要であり（八五九条の三）、許可がなければ無効となると解される。また、平成二八年の改正で、成年被後見人が死亡した場合に生じる「死後事務」について規定が置かれたのが注目される（八七三条の二参照）。

被保佐人の保護機関である**保佐人**は、一定の財産上重要な行為について同意権をもっており、同意を得ないでなされた行為について、保佐人は取り消すことができるとされている（一三条・一二〇条）。また、保佐人は法定代理人ではないので、代理権をもたないのが原則であるが、家庭裁判所が特定の行為について保佐人に代理権を与える旨の審判がされたときは、その行為について代理権を有することになる（八七六条の四第一項）。

被補助人の保護機関である補助人には、家庭裁判所から被補助人が特定の行為をするには同意権付与の審判があった場合は同意権が認められ（一七条）、同意を得ないでなされた行為について、補助人は取り消すことができるとされている（一七条四項・一二〇条）。また、補助人に代理権を付与する審判があった場合は、その行為について代理権が認められる（八七六条の九）。

なお、成年後見人も保佐人も補助人も、その事務を行うに当たっては、本人（成年被後見人・被保佐人・被補助人）の意思を尊重し、また、その心身の状態及び生活の状況に配慮しなければならないものとされている（身上配慮義務という。八五八条・八七六条の五第一項・八七六条の一〇第一項による八七六条の五第一項の準用）。

第七章　扶　　養

一　親族的扶養の性質

夫婦は互いに協力扶養し、親は未成熟の子を監護・教育する義務を負う。これらの場合には、いわゆる一椀の飯をわけて食う間柄であって、お互いが同じレベルの生活水準を維持するという意味での扶養の義務である（**生活保持義務**という）。これに対して、親族的扶養というのは、それ以外の親族の間の扶養関係であって、自分の生活に余裕のある場合に他を援助する義務である（**生活扶助義務**という）。

自分の財産又は労力で生活することのできない者があるときには、国家がこれを補助し、最低限度の生存を全うすることができるようにしてやる責任を負うものであることは、近代の国家のひとしく認めるところであって、わが憲法もこのことを明言している（憲法二五条）。そして、自分の財産と労力で生存することのできない者には、生活保護法（昭和二五年法律一九二号）によって保護を与え、特に児童については、児童福祉法によってその福祉をはかり、また不時の災害に対しては災害救助法（昭和二二年法律一一八号）によって救助しようとしている。しかし、限りある国家の財政では、これらの施策も充分にその目的を達することができない。そこで親族は互いに扶養の義務があるものとして、まず親族間の相互扶助をはかり、その不充分な場合に国家や地方団体が保護することにしているのである。

親族的扶養も、民法上の義務と認められる範囲においては、扶養を受けうる者は、権利（扶養請求権）として裁判所の力を借りてこれを強制しうるものである。従って、その認められる範囲は比較的狭い。しかし、いうまでもなく、社会は法律の強制だけで維持されるものではない。ことに親族的扶養というような問題は、多くは人情と道義とによって規律されるものである。従って、社会の共同生活においては、民法の扶養の規定に拘泥することなく、各場合に人情と道義とによって妥当な結果を生ずるように努めなければならない。いいかえれば、たとい近親に富裕な者があっても、いたずらにその援助を望むことなく、自分の力で生活する自主・自尊の精神が必要であると同時に、法律的な義務のない場合にも、近親の窮乏はこれを援助する心がけをもつことが必要である。

二　扶養の内容

(1)　扶養義務者　　扶養の義務を負う者は、直系血族相互の間と兄弟姉妹相互の間である。それ以外の親族は、当然には扶養の義務はない。しかし、家庭裁判所は、三親等内の親族相互の間について、特別の事情のあるときに、扶養の義務を負わせることができる（八七七条）。「おじ・おば」と「おい・めい」の間、「しゅうと・しゅうとめ」と嫁の間、妻の両親と夫の間、いわゆる継父母と継子の間などは、いずれもこのうちに含まれる。

(2)　扶養の順位　　扶養をする義務のある者、すなわち法律的に扶養義務者であり、かつ、生活上の余裕のある者が、数人ある場合には、誰がまず扶養すべきかが問題になる。また、扶養を受ける権利のある者、すなわち、自分の財産や労力で生活することのできない者が数人あって、扶養する義務のある者の資力がその全部を扶養するに足りないときには、誰をまず扶養すべきかが問題となる。かような場合には、当事者間で協議をして定めるのが理想的だが、もし協議が調わないか、又は協議することができないときは、家庭裁判所がこれを定める（八七八条）。

(3)　扶養の程度・方法　扶養の程度及び方法についても、当事者の間の協議で決めるのが本則であるが、協議が調わないか、又は協議することができないときは、家庭裁判所が、扶養を受ける者の需要、扶養する者の資力、その他一切の事情を考慮してこれを定める（八七九条）。具体的な扶養料の算定基準については、明文の規定はない。家庭裁判所は、①生活保護法の生活保護基準、②労働科学研究所が調査した生活費の基準、③各種の統計資料による標準的な生活費基準、④実際の収入や支出などから扶養料を算出している（平成一五年には、簡易迅速に算定するための算定表が公表された）。また、扶養の方法は、金銭による月極めの分割払い（給付扶養）が最も多いが、このほか、扶養権利者を引き取って扶養する方法（引取扶養）や食料品など生活物資を現物支給する方法（現物扶養）もある。

扶養は生活を維持するためであるから、給付は先払いでなければならないわけで（扶養料債務は絶対的定期債務であるといわれる）、通常は「将来の」扶養料を請求することになる。とはいえ、判例・通説は、扶養権利者は、扶養義務者に対して「過去の」扶養料も請求することができると解している（最判昭和二六年二月一三日民集五巻三号四七頁）。

なお、平成一五年の民事執行法の改正によって、定期的な扶養料債権につき、扶養権利者は、弁済期の到来していない将来分についても、扶養義務者の収入を将来にわたって差し押さえることが可能となった（同法一五一条の二）。

第八章　遺産の運命

一　相続の意義

(1)　遺産の承継　相続は、人が死亡したときに、その死者の財産（遺産）が受け継がれることである。親子・夫婦・兄弟姉妹など親族共同生活団体のうちの一人が死亡した場合には、その遺産はこれらの者の間に承継されるものとして、これらの親族団体が縦のつながりにおいて経済的な基礎を与えている。これが相続制度である。

相続を受ける人を**相続人**、死亡したその人（相続される人）のことを**被相続人**という。被相続人が有していた財産（**相続財産**）が相続人に承継されることになる。

(2)　相続の役割　相続がなぜ認められるのか、その根拠・存在理由についてはいろいろな考え方があるが、いずれにせよ、相続が、①遺族の生活を保障し、②財産の承継を認めることで法律関係（取引関係）を安定させ、③家族間、特に夫婦間での財産関係の清算という役割を果たすことは否定できないところである。

二　相続の法律関係

相続に関する法律関係の詳細は、次章以下に順次これを説明するが、ここにその大要を指摘しておこう。

⑴　遺産の相続　　相続は、ある人が死亡した時に開始する（八八二条）。戦前の民法では、家督相続については、隠居や女戸主の入夫婚姻もその開始原因であったが、家督相続を廃した現行民法のもとにおいては、相続は遺産の相続に限る。従って、その開始する原因も、ある人の死亡に限られる。そして、ある人が死亡すると、その人の所有したすべての相続財産は、当然に相続人に移転する（八九六条）。不動産の登記や預金の名義を変える手続を済まさなくとも、当然に移転する。

⑵　遺産の共有と分割　　相続人が多数ある場合（共同相続）には、遺産のうちのどの遺産が誰のものとなるかが分からないために、複雑な問題を生ずる。そこで法律的には、ある人が死亡すると、その人の全財産を一応共同相続人の「共有」になるものとし（八九八条）、しかる後に、この共同相続人が互いに協議して、相続財産を分割して、それぞれの人の取得する財産の種類や数量を決定するものとしている。これが**遺産の分割**である（九〇六条以下）。

⑶　遺産の放棄・限定承認　　遺産という中には、積極財産だけでなく、消極財産、すなわち、債務をも含んでいる。従って、遺産相続というのは、積極的な財産を承継するだけでなく、残された借金の債務をも承継することである。親が借金しか残さなかった場合には、戦前は家督相続した長男一人がこの借金を背負ったのに対し、現在は、結婚した娘も共同してこの債務を負担するのであることに注意しなければならない。もっとも、この債務を承継することを免れる途はある。すなわち、親の債務はただ親の残した資産だけでこれを弁済し、もし資産が不足であった場合には、この債務は承継しないという態度をとることもできる。これが**限定承認**である（九二二条）。また親の遺産を清算せず

に、積極財産も債務も、ともにこれを承継しないという態度をとることもできる。これが相続の放棄である（九三八条・九三九条）。

(4)　遺言による遺産の処分　　遺言で財産を処分することを「遺贈」という。遺贈には、①法律上相続人でない者に遺産の何分の一を与えるというようにする場合（包括遺贈。九九〇条）と②ある人に特定の財産、家屋とか時計とか一定の額の金銭などを与えるという場合（特定遺贈。九六四条）とがある。前者の包括遺贈の場合には、相続人が一人増えたと同じことになって、その者を加えて遺産の分割を協議することになる。後者の特定遺贈の場合には、共同相続人が共同して又は遺言執行者が遺産の中からその財産をその人に与える手続をとらなければならない。

上の二つとは違って、例えば長男には全財産の二分の一を与えるというように、共同相続人の一人の相続する割合を増やすような遺言をすることもあろう。しかし、この場合は、後の述べる相続分の指定（法律で定めた相続の割合の変更）であって、遺言による財産の譲与ではない。

遺言の最も重要な作用は、これによって遺産を他人に与えること（遺贈）であるが、遺言は、このほかにも、嫡出でない子を認知するとか、相続人を廃除するというような身分上の行為をすることもできるので、遺言は、おのずから相続とは別個独立の制度となる。

(5)　遺留分　　配偶者及び直系血族は、少なくとも遺産の一定の割合だけはこれを相続する権利があって、遺言によってもこれを侵害することができない。この遺留分について、民法は、これを相続と遺贈との調節をはかる制度として、最後の章に規定している。

第九章　相続人と相続分

一　相続人と法定相続分

相続を認める親族の範囲が問題となるが、あまりに広い範囲の親族の間に相続を認めて、ある人の死亡したことを悲しまずに、ただその遺産を相続することを喜ぶ、いわゆる「笑う相続人」をつくることは、その必要がないだけでなく、かえって弊害を伴う。わが民法は、相続をする親族の範囲を、配偶者、直系血族及び兄弟姉妹に限っているが、わが国の実情から見ても、適当な範囲であると思われる。その順序と割合（相続分）は、場合を分けて説明する必要がある。

(1)　第一順位の相続人　子と配偶者、配偶者がなければ子だけである。その割合は配偶者が二分の一、子が二分の一である。子が多数あるときはその二分の一を均分する。配偶者がない場合には、子が遺産のすべてを均分する（八八七条・八九〇条・九〇〇条第一号・四号）。

子の中には、嫁した娘も、養子に行った子も含まれる（もっとも、特別養子には、実親の相続権はない）。なお、被相続人の死亡した際に、まだ生まれていない胎児も一人前に生まれたものとして扱われる（八八六条）。

子の一人又は全部が死亡して、その孫があるときは、孫はその親たる子の相続分を承継して孫の間で均分する。これを代襲相続という（八八七条二項・三項・九〇一条一項）。被相続人の孫による代襲相続のほか、孫が死亡していれば、ひ孫以下の直系相続による再代襲、さらに再々代襲も認められる。すべての子は均分だといったが、かつては、嫡出でない子（非嫡出子）の相続分は、嫡出子の二分の一とされていた（旧九〇〇条四号）。しかし、これは法の下の平等を定める憲法一四条一項に反して違憲であるとされた（最大決平成二五年九月四日民集六七巻六号一三二〇頁）。そして、この判決を受けて規定も改正されて、現在では、嫡出子と非嫡出子の相続分に違いはなくなった。

⑵　第二順位の相続人　子がなければ直系尊属と配偶者、直系尊属があって配偶者がなければ直系尊属だけである。その割合は、配偶者三分の二、直系尊属三分の一である。直系尊属が数人あれば、三分の一をさらに均分する。配偶者がなければ、直系尊属が遺産の全部を均分することになる（八八九条・八九〇条・九〇〇条二号・四号）。

⑶　第三順位の相続人　子も直系尊属もないときは、兄弟姉妹が配偶者と共同して第三順位者となる。その割合は、配偶者四分の三、兄弟姉妹四分の一である。兄弟姉妹が数人あれば四分の一をさらに平等に分ける。配偶者がいないときは、兄弟姉妹が遺産のすべてを均分することになる（八八九条・八九〇条・九〇〇条三号・四号）。

兄弟姉妹のうちに死亡した者があり、その者に子供があるときは、その子（被相続人のおい・めい）が代襲相続をする。兄弟姉妹の代襲相続は、子に限り、再代襲は認められない（八八九条一項二号・九〇一条二項）。

兄弟姉妹が平等だということにも例外がある。すなわち、兄弟姉妹のうちに、父又は母を異にする者があれば、その者は父母ともに同じ兄弟姉妹の二分の一である（九〇〇条四号）。

(4)　配偶者　直系卑属も、直系尊属も、兄弟姉妹（及びこれを代襲する者）もない場合に、配偶者だけがあれば、配偶者が一人で全遺産を相続する。配偶者もないときは「相続人の不存在」の場合として遺産の清算をする。このことについては後に述べる（第一二章）。なお、平成三〇年には、配偶者居住権の創設など相続において配偶者を保護する改正が行われた（各内容については、該当するところで説明する）。

二　相続欠格と廃除

(1)　相続欠格　故意に、被相続人又は相続について自分より先順位もしくは自分と同順位にある者を殺し、又は殺そうとしたために刑に処せられた者とか、遺言書を偽造するなど、法律の定める一定の不徳な行為をした者は、法律上当然に相続する資格がない。これを相続欠格者という（八九一条）。

(2)　相続人廃除　子、配偶者及び直系尊属は、遺留分をもっているから、被相続人がこれらの者に相続させたくないと考えて、すべての遺産を他の者に遺贈しても、これらの者は、後に述べるように、自分の遺留分を相当する財産だけは、これを取り戻すことができる。従って、被相続人がどうしても相続させたくないと思うときには、その者の相続権を奪う手続をとるよりほかに方法はない。これが相続人廃除の制度である。しかし、相続人を廃除するということは、被相続人の恣意にまかすべきではない。そこで、民法は、遺留分を有する相続人が、被相続人を虐待しもしくはこれに重大な侮辱を加えたとき、又はその他の著しい非行があった場合に、家庭裁判所の審判を得てこれを廃除することができるものとした（八九二条）。もっとも、この廃除は、被相続人がその生前にこれをせずに、遺言によってすることもできる（八九三条）。その場合には、被相続人の死亡後に、遺言執行者が家庭裁判所の審判を求める手続をとることになる（八九四条・八九五条）。

三　相続分の例外

前に述べた相続分については例外がある。

(1)　指定相続分　被相続人は、遺言で、共同相続人の全員又は一部の者の相続分を定め、又はこれを定めることを第三者に委託することができる（九〇二条一項本文）。これを指定相続分という。例えば、長男は三分の一、残りを妻と次男以下三人の子に平等に、と定めることもできるし、また長男に三分の一とだけ定めて、その他については定めないこともできる。後の場合には、長男にと定められた三分の一の残りを、妻と次男以下に法定相続分（本章一で述べた民法の規定する相続の割合）に従って分けることになる。かように、被相続人は、共同相続人の間の相続分を自由に定めることができるけれども、その共同相続人が遺留分を有する場合には、この遺留分を侵害することはできない。例えば、全財産を妻と長男に二分の一ずつに分けて、次男以下の相続分はゼロと定めるようなことはできない（九〇二条一項ただし書・二項）。

(2)　特別受益者の相続分　共同相続人のうちに、被相続人から、その生前に贈与で又は遺贈によって、特別に財産を得た（特別受益者という）がある場合には、この特別に得た財産（特別受益）は、原則として、相続分の中に加えて計算される（持戻しという）。例えば、長女が婚姻するときに、多額の嫁入りの持参金をもらったり、次男が独立の生計を営む資本として不動産をもらったような場合には、相続にあたってこれを除外して平等に分けることは、これらの者だけが特に余分にもらうことになって不平等な結果となるから、これを相続によって取得したものであるかのような計算をするのである。詳しくいえば、親の死んだときに残された財産に、長女や次男のもらった財産の額を加えて、これを兄弟に均分し、かようにして計算して生じた額に比較して、次男や長女のもらったものがこれを超過するときはこの次男や長女には少しも財産を相続させず、不足な場合だけその不足分を相続させるのである（九〇三条・九〇四条）。もっとも、子供の一人が親の生前に余計にものをもらったことを、常に相続の際に考慮することにすると、非常に煩雑なことになる。例えば、長男が余計に小遣をもらったとか、三男が道楽をして親に余計に迷惑をかけたというようなことを一々勘定に入れては際限がない。そこで法律は、この特別の受益として相続の際に考慮すべきものを、遺贈を受けたもの又は婚姻、養子縁組のため、もしくは**生計の資本**として贈与を受けたものに限ったのである（九〇三条一項）。生計の資本として贈与を受けるという文句も、多少明瞭を欠くが、とくに専門の高等教育を受けるために学資を受けたような場合は、これに含まれると解すべきであろう。

　このように特別受益があるときは、持戻しがされるわけだが、被相続人は、持戻しをしないという意思表示、すなわち、その相続人の具体的相続分からその額を控除しないという意思表示をすることができる（持戻し免除の意思表示という。九〇三条三項）。そして、平成三〇年の改正によって、婚姻期間が二〇年以上の夫婦の一方（たとえば夫）が死亡して、他方（妻）に対し、その居住用の建物又はその敷地を遺贈又は贈与したときは、その遺贈又は贈与については、持戻し免除の意思表示があったものと推定された（同条四項）。贈与税の特例にあわせたものだが（贈与税法二一条の六）、贈与に限らず、遺贈による居住用不動産の譲渡が行われた場合も対象としている。これも高齢配偶者の生活保障を狙いとする改正である。

なお、令和三年の改正によって、相続開始から一〇年を経過した後にする遺産分割については、特別受益や寄与分に関する規定を適用しないことにした（九〇四条の三本文。その例外として同条一号と二号参照）。この結果、ここで述べた特別受益は考慮されず、法定相続分又は指定相続分による遺産分割になる。

(3)　寄与分制度　共同相続人のうちに、被相続人の生前にその財産の維持、増加のために特別の貢献（寄与）をした者がある場合には、遺産の分割の際に、その相続人に寄与の程度等に応じて相続分以上の財産を取得させようとするのが**寄与分**の制度である（九〇四条の二、昭和五五年法律五一号）。被相続人の財産形成に特に寄与のあった相続人とそうでない相続人とを形式的に法定の相続分通りに遺産を分けるのは不公平だからである。

寄与分が認められるのは、共同相続人中に被相続人の財産の維持、増加に対して特別の寄与があった場合に限られ、寄与の方法は、被相続人の事業に関する労務の提供又は財産上の給付、被相続人の療養看護その他どんな方法によったものでもよいが、特別の寄与のみに認められる（九〇四条の二第一項）。

寄与分の額を定める基準は、寄与の時期、方法及び程度、相続財産の額その他一切の事情を考慮して定める（同条二項）。寄与分は、被相続人が相続開始の時において有した財産の価額から遺贈の価額を控除した残額を超えることはできない（同条三項）。

寄与分を決める手続は、まず、共同相続人間の協議で定め、協議が調わないとき又は協議することができないときは、寄与した相続人の申立てによって家庭裁判所が決める。寄与分を定める申立ては、原則として遺産分割の審判の申立てがあった場合にすることができる。なお、被相続人の死後に認知された子が、遺産分割がすでに終了しているため価格による請求権を有する場合にも、寄与分の申立てをすることができる（同条四項）。

寄与分が認められると、相続財産の価額から寄与分を控除したものを相続財産とみなし、法定相続分に応じ相続分を算出し、寄与者については、その相続分に寄与分を加えたものを具体的な相続分とする。なお、寄与分は相続債務の分担には影響がなく、相続人中に寄与者がいる場合でも、法定相続分に応じて、相続債務を分担することになる（同条一項、八九九条）。

なお、前述したように、令和三年の改正によって、相続開始から一〇年を経過した後にする遺産分割については、特別受益や寄与分に関する規定を適用しないことにした（九〇四条の三本文）。

(4)　特別寄与料　平成三〇年の改正によって、寄与分とは別に、特別寄与の制度が創設された。被相続人に対して無償で療養看護その他の労務の提供をしたことにより、被相続人の財産の維持又は増加につき特別の寄与をした被相続人の親族（特別寄与者という）は、相続開始後、相続人に対し、その寄与に応じた金銭（特別寄与料）の支払を請求することができる（一〇五〇条一項）。従来の寄与分の制度が共同相続人に限定されていたのに対して、これは相続人でなくても、被相続人の親族であればよい。相続人である息子の妻が被相続人の療養看護に努めていたような場合が想定されている。

相続人の内縁の配偶者や事実婚のパートナーは、被相続人の相続人ではないから寄与分も認められないが、被相続人の親族ではないから、この特別寄与料も認められない。

第一〇章　遺産の分配

一　遺産に属する物

被相続人が死亡した時にもっていた財産、すべての権利義務が相続人に承継されることになるが、例えば、扶養請求権とか夫婦の扶助義務のような被相続人の一身にのみ専属に属するもの（帰属上の一身専属権）は除かれる（八九六条）。何がこの一身専属権にあたるかの明文規定はなく、扶養請求権や生活保護法に基づく保護受給権などがこれにあたることは疑いないが、それぞれの権利ごとに相続されるかどうかを検討する必要がある。

具体的にいえば、占有権（最判昭和四四年一〇月三〇日民集二三巻一〇号一八八一頁）や借家権（建物賃借権。大判大正一三年三月一三日評論一三巻民法五四九頁）は相続される。一般の保証債務は相続されるが、身元保証や信用保証（根保証）による保証人の継続的債務は相続されないと解されている（身元保証につき大判昭和一八年九月一〇日民集二二巻九四八頁。信用保証につき最判昭和三七年一一月九日民集一六巻一一号二二七〇頁）。ただし、保証人が死亡する前にすでに発生した債務は相続人に承継される（大判昭和一〇年一一月二九日民集一四巻一九三四頁。なお、個人根保証契約では、保証人が死亡すると、その時点で元本が確定し（四六五条の四第一項三号）、その相続人は、その後に発生した債務については責任を負わない）。不法行為で議論されてきたが、判例は、慰謝料請求権も当然に相続するとし

（最大判昭和四二年一一月一日民集二一巻九号二二四九頁）、また、被相続人が死亡したことによる逸失利益、すなわち財産的損害賠償請求権の相続も認めている（大判大正一五年二月一六日民集五巻一五〇頁）が、両者ともに、学説には反対する見解も有力である。

また、被相続人が死亡したことによる生命保険金や死亡退職金は、それぞれ受取人固有の権利であって、相続財産には入らない（生命保険金請求権につき、最判平成一四年一一月五日民集五六巻八号二〇六九頁、死亡退職金につき、最判昭和五五年一一月二七日民集三四巻六号八一五頁）。

二　共同相続人の遺産に対する関係

(1)　遺産の分割　被相続人が死亡した瞬間に、被相続人に属していた財産的な権利（遺産）が、全部そのまま相続人に移転することになる（八八二条・八九六条）。相続人が被相続人の死亡したことを知らなくとも、法律上当然に相続の効力を生ずる。預金や不動産の登記などについて名義の変更をする必要もない。従って、相続人がただ一人である場合には、その法律関係は簡単明瞭であるが、相続人が数人ある場合（共同相続人）には、遺産に属した被相続人の権利は、一応すべての相続人の共有となるから（八九八条・八九九条）、その遺産の中のどの財産をどの相続人が取得するかを決めなければならない。この共同相続人が一応共有した遺産を分配することを**遺産の分割**という。

(2)　遺産共有の意味　共同相続人が遺産の分割をするまで遺産を共有する（八九八条）ということには二つの意味がある。第一には、遺産の全部を一括して、これをその相続分に応じて共有する。第二には、その遺産の中にある不動産、土地、家屋、動産などの一つ一つを相続分に応じて共有する。しかし、このいずれの意味の共有においても、各共同相続人がその共有について有する共有持分権を遺産を分割する前に自由に処分することは、望ましくない。

例えば、ある人が妻と二人の息子と一人の娘を残して死亡した場合に、その娘が遺産の全部に対する六分の一の相続分をその遺産の分割前に第三者に譲り渡したとすると、その第三者が共同相続人の一人となって遺産の分割に参加することになるが、それでは遺産の分割に他人が入ることになって面白くない。そこで民法は、かような場合には、他の相続人はその価額及び費用を償還して、第三者からその相続分を取り戻すことができるものとしている（相続分の取戻権。九〇五条）。

右の場合に、娘が遺産の中のある土地についてもっている六分の一の持分を第三者に譲り渡したとすると、後に遺産の分割をする場合に、その土地は長男が取得することにしようという協議が成り立ったときにも、その土地の一部分（六分の一）はすでに他人が所有しているために、協議の目的を達し得ないことになる。従って、娘のかような処分も、効力を生じないものとすることが至当だとも考えられるが、しかし、また、そういうことにすると、第三者が意外な損害を蒙ることもありうるので、民法は、この点について右のような処分は効力をもちうるものとしている（九〇九条ただし書）。

けれども、民法のこの規定は、第三者の利益を考えたやむを得ない規定であって、実際には、遺産の分割の終了するまでは、すべての共同相続人は、遺産全部に対して有する持分権はもちろん、遺産の中の個々の財産についてもっている持分権についても、他人に譲ることは差し控えるのが適当であろう。遺産の中の個々の財産の処分は共同相続人の全員が共同してやるべきであろう。このように考えると、遺産分割前の共有（**遺産共有**）は、民法二四九条以下の共有とは異なり、自由な持分の処分を許さない合有と考えるべきことになる（合有説）。しかし、判例は、徹底した共有であるとの立場をとっている（共有説）。

⑶　債権の扱い　共有説に立つとみられる判例は、遺産の中に金銭債権などの可分債権があるときは、その債権は法律上当然に分割され、各共同相続人が相続分に応じてこれを承継すると解している（最判昭和二九年四月八日民集八巻四号八一九頁）。預貯金債権についても、金銭債権であるから、従来は可分債権と同様に考えられていたが、近時の最高裁は、これを変更し、預貯金債権は、相続開始と同時に当然に相続分に応じて分割されることはなく、遺産分割の対象となるとした（最大決平成二八年一二月一九日民集七〇巻八号二一二一頁）。預貯金は相続財産として共同相続人の遺産共有（準共有）となり、遺産分割を経て各相続人に承継されることになる。

そうすると、遺産分割の協議（合意）ができるまでは、相続人は、被相続人名義の預貯金の払戻しができないことになる（なお、これまでの銀行実務も相続人全員の同意がなければ預金の払戻しを認めてこなかった）。これでは葬儀費用や生活費に使うことができず、さらに相続債務の弁済もできないことになるなど不都合である。そこで平成三〇年の改正で、遺産に属する預貯金債権の一定額を各相続人が単独でも払い戻すことができるものとした（九〇九条の二）。具体的には、相続開始時の債権額の三分の一に当該法定相続人の法定相続分（又は指定相続分）を乗じた額（ただし上限が政令で定められていて一人一五〇万円が限度とされている）について権利行使が認めれる。

また、平成三〇年の改正で、家事事件手続法の保全処分という手続を使って、預貯金債権の仮払いを求めて、仮分割の仮処分も可能となった（同法二〇〇条三項）。急を要する場合などに活用されるものと思われる。

前述のように、金銭債権の共同相続では、法定相続分で当然に分割されることになるわけだが、相続分の指定がある場合や遺産分割で法定相続分と異なる割合での承継がされた場合には、各共同相続人は、法定相続分と異なる割合で金銭債権を承継することになる。その場合、法定相続分を超える部分については、債務者に対抗することができず、債務者に対抗するためには、債務者が承諾するか、あるいは、共同相続人全員で債務者に通知をするか、相続人の一人（又は遺言執行者）が遺言の内容又はその遺産分割の内容を明らかにして、債務者に通知することが必要である（八九九条の二第二項）。なお、この相続人からの通知又は債務者の承諾は、確定日付のある証書によってしなければ、債務者以外の第三者には対抗することができない（同条一項）。平成三〇年改正で明らかにされた点である。

(4)　債務の扱い　相続債権者（被相続人が負っていた債務の債権者）は、各共同相続人に対して、その法定相続分の割合でその権利を行使することができる（九〇二条の二本文）。相続人が自分の相続分（被相続人が指定した指定相続分）の割合は法定相続分よりも少ないと抗弁して、これを拒絶することはできない（債権者に支払った上で、実際の割合よりも払いすぎている分を他の共同相続人に求償するほかない）。もっとも、債権者のほうで、指定相続分の割合で債務が承継されたことを承認したときは、相続人は、その割合で債務を承継することになる（同条ただし書）。そうすると、法定相続分よりも指定相続分のほうが債務の承継が多くなる場合もありうるが、債権者が承認した以上、相続人は、法定相続分をもって債権者に対抗することはできない。これらの点も平成三〇年改正で明文化されたところである。

三　遺産分割の方法

妻が二分の一、子が二分の一を平等に相続するというのは、遺産全体について取得する割合をいっているだけで、遺産の中の一つ一つの財産について、これを二分の一ずつに分けるという意味ではない。いいかえれば、共同相続人は遺産の中のどの財産を取得してもよいが、結局その取得したものの価額の、遺産全体の価額に対する割合が、二分の一ずつとか、あるいは平等になればよいのである。

それなら、共同相続人のうちの誰がどの財産をとるかということは、どのようして定まるのであろうか。それは、第一には、被相続人の意思によって定まる。被相続人は、遺言で、各共同相続人の取得する財産を指定することもでき、また自分で指定せずに、第三者に指定することを委託することもできる（九〇八条）。かような場合には、共同相続人はその被相続人の定めたところ、又は被相続人の委託した第三者の定めたところに従わなければならない。しかし、第二に、被相続人がかような遺言をしなかった場合には、共同相続人は互いに協議して遺産の分割方法を決定しなければならない（九〇七条一項）。そのとき、遺産の分割は、遺産に属する物又は権利の種類及び性質、各共同相続人の年齢、職業、心身の状態及び生活の状況その他一切の事情を考慮して、しかるべき分割方法を決める（九〇六条）。

遺産分割前に遺産に属する財産が処分された場合であっても、共同相続人の全員の同意により、その処分財産が遺産の分割時に遺産として存在するものとみなすことができる（みなし遺産という。九〇六条の二第一項）。共同相続人の一人又は数人により財産の処分がされた場合には、その処分した共同相続人の同意は不要である（同条二項）。

共同相続人間で協議が調えば、これに越したことはない。しかし、もし共同相続人の間に協議が調わないとき、又は、——例えば長男が遺産の全部を占有して、弟や妹の申出を受けつけないために——協議をすることができないときには、最後の方法として、共同相続人の一人が家庭裁判所に申請して、分割をしてもらうよりほかはない。その場合には、家庭裁判所は、前に述べたような標準に従って分割方法を決定する（九〇七条二項）。

なお、平成三〇年の改正で、遺産の全部ではなく、遺産の一部のみ分割ができることが明示された。共同相続人間の協議による一部分割ができること（九〇七条一項）は当然であるが、一部分割の審判を求めることができるとした点は注目される（同条二項）。ただし、遺産の一部を分割することにより他の共同相続人の利益を害するおそれがある場合には、一部分割の請求は不適法として却下されることになる。

四　配偶者の居住の権利

平成三〇年の改正によって、生存配偶者（例えば、夫がなくなった場合の妻）の居住権を保障する配偶者居住権及び配偶者短期居住権の制度が創設された（一〇二八条以下）。いずれも、被相続人の財産に属していた建物に居住していた配偶者が、相続開始後もその建物に無償で居住し続けることができるようにしたものであり、前者の権利は長期間（原則は死ぬまで終身）存続するのに対して、後者は短期間（少なくとも六か月）存続するものである。重要な制度なので、それぞれどのような権利かの要点を説明しておこう（詳しくはそれぞれの条文参照）。

(1)　配偶者居住権

配偶者居住権は、生存配偶者が被相続人の財産に属した建物に相続開始の時に居住していた場合において、その居住していた建物（居住建物）の全部について無償で使用及び収益をすることができる権利である。

生存配偶者がこの権利を取得するのは、①遺産分割によって取得するか、②遺贈の目的とされたことが必要である（一〇二八条一項）。この二つに加えて、③死因贈与は、遺贈の規定が準用されるので（五五四条→一〇二八条一項二号の準用）、被相続人と生存配偶者との死因贈与契約でも生存配偶者にこの権利を取得させることができると解される。

配偶者居住権の存続期間は、生存配偶者が死ぬまでの終身であるが、遺産分割の協議や調停・審判、遺言で決めることができる（一〇三〇条）。

居住建物の所有者は、配偶者に対し、配偶者居住権の設定の登記を備えさせる義務を負い（一〇三一条）、登記されると第三者にも対抗することができる（一〇三一条二項→六〇五条の準用）。この権利を取得した生存配偶者は、その財産的価値に相当する金額を相続したものとして扱われる。その金額がどのくらいになるかは、生存配偶者の年齢によっても違ってくるだろうが、少なくともその建物を相続するよりは、大幅に低額となるから、生存配偶者はその分、多くの相続を受けることができる（ここにこの制度創設の狙いがある）。

(2)　配偶者短期居住権

配偶者短期居住権は、生存配偶者が被相続人の財産に属した建物に相続開始の時に無償で居住していた場合に、相続開始後も一定期間（最低六か月は）、その建物を無償で使用する（居住し続ける）ことができる権利である。

生存配偶者がこの権利を取得するのは、生存配偶者以外の者が居住建物の所有権を取得した場合である。すなわち、①遺産分割で配偶者以外の共同相続人が居住建物の所有権を取得し、配偶者居住権が認められなかった場合と②遺産分割によらないで、配偶者以外の共同相続人や第三者が居住建物の所有権をした場合（例えば、配偶者以外の者への特定財産承継遺言や遺贈などがあったとか、配偶者が相続放棄したなど）である。

配偶者短期居住権がいつまで認められるかについては、つぎの二つに分けられる。

①居住建物について遺産分割がされる場合には、遺産分割により居住建物が誰のものになるか確定する日まで存続する。ただし、遺産分割が相続開始の時から六か月以内に行われた場合には、相続開始の時から六か月間、配偶者短期居住権は存続する（一〇三七条一項一号）。

②居住建物が第三者に遺贈された場合には、配偶者は居住し続けることはできないが、建物を取得した者は、配偶者に対して、いつでもこの権利の消滅の申入れをすることができ、生存配偶者は、この申入れの日から六か月間、配偶者短期居住権を有するとされている（同項二号）。この配偶者短期居住権は、あくまでこの短期間だけ同じように居住建物を使用できるというだけであって、前述の配偶者居住権とは異なり、収益することもできない。また、配偶者居住権と異なり、建物の取得者はこの権利を登記する義務もなく、したがって、この権利を第三者に対抗することはできない。

五　相続回復請求権

本当は相続権がない者が相続人らしく遺産を占有・管理したり、遺産分割に参加したりする場合がある。また、本当は相続人であるのに、遺産の管理や分割から除外されてしまう場合もある。こうした場合に、真正相続人は、自分が相続人であると主張して、相続人でない者（**表見相続人**という）に対して相続財産の返還を請求することができる。この権利を**相続回復請求権**という。何年も過ぎてからこの返還請求を認めたのでは取引の安全を害するため、民法は、真正相続人が、自己の相続権を侵害された事実を知った時から五年間行使しないときは、この相続回復請求権は時効によって消滅し、また、相続開始の時から二〇年が経過したときも同様にこの権利は消滅するものとしている（八八四条）。これにより、表見相続人は、真正相続人からの相続回復請求に対して、五年の消滅時効又は二〇年の期間制限（通説は除斥期間、判例は消滅時効）を主張して、相続人からの請求を拒むことができることになる。このことは無権原で占有する者や自己の相続分を超えて相続財産を支配している相続人を保護する結果となる。そこで、判例は、表見相続人がこれを主張することができるのは、相続権侵害を知らず（善意）、かつ、知らなかったことに合理的な事由のある場合に限定している（最大判昭和五三年一二月二〇日民集三二巻九号一六七四頁）。

第一一章　相続の効果の制限

一　限定承認

相続は、被相続人に属した財産的な権利義務のすべてが移転することであるから、その中には債務を含んでいる。相続分は、単に資産（積極財産）を承継する割合であるだけでなく、借金などの負債・債務（消極財産）を承継する割合でもある。従って、遺産の中に資産と負債を含んでいるときは、各共同相続人は、その相続分に応じて資産と負債とを承継する。そして、資産については、前章に述べたように、誰がどの財産を取得するかを協議によって自由に定めることができるけれども、負債の方は、協議をしても、共同相続人のうちのある者だけがその負債を負担すると決めてしまうことはできない。そう決めても、それは共同相続人の内部の約束として効力があるだけで、債権者を拘束する効力はない。従ってまた、もし遺産が負債過重である場合には、各共同相続人は、遺産の分割によって取得した資産の全部を投げ出してその弁済にあてなければならないだけではなく、自分の固有の財産からも弁済しなければならないことになる。しかし、それでは相続人にとってははなはだ不利益な場合があるので、法律はこれを防ぐ手段として、いわゆる限定承認という制度を設けた。

限定承認とは、相続によって得た財産の限度においてだけ、被相続人の債務を弁済すること、いいかえれば、遺産を整理して、プラスが残ればその部分を相続するが、マイナスが多くともこれについては責任を負わないということである（九二二条）。限定承認をするには、相続が開始したこと、すなわち被相続人が死亡したことを知った時から三か月以内に、遺産に関する財産目録を作成して家庭裁判所に申し出なければならない（九一五条・九二四条）。その申出をする前に、遺産の内容を調査したり、遺産について普通の管理行為をすることはよいが、遺産を処分したり、又はこれを隠匿してはならない。もしさような不正な行為をすれば、限定承認はその効力を失って、普通の相続（単純承認）をしたものとみなされる（法定単純相続。九二一条）。限定承認者は、その後も、その固有財産におけるのと同一の注意をもって、相続財産の管理を継続しなければならない（九二六条一項）。

なお、相続人が数人ある場合に限定承認をするためには、共同相続人の全員が共同してこれをしなければならない。すなわち、共同相続人のうち、一人でも限定承認をすることに賛成しない者があれば、すべての共同相続人は限定承認をすることができない（九二三条）。相続人が数人ある場合に限定承認がされたときは、家庭裁判所は、相続人の中から、相続財産清算人を選任しなければならず、この相続財産清算人が、相続人に代わって、相続財産の管理や債務の弁済に必要な一切の行為をすることとなる（九三六条）。

遺産を清算した結果負債が残っても、限定承認をした相続人が責任を負わないこと前に述べたとおりだが、共同相続人が共同して限定承認をした後に、そのうちの一部の者が遺産を処分したり、隠匿したときには、その者だけは単純承認をしたものとみなされ、残ったマイナスについて、自分の相続分の割合だけの責任を負わなければならない（九三七条）。

二　相続の放棄

相続の放棄とは、相続の利益も不利益も受けないということである。相続人が数人ある場合には、相続に加わらないことになる（九三九条）。除斥や廃除と異なり、代襲相続も生じない（八八七条二項参照）。従って、他の相続人の相続分が増加する。

相続の放棄をするにも、限定承認と同じく、自己のために相続の開始があったこと（自分が被相続人を相続したこと）を知った時から三か月以内に、家庭裁判所に申し出なければならない（九一五条・九三八条）。

相続の放棄という制度は、遺産が負債過重であるにもかかわらず、共同相続人中の一部の者が限定承認をすることに同意しないような場合に実益のある制度である。世間には、相続人中の一人に相続財産を集中させるために、他の相続人が相続放棄するということも行われている。

相続放棄した者がその放棄の時に相続財産に属する財産を現に占有しているときは、相続人らに引き渡すまでの間、自己の財産に対するのと同一の注意をもってその財産を保存しなければならない（九四〇条一項）。

なお、相続放棄とは異なるが、相続や遺贈により取得した土地所有権を法務大臣の承認を受けて国庫に帰属させる制度が令和三年に創設された（相続土地国庫帰属法）。

三　財産分離

相続人が単純承認をしたにもかかわらず、債権者の請求によって相続財産を分離して清算することを財産分離という。これには二つの場合がある。第一は、被相続人の債権者の請求によってする場合であり（九四一条–九四九条）、第二は、相続人の債権者の請求によってする場合である（九五〇条）。第一の財産分離は、被相続人の遺産がプラスであり、相続人の固有の財産（遺産を加えない財産）がマイナスであるような場合になされるものである。第二の財産分離は、遺産がマイナスで、相続人の固有財産がプラスのような場合になされるものである。

財産分離は、理屈の上では実益のある制度のようだが、実際に行われることは稀である。

第一二章　相続人の不存在

(1)　相続財産清算人　相続人のあることが明らかでないとき、すなわち、被相続人に子か孫がいるらしいが、どうもはっきりしないという場合、又は、相続人がいることはほぼ確実だが、その行方が分からないというような場合には、遺産を独立の財産（相続財産法人）として（九五一条）、家庭裁判所が相続財産の清算人を選び（九五二条）、この者を相続財産法人の代理人とし（九五三条・九五六条）、相続財産の管理・清算をさせる。家庭裁判所は、相続財産清算人を選任したときは、遅滞なく、その旨を公告し、相続人があるならば一定期間（六か月以上）内にその権利を主張すべき旨もあわせて公告しなければならない（九五二条）。他方、選任された相続財産清算人は、すべての相続債権者及び受遺者に対し、二か月以上の期間を定めて、その期間内にその権利を主張すべき旨を公告しなければならない（九五七条）。そして、この期間内に権利主張がされないと、相続人と相続財産管理人に知れなかった相続債権者や受遺者は、その権利を行使することができなくなる（九五八条）。

(2)　特別縁故者への分与　相続人がいないことが確定した場合、例えば、内縁の妻、事実上の養子、その他世話になった人など、被相続人と特別の縁故があった者（特別縁故者）に残った財産の全部又は一部を与えることができるとした（九五八条の二）。これら特別縁故者からの分与の申立てにより、家庭裁判所が分与するかどうか、どの程度の分与をするかを裁量で判断する（裁量によるわけであるから、特別縁故者に分与請求権があるわけではない）。その後に残った財産は国庫に帰属する

（九五九条）。

(3)　相続財産管理人　数人の相続人がいることが明白である場合であっても、家庭裁判所は、利害関係人らの請求によって、いつでも、「相続財産の保存に必要な処分」を命ずることができる（八八七条の二第一項）。具体的には、遺産分割前の相続財産を適切に管理させるため、相続財産の管理人が選任される。令和三年の改正で創設された統一的な相続財産管理の制度である。

第一三章　遺　言

一　遺言でできること（遺言の自由と遺言事項）

人々は、自分が死んだ後における自分の財産の運命を自分の意思で決定したいと思う。そして、近世法においては、すべての人は自分の財産を自由に処分する権利があるものと考えられたので、各人は、その財産を生存中に自由に処分しうるだけでなく、その財産の死後における運命をも自由に決定することができなければならないと主張された。これを「**遺言の自由**」という。

このようにすべての人は、遺言で、ある種の身分上の行為と自分の財産の処分とができる。遺言でできる身分上の行為は、嫡出でない子の認知（七八一条二項）、後見人又は後見監督人の指定（八三九条・八四八条）、相続人の廃除（八九三条）、相続分の指定（九〇二条）、遺産分割の方法の指定（九〇八条）など、法律の特に認めたものに限る。遺言によって財産を処分するには、遺産の三分の一又は四分の一というような割合的な額を処分しても、遺産の中のある土地又は建物というような、特定の財産を処分してもよい。ただし、配偶者、直系卑属又は直系尊属があるときには、これらの者の遺留分を害することはできない（九六四条）。

なお、遺言で寄与分を定めることについては、民法に規定がないので、寄与分に関する遺言は認められないものと思われる。

二 遺言の能力

一五歳に達した者は、遺言をすることができる（九六一条）。成年被後見人も、本心に復したときならば遺言をすることができる（九七三条・九八二条）。未成年者や成年被後見人は、前に詳しく述べたように、単独で財産取引をすることはできないものであるが、遺言によってその財産を処分することだけはできるとされているのである（九六二条）。しかし、すべての法律的な行為をするには、判断能力を必要とするから、死亡の時期が迫って判断能力を失った者のした遺言は、法律的な効力をもたない。

三 遺言の方式

遺言が法律的な効力をもつためには、きわめて厳格な方式を必要とする（九六七条以下）。ビデオレターや録音録画は遺言者の意思が明確でいいようにも思われるが、遺言としては認められない。民法は、この方式を普通方式と特別方式との二つにわけ、さらに（ア）普通方式を、自筆証書遺言、公正証書遺言、秘密証書遺言の三種にわけている。①自筆証書遺言とは、全文、日付及び氏名を自分で書き、これに押印するものである（九六八条第一項）。しかし、平成三〇年の改正で、全文自書でなく、財産目録を添付する場合には、その目録については自書する必要はないものとされた（たとえば、ワープロやパソコンでの作成、遺言者以外の者による代筆、不動産の登記事項証明書や預金通帳のコピー等の添付でよい）。ただし、その目録の各ページに署名・押印する必要がある（九六八条二項）。また、この改正にあわせて、自筆証書遺言を法務局（遺言書保管所）に保管する制度が作られた（法務局における遺言書の保管等に関する法律）。②公正証書遺言とは、遺言の内容を公証人に伝え、公証人がこれを筆記して作成した公正証書による遺言である（九六九条）。③秘密証書遺言とは、遺言そのものは自分で書かなくともよいが、自分で署名押印した上で証書を封じ、公証人から遺言であることの公証を受けるものである（九七〇条）。

なお、遺言は遺言者が単独で作成すべきであって、共同遺言は禁止される（九七五条）。たとえば、夫婦が一緒に同一の文書で作成した遺言は無効である。

（イ）特別方式の遺言とは、病気その他の理由で死亡の危急に迫った者がする遺言（死亡危急者遺言）である。（九七六条）。また、伝染病で隔離された者、船舶中にある者、船舶が遭難した場合などについての便宜な方法が規定されている（九七七条―九七九条）。きわめて特殊な場合であり、実際にもあまりないのでここでの説明は省略する。

民法が遺言について右のような厳格な方式を定めたのは、遺言が効力を生ずるのは本人が死亡した後であり、しかも遺言の内容は、しばしば関係者の間に深刻な利害の対立を生ずるものであって、遺言の真偽や改ざんの有無について争いを生ずるおそれが多いからである。

一度書いた遺言を、その遺言が効力を生ずる前に、撤回することは、もとより自由である（一〇二二条）。遺言を撤回する意思が明瞭に示されない場合でも、内容の抵触する遺言が二つ以上現われた場合には、後の遺言が効力をもつ（一〇二三条）。

四　遺言の執行

遺言書の保管を頼まれた者又は遺言書を発見した者は、遺言者の死亡したことを知ったならば、遅滞なくその遺言書を家庭裁判所に提出して、その検認を受けなければならない（公正証書遺言を除く。一〇〇四条一項・二項。なお、令和二年七月一〇日から施行されている遺言書保管法（平成三〇年法律七三号）によって遺言書保管所に保管された自筆証書遺言についても検認の必要はないとされている。同法一一条）。また、封印のある遺言書は、家庭裁判所において、相続人又はその代理人の立会いがなければこれを開封することができない。勝手に開封すれば過料に処せられる（同条三項・一〇〇五条）。

多くの遺言については、その執行を必要とする。認知や廃除の遺言は、戸籍の届出や裁判を必要とする。また、遺産を処分する遺言は、その財産の引渡しや登記を必要とする。かように遺言の内容を実現する行為を遺言の執行というのであるが、遺言者は遺言の執行をする者（遺言執行者）を別に指定することもでき（一〇〇六条）、また、家庭裁判所が、利害関係人の請求によってこれを選任することもできる（一〇一〇条）。遺言執行者に指定された者には就任につき諾否の自由があるが（なお一〇〇八条参照）、遺言執行者が就任を承諾したときは、直ちにその任務を行わなければならない（一〇〇七条一項）。そして、遺言執行者は、その任務を開始したときは、遅滞なく、就任した旨及び遺言の内容を相続人に通知しなければならない（同条二項）。

遺言執行者は、遺言の内容を実現するため、相続財産の管理その他遺言の執行に必要な一切の行為をする権利義務を有し（一〇一二条一項）、遺言執行者がその権限内において遺言執行者であることを示してした行為は、相続人に対して直接にその効力を生ずる（一〇一五条）。

遺言執行者が定められたときには、相続人は、相続財産の処分など遺言の執行を妨げる行為をすることができない（一〇一三条一項）。すなわち、相続人の処分権は否定され、相続人のした処分は無効であるが、善意の第三者に対抗することができない（同条二項）。

五　遺　贈

(1)　遺贈の種類　前に述べたように、遺贈には、遺産の何分の一という割合で定められるもの（包括遺贈）と、特別の財産を指示するもの（特定遺贈）とがある（九六四条）。そして、遺贈を受ける者（受遺者）は、共同相続人中の一部の者でもよく、また第三者でもよい。ただし、共同相続人の一人に、遺産の何分の一かをやるといっている場合には、前に述べた相続分の指定をしたものである場合が多いであろう。

(2)　包括遺贈　包括遺贈を受けた者（包括受遺者）は、あたかも共同相続人の一人となったと同じ地位を取得し、遺産の分割に参与する。従って、被相続人の債務を承継することになる（九九〇条）。

(3)　特定遺贈　特定遺贈を受けた者（特定受遺者）は、遺言執行者又は相続人から、目的たる財産の分与を受けることになる。民法は、その遺言に示された財産が遺産の中に存在しない場合又は瑕疵がある場合などについて、詳細な規定をしている（九九一条―一〇〇一条）。

(4)　負担付遺贈　負担付遺贈とは、遺贈を受ける者（受遺者）に対して一定の義務を負わせるものである。遺言者はかような遺贈をすることもできる。ただし、負担させる義務は、遺贈によって受ける利益の範囲を超過してはならない（一〇〇二条一項）。しかし、受遺者も、この場合には一括してこれを承認するか、又は放棄することができるだけであって、負担だけを拒絶することはできない。負担付遺贈の負担の利益を受ける者は、特定の人でも一般公衆でもよい。例えば、一定の宅地を遺贈して、その地代を某村の某小学校に寄付せよというようなのが前の例であり、その地代で某村の道路を修繕せよというのは後の例である。負担付遺贈を受ける者がこれを放棄したときには、負担の利益を受けるべき者が、代わって負担付遺贈の目的物自体を取得する（同条二項）。

(5)　特定財産承継遺言　公正証書遺言などでは不動産等特定の財産の相続について、「甲に相続させる」という表現が用いられることが多い。これを一般に「相続させる遺言」とか「相続させる」趣旨の遺言といっていたが、平成三〇年の改正で、遺産の分割の方法の指定として遺産に属する特定の財産を共同相続人の一人又は数人に承継させる旨の遺言を「特定財産承継遺言」ということになり（一〇一四条二項）、これにつき新たな規律が設けられた。

相続人でない者にこうした「相続させる」という表現をした場合にそれが遺贈であることに疑いはないが、相続人の一人に「相続させる」という表現をした遺言の性質につき、判例は、遺贈と解すべきではなく、遺産分割方法を指定したものであるとし、しかも、特段の事情がない限り、何らの行為を要せず、被相続人の死亡の時（遺言の効力が生じた時）に直ちに当該遺産が当該相続人に相続により承継されるものと解している（最判平成三年四月一九日民集四五巻四号四七七頁）。この場合は、遺産分割手続は不要で、直ちにその対象となった遺産は、指定された者（受益相続人）に直接移転するということになるわけである。

そして、この相続させる遺言による権利移転は、法定相続分又は指定相続分の移転と本質は同じであるということから、これによって不動産を取得した受益相続人は、登記なくしてその取得を第三者に対抗することができるとされていた（最判平成一四年六月一〇日家月五五巻一号七七頁）。しかし、平成三〇年の改正によって、特定財産承継遺言で遺産を取得した場合、それが法定相続分を超える部分については、その登記をしなければ第三者に対抗することができないとされた（八九九条の二第一項）。これまでの判例と異なり、持分の譲受人や差押債権者に対抗できないということになる。

第一四章　遺　留　分

一　遺留分権利者と遺留分の額

被相続人は、相続分を指定したり、又は遺産の一部分を遺言で処分することができる（前述した「遺言の自由」）けれども、相続人のために一定の割合分だけはこれを残さなければならない。この相続人のために残されねばならない最小限度の額を**遺留分**といい、かような権利の保障されている者を**遺留分権利者**という。

遺留分権利者は、子その他の直系卑属、配偶者及び直系尊属で、兄弟姉妹は遺留分をもたない。

遺留分の割合（総体的遺留分）は、①直系尊属のみが相続人である場合は、被相続人の財産の三分の一、②その他の場合（すなわち、直系卑属のみ、直系卑属と配偶者、直系尊属と配偶者、兄弟姉妹と配偶者、又は配偶者だけの場合）には二分の一である（一〇四二条一項）。

そして、共同相続人の各自の遺留分（個別的遺留分）は、右の二分の一又は三分の一を前に述べた相続分の割合に従って分けて定める（一〇四二条二項）。例えば、遺産三〇〇〇万円、共同相続人は妻と五人の子である場合には、遺留分は二分の一の一五〇〇万円、これを妻と子供との相続分の割合に従って分割するから、妻七五〇万円、五人の子は各自一五〇万円ずつとなる。

兄弟姉妹には遺留分がないから、配偶者と兄弟姉妹とが共同相続人である場合には、二分の一の遺留分は妻が独占する。従って、全財産を妻に与え、兄弟姉妹には残さないという遺言をしてもよい。兄弟姉妹のみが相続人である場合には、全財産を他人に遺贈してもよい。

二　遺留分の算定

⑴　贈与の扱い　遺留分が二分の一とか三分の一という場合の基本たる財産額を、右には簡単に遺産といったが、正確にいえば、遺留分率をもとに相続人各自の遺留分を算定するときの基礎となる財産（価額）のことである（基礎財産という）。詳しくいうと、被相続人が相続開始の時にもっていた資産の価額に、相続開始前一年間にした贈与の価額を加え、その合計額から債務の全額を引いた残りである（一〇四三条・一〇四四条一項後段）。計算式であげれば、遺留分算定の基礎財産＝［被相続人が相続開始時点で有していた財産］＋［贈与財産］－［相続債務の全額］ということになる。例えば、死亡のときの資産総額三〇〇〇万円、一年以内にした贈与五〇〇万円、相続開始のときの債務一七〇〇万円とすると、遺留分算定の基礎額は一八〇〇万円となるから、妻と五人の子の遺留分の合計額は九〇〇万円（妻四五〇万円、子は各自九〇万円）となる。遺留分算定の額に、被相続人の生前にした贈与を加えたのは、死亡の直前に贈与することによって、遺留分を侵害することを防ごうとする趣旨である。もっとも、右には相続開始前一年間にした贈与といったが、正確にいうと、一年以内にされた贈与は、すべてのものが含まれるが、それより以前にされた贈与も、贈与をした者（贈与者である被相続人）と贈与を受けた者（受贈者）との両方がこの贈与によって遺留分権利者に損害を与えることを知っていた場合には、なおこれを加えることになる（一〇四四条一項後段）。

さらに、共同相続人の一人に対してされた贈与は、それが特別受益（九〇三条。二五一頁参照）に該当し、かつ、相続開始前の一〇年間にされたものであれば、特別受益と評価される価額が遺留分算定の基礎財産に算入される（一〇四四条三項）。

単なる贈与ではなく、負担付贈与はどうか。平成三〇年改正で規定が新設され、負担付贈与については、贈与財産の価額から負担の価額を控除した額を、遺留分を算定するための基礎財産に算入するものとされた（一〇四五条一項）。

なお、不相当な対価でされた有償行為は、当事者双方が遺留分権利者に損害を加えることを知ってしたものに限り、当該対価を負担の価額とする負担付贈与とみなす（一〇四五条二項）。つまり、相当な価額から対価を控除した額が遺留分算定の基礎財産に算入されることになる。

(2)　寄与分の扱い　　共同相続人のうち、被相続人の財産形成に特別の寄与をした者に対し、寄与分が認められるわけだが（九〇四条の二第一項・二項）、民法は、「寄与分は、被相続人が相続開始の時において有した財産の価額から遺贈の価額を控除した残額を超えることができない。」と定め、遺贈が寄与分に優先することを明らかにしている（同条三項）。寄与分を侵害する遺贈があっても、寄与分のある相続人は遺留分減殺請求のような取戻しは請求できない。また、寄与分によって、他の相続人の取得額が遺留分の額に満たない結果が生じても、その差額を寄与分のある相続人から取り戻すことはできない。民法は寄与分制度を新設したが、寄与分と遺留分との関係について規定を設けていないので、寄与分による取得に対しての減殺請求は認めていないものと考えられよう。

三　遺留分侵害額請求権

遺留分が侵害された場合の扱いが、平成三〇年の民法改正により大きく変更された。改正前は、遺留分を侵害された遺留分権利者は、遺留分減殺請求権を行使して、侵害した遺贈や贈与の効力を失わせるものとされていた。改正後は、遺留分を侵害された遺留分権利者（又はその承継人）は、遺留分を侵害した受遺者又は受贈者に対し、遺留分侵害額に相当する金銭の支払を請求することができるものとされた（一〇四六条一項）。遺留分侵害額請求権の行使により遺留分侵害額に相当する金銭債権が生じるわけである。

前述したように、遺留分権利者の具体的遺留分額の算定式は、［遺留分算定の基礎財産］×［（総体的）遺留分率］×［遺留分権利者の法定相続分］ということになる。そして、被相続人が相続開始の時に有した債務のうち、遺留分権利者が承継する債務（八九九条参照。遺留分権利者承継債務という）の額が加算される（一〇四六条二項三号）。さらに具体的にいえば、遺留分権利者が侵害された遺留分の額の計算において、遺留分権利者に認められる遺留分額から、遺留分権利者が相続・遺贈・贈与によって得た積極財産の額を控除して、その上で、遺留分権利者が相続によって負担すべき債務（前述の遺留分権利者承継債務）の額を加算することで、遺留分侵害額が算出されるわけである。

遺留分侵害額請求の相手方は、遺留分を侵害する遺贈の受遺者又は贈与の受贈者であるが、受遺者又は受贈者が複数いる場合には、誰が遺留分侵害額を負担するのかが問題となる。①受遺者と受贈者があるときは、受遺者が先に負担する（一〇四七条一項一号）。②受遺者が複数あるとき又は受贈者が複数ある場合において、その贈与が同時にされたものであるときは、受遺者又は受贈者がその目的の価額に応じて負担する。ただし、遺言者がその遺言に別段の意思を表示したときは、その意思に従う（同項二号）。③受贈者が複数あるとき は（②の場合を除く）、後の贈与に係る受贈者から順次前の受贈者が負担する（同項三号）。

遺留分侵害額請求権は、遺留分権利者が、相続の開始及び遺留分を侵害する贈与又は遺贈があったことを知った時から一年間行使しないときは、時効によって消滅する（一〇四八条前段）。相続開始の時から一〇年を経過しても消滅する。これは時効ではなく、除斥期間と解されている。

著者紹介

我妻　榮（わがつま　さかえ）

明治30年米沢市に生まれる。大正9年東京帝国大学卒業。東京大学教授，東京大学名誉教授，法務省特別顧問。昭和48年10月逝去。

補訂者紹介

遠藤　浩（えんどう・ひろし）

大正10年米沢市に生まれる。昭和25年東京大学卒業，学習院大学教授，学習院大学名誉教授。平成17年5月逝去。

著者紹介

良永　和隆（よしなが　かずたか）

昭和32年宮崎市に生まれる。昭和62年一橋大学大学院博士課程修了，専修大学法学部教授。

事 項 索 引

アルファベット

ア行

カ行

サ行

タ行

ナ行

ハ行

マ行

ヤ行

ラ行

ワ行

判例索引

※（　）内は事件名を示す。

民　　法　第 11 版

1949 年 5 月 25 日　法学普及講座版発行
1951 年 5 月 10 日　第 1 版第 1 刷発行
1961 年 12 月 25 日　改 訂 版第 1 刷発行
1971 年 4 月 25 日　三 訂 版第 1 刷発行
1981 年 9 月 18 日　新　版第 1 刷発行
1989 年 1 月 30 日　新版増補第 1 刷発行
1995 年 5 月 20 日　第 六 版第 1 刷発行
2004 年 7 月 15 日　第 七 版第 1 刷発行
2007 年 4 月 20 日　第 八 版第 1 刷発行
2013 年 2 月 20 日　第 九 版第 1 刷発行
2018 年 2 月 20 日　第 10 版第 1 刷発行
2023 年 11 月 20 日　第 11 版第 1 刷発行

著　者　我《わが》妻《つま》　榮《さかえ》
補訂者　遠《えん》藤《どう》　浩《ひろし》
著　者　良《よし》永《なが》和《かず》隆《たか》

発行者　井村寿人

発行所　株式会社　勁《けい》草《そう》書房

112-0005 東京都文京区水道 2-1-1　振替 00150-2-175253
（編集）電話 03-3815-5277／FAX 03-3814-6968
（営業）電話 03-3814-6861／FAX 03-3814-6854
大日本法令印刷・中永製本所

ISBN978-4-326-45131-9　Printed in Japan